새벽 시간은   특별합니다

새벽 시간은 특별합니다

이현주 지음

생각의빛

제1장 어느 날 갑자기 새벽이 궁금해졌다

나는 책 속에서 새벽을 만났다 · 12

삶의 변화를 일으킨 사람은 새벽에 깨어 있었다 · 22

각 영역의 고수도 새벽을 선호한다 · 31

막막하고 지루한 일상, 나에게 새벽 기운이 필요하다 · 39

나도 한번 새벽 기상해 볼까? · 48

새벽 기상, 믿음으로 도전하기로 했다 · 55

삶이 걱정될 때, 새벽에 일어나라 · 62

제2장 하루에 한 번뿐인 새벽, 나는 매일 기다린다

어랏! 새벽 독서는 몰입 독서였다 · 72

새벽에 조용히 읽고 쓴다 · 81

신기하다!! 새벽에 하는 일들은 초집중 된다 · 90

새벽 기상 후 나의 미래가 기대된다 · 98

새벽에 일어나려고 하루 시간을 리드한다 · 107

새벽, 온전히 나 자신을 챙기는 시간!! · 115

새벽에 깨어있으니 긍정 에너지가 충만하다 · 124

제3장 평범함을 비범함으로 바꾸는 새벽

내 깊은 내면이 표출되는 때가 바로 새벽이다 · 133

새벽에 아이디어가 분출한다 · 141

세상에 감사하지 않은 일이 없음을 깨닫는다 · 150

새벽 시간, 나 자신과 대화하는 시간 · 158

나의 잠재능력을 발견한다 · 167

원하는 삶을 찾아 새벽 시간에 전진한다 · 175

새벽 기상 후 남들과 달라지는 것을 경험한다 · 183

제4장 새벽을 내 삶으로 가져오는 비법

새벽의 가치를 온몸으로 느껴라 · 192

피곤한 저녁 시간은 내 삶에서 반납하자 · 201

새벽 기상, 성공의 최고 비법은 잠을 줄이지 않는 것 · 209

새벽에 할 일을 미리 정해라 · 218

나는 새벽 기상 후 108배 절 운동을 했다 · 228

그래도 뭐니 뭐니 해도 새벽에는 읽고 쓰기이다 · 236

기회가 된다면 새벽 기상 챌린지에 동참하라 · 245

제5장 새벽 시간 활용으로 특별한 삶을 살아라

새벽의 선택적 고독은 자신을 성장시킨다 · 257

새벽 시간 활용으로 좋은 것들이 찾아온다 · 265

하루의 성공도 새벽에서부터 시작이다 · 273

아이들도 엄마의 새벽을 느끼며 성장한다 · 281

새벽, 알면 알수록 그 특별함에 감탄한다 · 289

새벽 시간 절대 놓치지 마라 · 297

새벽을 통해 꿈을 이루고 특별한 삶을 살아라 · 305

제1장
어느 날 갑자기 새벽이 궁금해졌다

나는 책 속에서 새벽을 만났다

변화는 결핍에서 시작된다. 부족함을 느끼는 그 지점에서 인간은 인생의 쓴맛을 보지만, 부족함이 때론 새로운 돌파구를 찾는 힘으로 작용한다. 나 역시 내면 깊은 곳에 부를 향한 열망을 품고 있었다. '부'라고 하면 거창하게 들릴지 모르지만 내가 생각하는 부란 단순히 돈이 많은 삶을 원한 것이 아니다. 내가 원하는 삶을 사는 데 필요했던 자유와 주체성을 '부'라 정의하고 싶었다. 살면서 알게 모르게 어딘가에 속한 조직과 환경이 발목을 잡는 경우가 많았다. 나를 제한하는 것들로부터 변화의 필요성을 느꼈다. 하고 싶은 일이 있어도 뒷걸음쳐야 했고, 원하는 것이 있어도 포기해야 하는 현실은 깊은 회의감을 불러일으켰다. 간호사란 직업 특성상 직급체계는 엄격하고, 상하관계는 분명하며, 보수적이면서도 높은 정확성을 요구한다. 이로 인해 신체적, 정신적, 심적 피로는 일상이 되었고 나는 나날이 피폐해져 가는 고충을 감내해야 했다. 그런데도 20년을 의료계에 몸담고 있다는 사실이 가끔 스스로도 놀랍다. 지난 20년간의 간호사의 삶을 생각하면 아이러니하게도 양가감정이 든다. 죽고 싶을 만큼 힘들고 아픈 시간을 견뎌야 했던 날들도 분명 있었지만, 의료 현장에서 환자의 생명을 지켜왔던 모든 순간의 뿌듯함은 간호사로 산 시간이 절대 헛되지 않음을 정당화하고 있으니 말이다. 연차가 한 해 두 해 쌓여 갈수록 일이야 손에 익기 마련이다. 일이 서툴러 스트레스받는 일은 줄어들고, 익숙한 사람들과 일상을 함께하며 특별한 이벤트가 없으면 다행이려니 하는 마음으로 하루하루를 살았다. 익숙한 일상 속에서 나는 어딘가에 갇혀 있다는 갑갑함을 떨쳐 버릴 수 없었다. 시간이 흐른 만큼 내 삶도 한 해 두 해 나이를 먹어갔다. 그러다 문득, 마흔을 넘긴 내 나이가 부담스럽고, 이렇게 살다가 죽고 싶지 않았다. 나에게 변화가 필요하다는 것을 깨달았다.

평소 내 가방 안에는 항상 책이 들어있었다. 삶의 변화를 갈망해 오던 내가 무료한 일상으로부터 유일하게 탈출할 수 있는 시간이 독서였다. 거듭 말하자면, 내 가방 속 책 한 권은 나를 가둔 일상을 잠시 내려놓고 숨 쉴 수 있는 도피처이자 쉼표였다. 일로부터, 가족으로부터 잠시 멀어져 책을 읽다 보면 나만의 우아한 시간을 사는 듯한 착각이 들었다. 독서만큼 유익하면서도 근사한 취미는 없다고 자부하며 홀로 독서를 즐겼다. 특히 자기계발 도서를 많이 읽었는데, 책 속의 성공자들은 하나같이 '시간'의 중요성을 강조하고 있었다. 시간의 중요성을 강조하는 문장을 만날 때마다 내 시간은 어떤 식으로, 어떤 방향으로 흘러가고 있는지 성찰하는 시간을 가지게 했다. 책이 내 삶에 변화를 만들어 낼 힘을 말해주고 있었다.

누구나 알고 있듯이 하루는 24시간이다. '누구에게나 공평하게 주어진 이 시간을 과연 성공자들은 어떻게 보내고 있을까?' 궁금해지기 시작했다. 나 스스로 큰 성공을 거둔 것은 아니지만 나름대로 내 삶에 충실했다고 당당하게 말할 수 있다. 원하는 삶을 사는 이들의 성공 뒤에 어두운 시간은 '치열함'이다. 남들과 다른 생각의 출발은 남들이 꺼리는 일에서 시작된다. 성공자들의 삶을 들여다보니, 그들에게는 하루를 27시간처럼 살게 하는 '자기만의 습관'이 있었다. 잘 길들인 습관을 어느 시간대에, 어떻게 쓰느냐에 따라 인생이 바뀌었다. 나는 그런 성공자들의 삶이 부러웠다. 그들이 한결같이 말하는 성공습관을 내 삶으로 가져와 내 것으로 만들고 싶었다. 나의 하루를 되돌아보았다. 일어난 시간부터 잠들기 전까지 하나하나 빠짐없이 적어보았다. 아침 7시에 출근을 해야 하기에 6시에 일어나서 샤워하고, 화장과 머리 손질을 하면 30분이 훌쩍 지나고 만다. 옷가지를 챙거입고, 아이들을 깨우기 바쁘다. 별다른 일을 한 것도 없이 서둘러 출근을 해야 했다. 병원에 오면 꼼짝없이 8시간을 보내야 한다. 바쁘고 고된 업무를 마무리하고 나면 오후 3시 30분이 넘는다. 간부 회의가 길어지는 날이면 오후 4시가 넘어서 퇴근을 하고, 집에 오면 시곗바늘은 오후 5시를 가리키고 있었다. 온종일 잠시도 쉴 틈 없이 움직인 다리를 쉬게 하고 싶어 소파에 몸을 누인다. 꿈결같이 짧은 쉼이다. 아이들이 부산을 떨며 하교할 시간이다. 딸아이가 현관문을 들어서자마자 배고프다고 난리다. 부랴부랴 저녁 식사 준비를 하며 집안일까지 하게 된다. 나에게 저녁 9시가 되어야 찾아오는 고요함이라니! 퇴근 후 가족을 돌보며 어두운 밤이 찾아올 때까지 숨 쉴 틈 없이 달려야 지켜낼 수 있는 귀한 시간이다. 책을 읽으려 해도 피곤함에 쩔어서 책이 제대로 읽힐 리 없지만 한 장이라도 읽어야지 하는 맘으로 책장을 펼치곤 했다. 퇴근 후 집안일을 마친 뒤에야 찾아온 짧은 쉼의 시간, 나는 어떻게든 책을 읽으려 애썼다. 그런 내 모습을 보고 있자니 소금에 절인 배추가 저 혼자 살겠다고 바둥대는 숨이 덜 죽은 배추 같았다. 이렇게 하루를 늘어놓고 보니 오롯이 혼자인 나를 위한 시간은 눈 씻고 찾아봐도 보이질 않는다. 매일 하루를 쳇바퀴 돌듯이, 오늘이 내일이 되는 기이한 현상을 마주할 뿐이다.

이쯤 되니, 더더욱 나의 하루에 이상 신호가 잡혔음은 분명하다. 늘 해오던 일인데 힘에 부쳤고, 예상치 못한 일들에 어떻게 해야 할지 머뭇거리는 나를 보며 내면이 많이 나약해져 있음을 인지했다. '내가 너무 열심히 살았나? 지쳐있었나? 왜 이렇게 하루가 의욕적이지 않은 거야?'라며 마음의 문을 두드리기 시작했다. 일상을 대하는 마음이 삐거덕대고 있었다. 난생처음 '시간'에 대해 고민했다. '정신 바짝 차리지 않으면 한순간 나도, 일상도 와르르 무너지겠구나.'라고 생각하니 발 벗고 내 시간을 만들어야 했다. 책 속에서 말하는 성공자들은 남들보다 이른 시간에 일어났다. 아직 해가 뜨지 않은 시간, 새벽에 일어나 자신만의 습관을 차곡차곡 숙성시켜 나갔다. 남과 다른 시간, 자기만의 습관으로 하루를 새롭게 시작하고 있었다. '과연 한두 시간 빨리 일어난다고 삶이 변하게 될까?' 의문스러웠다. 나의 하루를 돌아보니 나를 위한 시간을 쫓기듯이 억지로 만들어 가고 있었다. 시간에 끌려다니는 나 자신이 애처로웠다. 일부러 퇴근길에 카페에 들러 책을 읽어야 했고, 밤이 오길 기다리며 애써 혼자만의 시간을 확보해야만 내가 읽고 싶은 책을 읽을 수 있었다. 결단이 필요했다. 나는 나에게 '새벽 시간'을 선물하기로 했다. 나만의 시간으로 꽉 채워진 새벽이 내 삶을 어떻게 바꿔 놓을지 당시의 나는 알지 못했다. 확실한 한 가지는 시간에 끌려다니지 않는 삶이 청산되고 내 삶의 주체로 살아가는 첫발을 이제 막 내딛게 된 것이다.

새벽은 고요하지만, 변화를 움직이는 힘을 키우는 시간이다. 성공자들은 새벽을 통해 하루를 계획하고, 명상과 긍정 확언으로 잠재의식을 일깨워 끊임없는 무한가능성에 도전하고 있었다. 그들에게 독서는 흔한 일상이자 지극히 자연스러운 삶의 일부였다. 또한, 그들은 새벽에 일어나 운동을 하며 건강한 체력을 유지하는 데 힘쓰고 있었다. 몸이 건강해야 생각이나 감정도 긍정적으로 유지될 수 있다. 몸과 마음은 하나로 연결되어 있다는 것을 말해주는 듯했다. 그러나 새벽 운동이 가당하기나 한 건지 절로 실소가 나왔다. 읽고만 있어도 그들의 새벽 시간은 놀랍고 궁금했다. 새벽이 주는 좋은 기운이 내 안에 가득 차오르는 것만 같았다. 뭔가 모르게 힘이 채워지는 듯한 기분이 압도적으로 가슴을 향해 밀려왔다. 새벽에 답이 있다면 스스로 먼저 그 시간에 눈을 떠야 한다. 답이 있는 곳에 있지 않은 나는 변화를 일으킬 힘이 없다. 스스로 그 시간을 만들어야 한다. '몇 시에 일어나지?' '일어나서 무엇을 하지?' '못 일어나면 어떻게 하지?' 시작도 하기 전에 설레발이다. 걱정이 앞서 시작이 두려웠지만 중요한 건 이런 기특한 생각을 해낸 '내 마음'이었다. 나는 나를 위한 결단을 내렸다. 일찍 일어나서 온전히 나만을 위한 시간을 갖자! 아내로, 엄마로, 간호사로 살기 전에 나로 한 번 신나게 살아보자. 경주마처럼 앞만 보며 달려온 시간, 어느새 내 나이 마흔 중반이다. 어쩌면 나에겐 지금이 마지막 기회일지 모른다. '새벽 기상을 해야겠구나!'하고 다시 한번 굳게 다짐하게 되는 계기가 되었다. 더는 미룰 수 없는 순간처럼 간절해졌다.

　새벽 기상을 마음먹은 당시, 내가 몸담은 병원의 경영난은 현실적인 불안을 가중시켰다. 회생 기간을 겪으며 매일 바람 잘 날 없이 휘청이고 있었다. 병원도 이미지로 먹고사는데 병원이 제 역할을 못 하고 있다 보니 무성한 소문만 안으로 밖으로 난무하고 있었다. 나도 덩달아 그러한 물살에 휘말려 휘청이고 싶지 않았다. 이럴 때일수록 나를 더 단단히 붙들어 정신의 강인함이라도 챙기자 싶었다. 어느 날 눈떴을 때 실업자가 되어있을지 모를 현실에 불안해하며 하루를 보내고 싶지 않았다. 조금씩 무기력해지는 나 자신을 방치할 수 없었다. 책 속에 길이 있다고 하지 않던가. 책 읽는 습관이 일상이 되도록 새벽에 일어나 보자! 일단 일어나 보면 답은 보일 것이라 확신했다. 새벽 기상의 핵심 목표를 세웠다. 내게 가장 시급한 문제이자 해결책인 '책 읽기 습관의 일상화와 마인드 강화'로 정했다. 환경이 흔들릴수록 내 마음만은 무쇠처럼 강해져야 한다는 생각이 지배적이었다. 성공자들은 한결같이 책을 통해 말한다.

　"당신이 하고자 하는 일에 목표를 명확히 세워라! 목표가 당신을 원하는 곳으로 데려다 놓을 것이다."

　그렇게 나는 새벽 시간을 성장의 시간으로 정했다. 새벽은 독서를 통해 새로운 지식을 쌓고, 마인드를 키우며 어떤 상황에서도 쉽게 흔들리지 않는 나를 만들어 가는 시간이다. 한적한 오솔길을 걷는 마음으로 새벽 시간에 있을 나를 믿어보기로 했다. 새벽은 고요함으로 크게 성장하고 인생에서 가장 그럴싸한 임팩트(Impact)를 찾아낸다.

　나의 결핍된 상황들이 '새벽 시간'으로 나를 이끌었다. 꾸준히 자기계발 책을 읽으며 나보다 먼저 앞서간 이들의 삶을 보며 내 삶의 해답도 찾게 되었다. 책을 손에서 놓지 않는 이유는 책에는 내가 놓친 소중한 가치를 일깨워주는 힘이 있기 때문이다. 늘 책을 가까이하고 있었는데 왜 마흔이 넘어서야 깨달음이 온 것인지 아쉽지만, 더 늦지 않아 다행이라 생각한다. 어느덧 새벽을 통해 바라본 세상이 내 삶으로 들어와 그 모습을 드러내고 있기 때문이다. 새벽은 나에게 좋은 습관을 만들어 주었고 그 습관은 나를 성장의 길로 이끌어 준 보너스 같은 귀한 시간이었다. 남들보다 먼저 일어나 맞이한 새벽의 고요함은 강렬했다. 그 시간이 나이테처럼 쌓여갈 때 내공은 언젠가 폭발적으로 분출할 수밖에 없다는 것을 이미 잘 알고 있다.

　삶이 고되고 힘들수록 시간이 잠에 잠식당하도록 내버려 둬서는 안 된다. 힘들수록 더욱 깨어있어야 하고, 의식적으로 시간을 활용해야 한다. 깨어있지 않은 시간은 삶에서 지워진 시간이다. 의식하지 못하는 시간이 많을수록 나를 위해 할 수 있는 시간도 줄어든다. 새벽에 일어나 보고 나서야 책 속에 유명한 명사나 성공자들이 시간과 습관의 중요성을 왜 그렇게 강조했는지 알 것 같다. 나를 강하게 만드는 시간이 많을수록 삶을 대하는 태도가 바뀌고 주도적인 삶을 산다. 시간은 기다려주지 않고, 나를 위해 정지하는 법도 없다. 그저 흐를 뿐이다. 아무것도 하지 않는다면 당신은 소용돌이치는 시간이란 급물살에 휩쓸려 형체 없이 사라진다. 내 의지와 상관없이 시간이 가는 곳으로 당신은 끌려가게 된다. 시간을 내 편으로 만드는 자가 곧 자기 세상의 주인공으로 산다. 새벽 시간을 통해 나의 행동과 생각, 감정 그리고 삶을 관리할 수 있는 법을 배웠다. 새벽은 시간을 통제하려 드는 것이 아니라 관리하는 것이라는 것을 깨닫게 했다.

삶은 먼저 발견하고, 그것을 행동으로 옮기는 사람에게 기회를 준다. 이제 당신 차례가 되길 바란다. 내일 새벽, 눈을 떠서 당신만의 시간을 만들어라. 새벽이 당신을 특별한 삶으로 인도해 줄 것이다.

『성공자들의 시간에는 하루 24시간이 아니라

'24시간 + α'시간이 있었다.

그 α의 시간을 찾는 열쇠가 바로 새벽이다.』

삶의 변화를 일으킨 사람은 새벽에 깨어 있었다

새벽이 없는 삶에서 잠은 고된 일상에서 벗어나는 가장 쉬운 방법이었다. 속상하고 억울한 일이 있어 울고 불며 하소연해봐도 해결되는 것은 없었다. 잠들면 모든 문제로부터 잠시 해방될 수 있었다. 억지로라도 잠을 선택했다. 일종의 회피였다. 딱히 매일 뭔가를 해야 할 루틴도 없었고, 하루하루 살아내는 것도 내게는 버거운 일처럼 느껴졌다. 제대로 번 아웃이 온 건지, 아니면 갱년기의 시작인지 나조차 헷갈렸다. 몸과 마음이 더 이상 내 통제 안에 있지 않았다. 내일 당장 문을 닫아도 이상하지 않을 만큼 휘청이는 병원을 매일 출근하는 내가 이해가 되지 않았다. 마음만 먹으면 다른 직장으로 옮길 수 있음에도 익숙함이 주는 달콤함을 밀어낼 수 없었다. 사춘기 딸들과의 실랑이에도 지쳐갔다. 잔소리할 기력도 모두 소진된 듯했다. 남편은 뭐가 그리 바쁜 건지, 결혼 후 지금까지 오후 9시 이후로 퇴근하는 일은 일상이 되었다. 나는 지금 어디에 있는 걸까? 남은 삶을 지금처럼 살아갈 생각을 하니 심장이 멎는 것 같았다. 숨이 막힐 듯한 답답함이 가슴을 조여왔다. 지금껏 잘 버텨오던 내가 이제 더는 버틸 힘이 없다는 것을 어렴풋이 예감하고 있었던 것 같다.

나는 이 상황에서 어떻게 벗어날 수 있을까? 벌써 나이는 마흔 중반이다. '내가 할 수 있는 게 뭐가 있을까?' '나에게도 기회란 것이 올까?' 나를 향해 무수한 질문들이 한꺼번에 쏟아지기 시작했다. 이렇게 살려고 지금껏 열심히 살아온 게 아닌데 누구를 위해 살고 있는 걸까? 자식을 위해 산다고 말하기엔 이것만큼 어리석은 대답도 없는 것 같다. 자식은 품 안에 있을 때만 자식이라더니, 결국 그들도 성인이 되면 이 집을 떠나 각자의 삶을 살아가게 될 것이다. 나는 잠시 딸아이들의 보호자일 뿐, 법적 성인이 되면 스스로 자기 인생을 책임져야 한다. 하지만 정작 나 자신이 문제였다. 나를 데리고 사는 일이 세상에서 가장 힘들게 느껴졌다. 갈피를 잡지 못하고 나는 다시 책을 들었다. 읽고 또 읽었다. 삶의 변화를 이룬 이들에게는 도대체 무슨 일이 일어난 것일까? 나는 그 해답이 찾고 싶었다. 아니, 반드시 찾아야만 했다.

성공자들은 내가 그들을 필요로 할 때 만날 수 없다. 내가 원할 때 언제든 그들의 이야기를 들을 수 있는 것이 책이다. 나는 책을 통해 그들을 만난다. 성공자들의 생각과 시간이 궁금할 때면 자기계발서를 찾아 읽고 또 읽었다. 자기계발서는 부자와 빈자의 차이를 습관과 시간 관리에서 찾았다. 평범한 사람들의 시간과 성공자들의 시간은 정반대로 흐르고 있었다. 읽을수록 얼굴이 화끈거렸다. 왜냐하면, 책 속에 있는 평범한 사람들의 일상이 바로 나와 다를 바 없었기 때문이다. 성공자들은 새벽 3~4시에 일어난다고 한다. 믿기지 않을 만큼 신선한 충격이었다. '새벽 3시라고? 이게 말이 되는 소리야? 그럼 언제 자?' 밤늦게까지 나만의 시간을 누리는 데 익숙해 있던 내게 새벽 3시는 시작할 엄두가 나지 않는 시간이었다. 지금처럼 잠들면 2~3시간 후 일어나야 하니 새벽에 일어나는 일은 점점 더 무겁게만 다가왔다. '가능할까?' 읽으면서도 나에 대한 의심은 커지고 있었다. 평범한 사람들이 달콤한 꿈에 잠들어 있는 시간, 성공자들은 새벽에 일어나 있었다. 그들은 자신의 분야에서 최고가 되기 위한 연습과 훈련을 한다. 그 시간에 공부하고, 조깅을 하며, 명상을 통해 하루를 준비했다. 성공자들은 똑같이 주어진 하루 24시간을 27시간처럼 사는 습관이 몸에 밴 사람들이었다. 나도 모르게 '이렇게 시간을 자기 손안에서 쥐락펴락하며 사니 성공할 수밖에!'라며 강 건너 불구경하듯이 감탄사만 연신 뱉어내고 있었다. 그때, 나의 뒤통수를 세게 후려친 깨달음이 왔다. 내가 지금과 같은 생활을 지속한다면 변화는 없다! 성공자들은 점점 더 앞으로 나아갈 것이고, 나는 정체되거나 뒤처질 것이다. 그들과의 간격은 영영 좁혀지지 않을 수 있다. 그 순간 등골이 서늘했다. 이래서 나는 자기계발서를 좋아한다. 자기계발서는 나태해진 나 자신을 멍이 들도록 물씬 때려주는 역할을 한다. 이대로 살면 넌 패자의 삶을 사는 것이고 지금부터라도 정신 똑바로 차리고 살라는 강한 메시지를 준다. 자기계발서는 느슨해진 삶에 나사를 조여주고 싶을 때 안성맞춤이다.

삶의 성공은 하루를 어떻게 보내느냐에 달려 있다. 나에게 주어진 시간을 어떻게 써야 인생의 변화를 가져올지 신중하게 생각해볼 때이다. 갑자기 하루 24시간이 27시간으로 늘어날 리 만무지만, 하루를 27시간처럼 사는 일은 가능하지 않을까? 그것은 자신이 시간을 사용하는 방식에서 오는 심리적 만족감과 관련이 있다. 남들이 하기 싫어하거나 어려워하는 일을 꾸준히 해내는 습관에서 얻는 자신감, 이 만족감이 삶의 변화를 만든다. 내가 불필요하게 보낸 한 시간은 성공자들이 잠을 포기하며 일군 한 시간과 대비된다. 일주일, 한 달, 일 년이란 시간이 지나면 엄청난 간극을 만들어 낼 것이다. 이것이 결국 삶의 차이를 결정한다. 비록 평범하지만, 조금 더 비범하게 사는 법을 선택할 수 있지 않을까?

책 속에서 만난 성공자들의 시간, 새벽 3시와 4시는 그 후로 계속 머릿속을 맴돌았다. '정말 새벽 3시, 4시에 일어나는 사람이 있을까?'란 의구심과 이끌림이 이질적으로 묘하게 공존했다. 생각할수록 새벽에 일어나면 뭔가 변화는 올 것 같다는 강한 확신이 생기기 시작했다. 성공자들도 처음부터 성공적인 삶을 산 건 아니었다. 오히려 그들 중 많은 사람이 나보다 더 열악한 환경에서 출발했다. 몇십억 빚을 지고도 절망의 구렁텅이에서 벗어나 남들이 부러워하는 장밋빛 인생을 살고 있었다. 그들의 공통점은 '새벽에서 다시 일어서는 법'을 찾았다는 것이다. 내게 잠들어 있던 시간은 그들의 삶에서는 깨어 있는 시간이었다. 삶의 변화는 어려운 것을 감수할 용기에서 시작된다. 굳이 하지 않아도 될 그 사소한 일을 반복했을 때 변화가 생긴다. 성공자들이 새벽에 하는 일에는 끈기와 꾸준함이 수반되어 있었다. 오는 잠을 물리치고 차근차근 습관으로 만들며 절대 서두르지도, 포기하지도 않았다. 실패해도 다시 시작하는 끈기에서 이미 승패는 갈렸다.

지금의 나는 새벽 3시 30분이면 일어난다. 늦어도 4시 30분에는 깨어 있다. 수많은 시행착오를 거쳐 새벽형 인간이 되었다. 어떻게 가능했을까? 의외로 결론은 간단하다. 나에 대한 의심을 지우고, 포기하지 않는 것이다. 지금 생각하니 새벽 기상도, 글 쓰는 일 모두 나의 강한 의지로 일으킨 일이다. '그들은 나와 다른 특별한 사람일 거야. 나처럼 평범한 사람과는 비교할 수 없어!'란 생각은 애초에 어리석은 생각이었다. 나와 다르지만 나도 그들처럼 할 수 있다는 가능성을 간과해선 안 된다. 해보지도 않고 지레짐작으로 시도조차 하지 않는다면 당신은 지금 당장 시작하지 않은 오늘을 후회하며 살지도 모른다. 지금 나에게 '이 정도면 됐어.'라는 적당한 만족은 없다. 포기를 모르는 '조금만 더'라는 말로 무슨 일이든 끝까지 완주해 낼 것이다. 보물은 당신의 발아래에 있다. 파고 또 파도 나오지 않는다면 '조금만 더' 시도해 보자. '이 정도면 할 만큼 했어.'라며 당신이 포기한 그 지점 아래에 당신이 원했던 그것이 있다. 성공자들은 바로 당신이 포기했던 그 지점에서 더 시도했던 사람들이다. 새벽은 내 안의 가능성과 위대함을 깨우는 시간이다. 나약하게만 느껴지던 나를, 절대 나는 저들과 같아질 수 없다고 판단했던 나를 '변화 가능한 나'로 이끌어주는 숨겨진 힘을 가진 시간이다. 새벽에 일어나기만 해도 변화는 시작된다. 새벽 시간에 깨어 있는 행동은 더 큰 변화를 일으킨다. 다시 잠들지 않는다면 말이다. 새벽이 주는 힘은 특별하다. 잠든 이들은 절대 느낄 수 없는 에너지가 새벽의 고요한 시간 속에서 나를 채운다. 성공자들 또한 이 에너지를 느꼈기에 새벽을 선택했을 것이다. 내 안에 차오르는 보이지 않는 에너지가 나를 움직이게 한다. 때로는 고요함으로, 어느 때는 청량함으로, 어느 날은 몰입감으로 나를 조용히 밀어준다. 고요 속의 자유와 생동감, 이 모든 것이 삶의 변화를 만든다.

　인생에 작은 변화라도 일으키고 싶다면, 남들과 같은 시간을 살아서는 안 된다. 남들과 다른 시간을 살아가는 법을 연구해야 한다. 나는 새벽 3시부터 5시를 가장 사랑한다. 이 시간에 일어나 내가 움직이고 있다는 사실 자체가 신비롭기만 하다. 지구 대부분의 사람이 잠들어 있는 시간, 나는 일어나 있다. 나 자신을 위해 할 수 있는 일이 있다는 생각에 절로 가슴이 벅차다. 성공자들이 깨어 있는 그 시간에 나도 함께 있다는 묘한 동질감이 새벽의 기운을 한층 더 북돋아 준다. 나도 그들과 같은 삶에 한 발짝 더 다가선 것 같은 느낌 그 자체로도 힘이 난다. 나는 깨달았다. 삶의 변화는 아주 작은 일상의 변화에서 시작된다. 일어나는 시간을 새벽으로 바꿨을 뿐인데, 생각이 바뀌고 행동이 달라지기 시작했다. 새벽은 생각과 행동의 변화를 이끄는 데 필요한 에너지와 집중력을 최대치로 끌어올리는 시간이다. 이 시간에 내가 한 일은 그 어느 때 한 일보다 가장 큰 성과를 낸다. 삶의 변화를 원한다면, 성공자들이 보낸 시간에 시선을 돌려야 한다. 자기계발서를 읽어 본 사람이라면 이미 눈치챘을 것이다. 변화의 시간은 바로 새벽에 존재한다는 사실을! 아는 것과 행동하는 것은 다르다. 알고도 실천하지 않는 것이 평범한 사람들의 가장 큰 한계다. 물론 새벽에 일어난다고 하루아침에 성공한 삶을 살거나 부를 이룰 수는 없다. 그러나 분명한 것은 삶의 변화는 반드시 온다. 평범하지만 조금 더 특별난 사람은 될 수 있지 않을까. 새벽은 내 삶을 변화시키는 힘이었다. 그 변화들을 공유하기 위해 책을 쓰기로 결심했다. 물론 이 글도 조용한 새벽에 쓰고 있다. 아무도 방해하지 않는 이 시간은 글쓰기에 더없이 귀한 시간이다. 새벽이 나를 좀 더 특별한 사람으로 살게 한다. 평범한 사람이 특별한 시간에 있으면 남들과 다른 특별한 삶을 살게 된다. 시간 활용만 잘해도 삶은 크게 달라진다. 삶은 작은 일상의 변화로 바뀐다!

　삶의 변화를 일으킨 사람은 새벽에 깨어 있었다. 당신이 잠든 사이에 일어나 있는 사람들이 분명 존재하고, 지구는 매 순간 쉼 없이 돌고 있다. 그 속에서 나는 시간을 어떻게 보내고 있는가? 어쩌면 새벽이란 시간은 지구가 쉼 없이 돌면서 깨어 있는 자들을 위해 하루에 한 번 줄 수 있는 특별한 선물이지 않을까? 그 선물을 받은 이들이 더 나은 변화를 만들어가는 것은 당연한 일이다.

『새벽은 지구가 깨어 있는 자들에게

하루 한 번 줄 수 있는 특별한 시간이다.』

각 영역의 고수도 새벽을 선호한다

성공한 사람들은 공통적으로 아침 일찍 일어나는 습관을 가지고 있었다. 그들은 규칙적인 생활 리듬이 몸에 배어 하루 중 가장 생산적인 시간인 골든 타임을 최대한 활용했다. 일찍 잠들고 일찍 일어나 새벽 시간을 집중적으로 사용한다. 빌 게이츠, 버락 오바마, 벤저민 프랭클린, 오프라 윈프리 등 유명인사들 역시 새벽 루틴을 실천해 온 대표적인 사례라 할 수 있다. 빌 게이츠는 새벽 3시에 일어나 2~3시간 동안 독서를 하는 것으로 유명하다. 무라카미 하루키와 스티븐 호킹 또한 새벽에 일어나 글쓰기를 했다는 사실은 이미 잘 알려진 사실이다. 사회적으로 성공한 이들의 삶에서 새벽 시간은 당연한 것처럼 자리매김하고 있다. 나는 새벽 기상, 미라클 모닝, 아침형 인간이라는 키워드에 끌렸다. 인터넷 검색과 책 읽기를 통해 변화의 필요성을 깨닫고 새로운 움직임을 위한 준비를 하였다. 결단을 내리고 행동으로 옮기면 되는 일이었지만, 막상 잠을 포기하고 새벽에 눈을 뜬다는 것이 엄두가 나지 않았다. 혹여 피곤한 일상으로 업무에 지장을 줄까 걱정이 앞섰다. 당시, 나는 조리원에 일하며 산모들의 수유 시간을 체크하고 건강 상태를 돌보는 것은 물론, 산모교육까지 담당하고 있었다. 시도 때도 없이 울고 먹고 싸는 아기들에게 닿는 손길의 반도는 헤아릴 수 없다. 하루 만 보 걷기는 기본 옵션처럼 따라오는 일상이었다. 육체적 노동과 감정 노동이 뒤섞인 하루를 상상만 해도 충분히 피곤하고 고되기만 했다. 이런 내 삶에 새벽 기상이 가당치 않은 것만 같았다. 하지만 나는 변화가 필요하다는 것을 절실히 느끼고 있었다. 이대로 가는 것은 스스로 치명적인 자살골을 넣는 행위와 다름없었다. 과연 유명 성공자들이 새벽을 선호하는 이유는 무엇일까?

새벽을 통해 삶이 변한 사람 중 한국 미라클 모닝 대표를 역임하고 있는 엄남미 작가가 있다. 나는 그녀가 출간한 습관에 관한 책들을 읽으며 용기를 얻었다. 그 책들을 읽는 것만으로도 긍정 에너지가 내 안에서 솟구치는 느낌을 받았다. '나도 이 사람처럼 하면 삶이 바뀔까?'라는 질문이 자연스럽게 떠올랐다. 세계적으로 유명한 성공자들의 이야기가 일종의 로망처럼 느껴진다면, 같은 땅과 하늘 아래에서 평범하게 살던 한 사람의 변화된 이야기는 실행력을 자극한다. 때로는 멀게만 느껴지는 성공자들보다, 나와 그리 멀지 않은 곳에서 살아가던 사람이 생활 속에서 깨달음을 얻고 원하는 삶을 이룬 이야기가 더 큰 위로와 동기를 부여한다. 나도 할 수 있을 거라는 실낱같은 희망의 서막이 오른다. 엄남미 작가 역시 미라클 모닝과 거리 먼 삶을 살았다고 한다. 그녀가 우울한 일상에서 벗어날 수 있었던 것은 바로 기적의 1초 습관 때문이었다고 밝힌다. 매일 1초의 반복이 삶을 바꾼다는 것이다. 자기계발과 담을 쌓은 채로 살던 그녀가 무엇에 자극을 받은 것일까? 그 시작은 우연히 서점에서 발견한 할 엘로드의 《미라클 모닝》 책 한 권에 있었다. 사람의 인생은 한순간에 바뀔 수 있고, 그 시작은 지극히 단순한 곳에 있다는 진리를 말해주는 것만 같았다. 우리는 너무 멀리에서 변화를 일으켜줄 그 무엇을 찾아 헤매고 있는 것은 아닐까? 그녀는 집으로 돌아와 책을 읽으며 '미라클 모닝'의 가능성에 집중했다. 긍정 확언, 시각화, 운동의 중요성을 깨닫고 능동적으로 실천할 수 있었던 계기는 단 하나, '매일 1초라도 해보자' 이 한 문장에 있었다. 이것은 당시의 그녀에게 삶을 바꿀 간절함 그 자체였을 것이다. 그녀를 통해 본 새벽의 모습은 무엇이든 가능한 시간이자. 내 삶을 바꿀 수 있는 마지막 기회처럼 느껴졌다.

다양한 위치에 있는 많은 사람이 새벽을 통해 삶의 변화를 경험하고 있었다. 새벽 루틴을 가진 이들은 시간을 쪼개 주도적으로 사용했다. 시간이 흐르는 대로 사는 것이 아니라 시간을 통제하며 살아가고 있었다. 그들은 시간을 허투루 보내지 않는 선택을 일상으로 만들고 있었다. 반면 나의 하루는 잠에서 깨어나는 순간부터 시간의 통제를 받으며 시작되었다. 출근 시간에 늦지 않기 위해 서둘러 세수하고 양치하며 의미 없는 일상을 반복하고 있었다. 숨 가쁘게 보낸 아침은 정리되지 않은 시간이었다. 그런 아침에는 하루에 쓸 에너지의 50% 이상을 빼앗긴 기분마저 든다. 성공한 이들의 아침은 달랐다. 그들의 아침은 고요 그 자체였다. 여유롭게 자신의 성장을 위해 시간을 활용하고 있었다. 나 역시 성공자의 아침을 맞이하고 싶다는 욕망이 폐부 깊은 곳까지 채워졌다. 아침에 기분 좋게 눈을 뜨고, 창밖을 바라보며 커피 한 잔 정도는 쫓기듯 마시지 않아도 되는 여유 있는 삶을 갖고 싶었다. 그러나 현실은 달랐다. 일하는 엄마의 아침은 소란스럽다. "원아~ 은아~ 아침이야! 얼른 일어나 등교할 준비 해야지!" 아침을 알리는 가족들의 알람시계로 사는 기분이다. 나는 아이들의 삶을 대신 살아가고 있었다. 내가 등교하는 것도 아닌데 아이들 대신 지각을 걱정했다. 잃어버린 물건을 찾아다니느라 허둥대고 조급해하는 나 자신을 보며, 정리되지 않은 삶이 내 삶이라 생각하니 덜컥 겁이 났다. 반복되는 문제는 변화를 원하는 신호다. 문제를 외면하지 말고, 적극적으로 삶 속으로 뛰어들어야 한다. 변화를 만드는 시작은 결국 행동에 있다.

미친 실행력이라니! 나는 꾸준함만큼은 타고난 듯하다. 지금까지 새벽 기상을 하며 쌓아온 노력이 하나씩 빛을 보기 시작했다. 새벽에 일어나 성공자들이 하는 것처럼 시간을 쪼개어 독서와 필사, 긍정 확언, 운동을 했다. 얼추 비슷하게 따라 하다 보니 어렵고 귀찮았던 일들이 새벽 루틴이 되어 습관으로 자리 잡았다. 남들보다 더 빨리 눈을 뜨고 움직였더니 글까지 쓰게 되었다. 인스타그램만 들어가 봐도 새벽에 일어나 쓰레기를 줍거나, 달리기하거나, 책을 읽으며 자신만의 시간을 알차게 보내는 이들을 쉽게 만날 수 있다. 평범하지만 각자 다른 시공간에서 성공을 매일 경험하는 사람들이다. 작은 성취감이 주는 내적 충만감은 평범한 삶을 특별하게 만든다. 작은 거인들이 세상의 중심에 서는 일이 많아지면, 결국 거인의 어깨 위로 올라타는 것은 시간문제가 아닐까.

새벽은 만물이 잠든 고요한 시간이다. 그 누구의 간섭도 받지 않는 혼자만의 시간이다. 많은 성공자들이 남들보다 먼저 일어나 책을 읽고, 운동하고, 명상하며, 글을 쓰는 삶을 살아가고 있는 이유가 바로 여기에 있다. 혼자 있기에 자신에게 온전히 집중할 수 있는 시간이 새벽이다. 그 무엇으로부터도 방해를 받지 않는 시간이기에 습관과 사고를 재정립할 수 있는 최적의 시간이다. 짧은 시간 내 시간을 알뜰하게 써야 하기 때문에 시간 관리의 중요성을 누구보다 더 빨리 체득하게 된다. 무엇보다 새벽은 자기 자신을 제대로 알아가는 시간이다. 이 시간이 누적되면 세상의 소음으로부터 흔들리지 않는 내면의 단단함이 생긴다. 그 단단함이 삶의 소신과 중심을 잡아주고, 스스로를 움직이는 원동력이 된다. 내공이 강한 자가 세상을 움직인다. 혼자 있는 새벽을 두려워하지 말자. 이 시간은 내가 무엇을 해야 하고, 무엇을 하지 말아야 할지 명확한 선을 그어준다. 늘 우유부단해서 선택을 힘들어하던 나에게 새벽은 선택의 갈림길에서도 흔들리지 않고 올바른 선택을 할 수 있는 내면의 강인함을 주었다. 자기 삶에서 성공을 이룬 이들은 새벽 시간을 발판삼아 내적 성장을 이루고, 그 힘으로 자신이 원하는 목표를 향해 흔들림 없이 전진해 나갈 수 있었던 것은 아닐까?

　우리는 새벽 시간을 통해 성공자의 삶을 살아갈 수 있다. 거대한 업적을 이룬 이들이 아니어도, 평범한 사람들이 이룬 소중한 성공들의 합은 많은 이들에게 훌륭한 본보기가 된다. 새벽 기상은 선택이다. 사람마다 적정 수면 시간이 다르므로 자신에게 맞는 시간 조절이 필요하다. 1초 일찍 일어나든, 1분 먼저 일어나든 우리에게 시간보다 중요한 것은 일어나기 위해 당신이 했던 시도와 그것을 지속하기 위해 들인 노력에 박수를 보내는 '나'로 존재하는 데 있다.

　"당신이 오늘 1분 먼저 일어난다면, 어제보다 1분만큼 더 살아낸 자신을 사랑하게 될 것이다."

　남들에게 없는 시간이 나에게 있다는 사실만으로도 삶은 새로운 의미를 얻는다. 삶은 그저 살아지는 것이 아니라, 지켜내는 것이다. 새벽 시간을 지키다 보면 삶을 지키는 법도 배울 수 있다. 새벽이 삶에 들어오면, 삶을 살아낸 경력과 나를 다독이며 버텨온 내공이 쌓인다. 새벽은 시간을 견뎌내는 힘을 주고, 그 힘이 삶을 지탱하게 한다. 많은 성공자가 새벽 시간에 집중하는 이유가 바로 여기에 있다. 새벽은 내가 살아있음을 느끼게 하고, 삶을 살아낼 힘을 보탠다. 새벽을 이끌어가는 사람들, 나는 그들의 꾸준함과 끈기에 박수를 보낸다. 당신이 새벽을 찾는 이유는 무엇인가? 그 이유가 명확할수록 당신은 내일의 아침을 새벽에서 시작하게 될 것이다.

『새벽을 지키면 삶도 지켜진다!

내일의 새벽을 당신의 새로운 출발점으로 삼아라!』

막막하고 지루한 일상,
나에게 새벽 기상이 필요하다

어릴 적, 나는 부모님의 삶을 보며 '왜 나는 농부의 딸로 태어났을까?'라며 자신을 원망한 적이 있다. 눈을 뜨면 집안이 온통 조용했다. 날이 밝기도 전에 부모님께서는 이미 농사일을 하러 밭으로 나가신 상태다. 나는 대수롭지 않은 듯 일어나 학교 갈 준비를 하고 도시락을 쌌다. 늘 반찬 때문에 속상했다. 친구들은 소시지나 계란말이처럼 보기만 해도 군침이 도는 반찬을 싸 오는데, 나는 매일 김이나 김치, 고들빼기, 무말랭이 같은 반찬들뿐이었다. 어느 순간부터 친구들에게 미안한 마음이 들었다. 그래도 친구들이 아무렇지 않게 내 반찬도 맛있게 먹어 주어서 고마웠다. 사실 엄마에게 반찬 투정을 하고 싶었지만, 엄마의 하루가 얼마나 고된지 알기에 '엄마, 나도 계란말이라도 해주면 안 돼?'라는 말이 목구멍 끝에서 맴돌며 쉽게 나오지 않았다. 그러던 어느 날 나는 결국 서러운 마음에 그 말을 뱉고 말았다. "친구들은 맛있는 반찬을 싸 오는데 나만 맨날 맛없는 반찬이야!"라며 볼멘소리를 내뱉었다. 그날 이후 엄마는 계란말이를 만들어 놓고 일하러 나가셨다. 아침에 일어나 도시락 반찬통에 가지런히 담긴 계란말이를 보고 울컥했다. 어린 마음에 엄마에게 괜한 투정을 부린 것 같아 죄송했다. 생각할수록 내 말이 엄마에게 가시 같은 말이었을 것을 생각하니 가슴이 시렸다. 바쁜 농사철에 이리저리 따라다니며 농사일을 돕는 나 자신의 삶도 지겹고 싫었다. 하지만 부모님은 자식들을 키우기 위해 멈출 수 없었고, 계속 나아가야만 했다. 고되고 힘들어도 쉴 틈이 없는 부모님을 보며 나는 너무 일찍 철이 들었던 것 같다.

부모님은 그 젊은 시절에 농사일을 하며 보내는 하루가 좋았을까? 여전히 우리 부모님은 새벽에 눈을 뜨신다. 바쁘지 않은 날에도 새벽에 일어나 텔레비전을 보시거나 밖으로 나가 소일거리를 하신다. 때로는 일부러 일을 만드시는 것처럼 보이기도 한다. 부모님의 삶 앞에 나는 한없이 작아진다. 누구보다 삶을 정직하고 부지런하게 살아오신 부모님의 거친 손과 발을 볼 때마다 가슴이 아프다. 어머니는 나에게 이렇게 말씀하신 적이 있다.

"살아봐라, 뭐라 해도 네 부모만큼 살아내기도 힘들기다."

맞다. 나는 부모님처럼 살아갈 자신이 없다. 지금도 1남 3녀를 키워내신 부모님이 존경스럽다. 나는 딸 둘을 키우면서도 힘들다는 소리를 입에 달고 산다. 그런 나를 보며 어머니는 말씀하신다.

"애 키우는 게 그리 힘들어서 어쩌하나. 일도 힘든데 애들까지 속썩이고… 애들은 알아서 크니까 너나 잘 챙겨. 그러다 몸 상할라."

여전히 어머니는 딸 걱정이시다. 부모님의 이런 삶이 나를 열심히 살게 한다. 부모님 같은 삶을 살 자신은 없지만, 부모님처럼 삶을 잘 살고 싶다. 부모님은 삶을 통해 살아가는 법을 가르쳐주셨다. 그런 부모님을 보며 안일하게 살아온 내 삶을 바꿔보고 싶었다.

부모님의 그늘 아래 학교를 다니며 부모님의 말씀이 곧 법인 듯 살아왔다. 졸업 후 병원에 취업한 이후에는 선배들의 눈치와 지시를 받으며 일을 해냈다. 결혼 후에는 아이를 낳고 한 사람의 아내이자 엄마, 며느리로 살아가는 여자의 숙명적인 삶이 때로는 버겁게 느껴졌다. 스물여덟 살에 결혼해 이듬해 첫아이를 낳고, 3살 터울로 둘째 딸도 태어났다. 일과 육아를 병행하며 딸 둘을 정신없이 키우다 보니 시간이 어떻게 지나갔는지조차 알 수 없었다. 아이들이 어느 정도 성장하고 나니 잔손가는 일이 줄어들었고 마음에도 조금씩 여유가 생겼다. 벌써 내 나이 마흔을 넘은 지 오래다. 이상하게도 나이를 먹을수록 내 삶이 가엽고 안타깝다 못해 억울하다는 생각까지 들었다. 아무리 돌아봐도 나란 사람이 그 어디에도 보이지 않았다. 한 직장의 수간호사로 있다 한들, 병원을 떠나면 이 직급도 사라지는 것이 아닌가. 나이 마흔 중반에 다른 직장에서 쉽게 나를 받아 줄지도 의문이었다. 모든 것이 불투명하고 불안했다. 아이들도 점점 자라 머리가 굵어지니 내가 통제할 수 있는 범위는 좁아졌다. 남편은 딸 둘을 두고 매일같이 벌어지는 전쟁터 같은 가정일에 관여하고 싶지 않은 건지, 퇴근 시간은 늘 늦었다. 내 마음에 드는 상황은 어디에도 없었다. '이대로는 안 되겠어! 이러다가 내가 죽을 것 같아! 나는 여태껏 뭘 하며 산 거지? 잘못 산 거 아니야? 나란 사람은 어디 있는 거지.?' 스스로를 향한 끝없는 잔소리 폭격이 이어졌다. "너 지금까지 뭐하며 산 거야! 앞으로 어떻게 살 거냐고!"

마흔이라는 나이에 접어들면서 많은 사람이 자기 자신을 찾느라 방황하고 있는 듯했다. 정체된 내 삶이 주는 안락함보다 늦은 나이지만 새로운 나를 찾는 일이 시급하다는 것을 알고 있었다. 하지만 '굳이', '지금 이 나이에'라는 마음이 시작을 망설이게 했다. 나 역시 마찬가지였다. 굳이 하지 않아도 되는 위험을 감수할 필요가 있을까? 이 나이에 내가 할 수 있는 게 과연 있을까? 이런 의심의 눈초리와 망설임이 늘 발목을 잡았다. 이제는 다른 사람들에게 이끌려 사는 삶에 종지부를 찍어야 할 때가 왔다. 자기 자신에게 질문하고, 스스로 답을 찾아가는 시간은 반드시 답을 알려줄 것이다.

나에게 질문할수록 왜 그렇게 서럽고 눈물이 나는 것일까? 내 안에 이렇게 많은 서러움과 남모를 아픔이 있었는지 스스로도 흠칫 놀랐다. 혼자 나를 생각하는 시간은 눈물로 나를 위로하는 시간이 되었다. 밤늦은 시간이 주는 묵직함 때문일까. 지금까지 억척스럽게 일과 육아를 병행하며 자신을 혹사하며 살아온 것인가 싶어 생각할수록 억울한 심정이 든다. '여자의 삶이 나와 같다면, 내 딸들은 절대 결혼시키지 말아야지.' 그런 마음마저 들게 했다. 나는 자랑스러운 엄마가 되고 싶었다. 일하면서 쌓아온 경력에 생채기가 나는 것도 싫었다. 그런데 결혼 후 남편의 커리어는 막힘없이 승승장구하는 듯한 모습이었다. 그에 반해 나는 육아와 일을 병행하며 겨우겨우 커리어를 지켜가고 있었다. 뭔가 잘못 되도 크게 잘못된 기분이 나를 비참하게 만들었다. 결혼과 출산 후 내가 지켜낸 모든 이력이 무너지는 기분이 한꺼번에 몰려와 살아도 살아 있는 것 같지 않은 날들의 연속이었다.

한 사람의 생이 무너지고 있었다. 겉으로 보이는 일상은 큰 일없이 평온한 날들이지만, 내 마음 안에서는 천둥이 치고 땅이 흔들리는 천재지변이 일어나고 있었다. 일하며 아이들을 키우고 한 가정을 지켜낸 삶이 과연 무엇을 말해주는 것인지 답을 찾을 수 없었다. '나는 도대체 어디 있는 거지?' 길을 걸을 때도 머릿속은 생각으로 가득 찼다. 전업주부로 살아가는 사람들도 아쉬움 없이 잘만 사는 것 같았다. 카페에 앉아 한가로이 수다를 떠는 이들이 눈에 들어왔다. '저 사람도 나와 같은 생각을 할까?' 다른 이들의 삶도 나와 같은지, 아니면 내가 별나서 이런 건지 혼란스러웠다. 남들이 보기엔 아쉬울 것 없는 삶처럼 보일지 몰라도, 내 속은 숯검정처럼 타들어 가고 있었다. 나를 찾기 위한 노력은 멈출 줄 몰랐다.

나는 경단녀가 되고 싶지 않다. 일하면서도 나를 가꿀 수 있는 '여유'는 가지고 싶다. 조리원 수간호사로 재직할 당시, 함께 일하던 동료들의 연령대는 40대에서 50대 초반으로 형성되어 있었다. 겉으로는 아이들이 어느 정도 자라 여유가 있어 보였다. 하지만 막상 이야기해보면 생계가 우선이었고, 자신을 위한 시간은 없었다. 자신이 좋아서 이 일을 하는 것이 아니라, 단지 취업이 잘 된다는 이유로 간호조무사 자격증을 취득한 것이었다. 그녀들은 퇴근 시간이 되면 도망치듯 병원 밖을 나갔다. 아이들 밥 차려 줘야 한다면서. 동료들은 책을 읽는 나를 보며 묻곤 했다. "집에 가면 피곤해서 소파에 누웠다가도 다시 일어나 밥하고 청소하기 바쁜데, 수샘은 안 피곤해요? 책 볼 시간이 나요?" 한편으로는 '이렇게까지 책 읽을 시간조차 없는 삶이 과연 살아있는 삶일까?'라는 생각이 들었다. 나이 들면 건강이 최고라며 책 읽을 시간에 잠이나 더 자야 한다는 동료들의 말을 들으면서, 나는 나의 50대는 달라져야 한다고 다짐했다. '잠을 조금 줄이더라도 나를 위해 시간을 낼 수 있는 사람으로 살자!'라고 결심했다. 3

교대 근무를 하며 밤을 하얗게 지새운 경험이 있던 나는 이미 어둠과 친숙하다. 그때는 직업이기에 가능했던 일들이었지만, 이제는 어둠을 밝혀 나를 위해 쓰기로 했다.

"답은 새벽이다!"

나 자신에게 던진 질문들에 대한 대답은 오랜 고심 끝에 들을 수 있었다. 모든 상황과 나의 마음이 한목소리로 '새벽'을 말하고 있었다. 더는 우울해 있을 수 없었다. 한 가정의 엄마이자 아내가 우울해 있으니 집안 꼴이 말이 아니었다. 이제는 정말 결단을 내려야 한다. 엄마가 행복해야 내 아이들이 행복한 환경에서 자라고, 아내가 행복해야 남편의 직장 생활도 덜 고되다. 나는 가족과 집안의 분위기를 이끄는 중심에 있는 사람이었다. 나를 먼저 챙기는 것은 나만을 위한 일이 아니라, 우리 가족 전체를 위하는 길이라는 생각이 들었다. 부모님께서 오랜 세월 고된 농사일을 하시면서도 우리 가족을 지켜낼 수 있었던 것은 어쩌면 새벽이 주는 힘 덕분이 아니었을까? 이렇게 생각하니 '나'란 존재가 더 소중하게 다가왔다. 나는 귀한 사람이다. 이제는 나를 찾아야 한다.

나와 우리 가족의 행복을 지키기 위해 새벽을 선택했다. 새벽을 지키기 위해 '새벽 기상'은 꼭 필요한 일이었다. 남들보다 먼저 일어나 마주하는 바깥세상이 궁금해졌다. 아이들과 남편으로부터 잠시 떨어져 있는 이 시간은 분명 나에게 또 다른 힘을 줄 것 같았다. 많은 사람이 새벽 기상을 통해 변화를 경험했다고 한다. 전업주부에서 사업가로, 어떤 이는 작가로, 자신도 모르게 숨겨져 있던 재능을 발견하는 특별한 시간이었다. 나에게도 그런 재능이 있는지 알고 싶었다. 누구나 자신을 찾고자 하는 순간은 반드시 온다. 내가 별나서 그런 시간이 온 것이 아니라, 사람이기에 자신을 찾고 온전한 나로 살아가고픈 것이다. 혹시 당신도 나와 같은 시기를 걸어가고 있는가? 그렇다면 새벽이라는 대안을 생각해 보자. 나를 찾는 시간은 혼자 있는 새벽에 있다는 것을 알게 될 것이다.

『 우리는 '나'를 희생하며 좋은 부모가 되려고 한다. 다 자란 아이들은 자기를 낳고 길러 준 부모님이 집에만 있길 바라지 않는다. 나이가 들어도 끊임없이 배우고, 실패하더라도 다시 도전하며 성장하는 부모를 원한다. 자신을 끝까지 잃지 않고 품위를 지키며 살아주는 것 또한 부모의 도리다. 어느 봄날의 새벽, 내가 마주한 책 한 권, 그 책 속의 한 문장이 나를 되찾아 주었다. 』

나도 한번 새벽 기상해 볼까?

"나를 위한 독서를 시작하고, 나부터 단단해지자! 분명 새벽은 답을 줄 것이다!"

나는 나를 먼저 챙기기로 했다. 나를 위해 깊이 있는 독서를 하고 싶었다. 독서로 내면이 강한 사람이 되고픈 결단이 나를 새벽에 일어나도록 이끌었다. 새벽에 일어나는 일은 결코 쉽지 않았다. 새벽이 주는 이점을 알면서도 망설인 이유는 한 번 시도하고 그만둘까 봐 두려웠기 때문이다. 나는 한번 시작하면 끝을 보고자 하는 성격이라, 나 자신과의 약속이 흐지부지될까 봐 더 망설여졌다. 새벽에 일어난다는 것은 평소보다 단호한 결심과 각오가 필요했다. 어쩌면 많은 사람이 새벽이 좋다는 것을 알면서도 시도하지 못하는 이유는 나와 크게 다르지 않을 것이다. 잘하고 싶고 끝까지 해내고 싶은 욕심이 앞서거나, 도중에 포기하게 될까 봐 스스로를 주저앉히는 두려움이 있었을 것이다. 나 역시 하루라도 빨리 시작하고 싶은 마음은 굴뚝 같았지만 망설였던 이유가 여기에 있었다. 우리는 하루아침에 모래성을 쌓으려는 욕심을 버려야 한다. 튼튼한 성벽을 먼저 쌓아야 외부의 자극으로부터 보호받을 수 있고, 그 안에서 나에게 적합한 견고한 성을 지을 수 있다. 과한 욕심만으로 단번에 성공하려고 하면 당신의 모래성은 밀려오는 바닷물에 휩쓸려 사라질 것이다.

점진적으로 자신을 단련해 나가는 것이 중요하다. 매일 조금씩 새벽에 적응하는 연습이 작은 성취감을 준다. 지치지 않고 계속할 수 있는 방법을 선택해야 한다. '나도 한 번 새벽 기상을 해볼까?'라는 생각이 든다면 욕심부터 내려놓는 것이 좋다. 매일 일어나는 시간에서 단 1분만 더 일찍 일어나도 당신의 새벽 기상은 이미 성공이다. 눈높이를 낮추고, 기대와 욕심을 내려놓아라. 작은 성공의 축적이 당신을 더 단단한 사람으로 만들어 줄 것이다.

나는 하나에 꽂히면 그것만 한동안 보는 경향이 있었다. 여자들은 자신이 취향을 밖으로 드러내는 것을 좋아한다. 나 역시 물건에 대한 욕심이 많아 마음에 드는 것이 있으면 어떻게든 내 것으로 만들어야 발 뻗고 잠을 잘 수 있었다. 향수에 꽂혔을 때는 주야장천 향수를 모았다. 처음부터 100ml짜리 향수를 샀더니 50ml나 30ml는 간질 맛나서 거들떠보지도 않았다. 그러다 보니 화장대에 향수로 가득 차 더는 둘 자리가 없을 정도에 이르렀다. 처음에는 그 향수들만 봐도 기분이 좋았고, 향기를 맡는 것만으로도 황홀했다. 하지만 시간이 지날수록 나만의 고유한 향기가 사라졌다. 쓰지 않는 향수는 점점 구석으로 밀려났고 결국 자리만 차지하는 애물단지가 되고 말았다. 어느 날은 옷에 필이 꽂혀서 한동안 옷 쇼핑에 중독되었다 해도 무방할 만큼 옷을 사 모았다. 옷장은 이미 가득 찼는데도 신상 옷이 나오면 단골 매장에 들러 입어본 후 한 치의 망설임 없이 구입했다. 옷도 자기만의 스타일이 있어 사고 나면 그 옷이 그 옷이었다. 가방도 마찬가지였다. 큰 가방이 유행했던 시절, 월급을 타면 가방 사기 바빴다. 사실 병원과 집을 오가는 내가 그 가방을 자주 들 일도 없었고, 남들에게 보여줄 일도 없었는데도 철없는 욕심으로 가방을 샀다. 가방 역시 옷과 다를 바 없었다. 그 가방이 그 가방이다. 이렇게 다 늘어놓고 보니 향수도, 옷도, 가방도 결국 가장 편하게 쓰는 것 하나만 남았다. 많다고 좋은 것이 아니었다. 사리 분별없는 욕심은 내 삶에 여유를 허락하지 않았다. 결국 채워 넣기 위해 먼저 버려야 했다. 이것도 젊은 날의 추억으로 남아 있다. 엄마가 되고 보니, 나 자신은 자꾸만 뒤로 밀려났다. 마음먹고 물건 하나를 사는 것도 쉽지 않다. 물건 하나를 사더라도 그것을 사야 할 이유를 생각해야 했다. 지금 당장 나에게 필요한지, 왜 이것을 원하는지 스스로 묻고 따져야 했다. 그래야 뒤탈이 없었다.

당신은 왜 새벽 기상을 하려고 하는가? 그 목적을 분명히 해야 시작이 한결 쉬워진다. 새벽 기상은 시간을 확보하는 일이다. 잠자는 시간을 포기하고 얻은 시간이기에 어영부영 생산적이지 못한 일로 보내면 얼마 못 가 도로 아미타불이다. 새벽에 일어나기로 결심했다면 그 이유를 명확히 해야 한다. 그리고 그 시간에 해야 할 일을 정해야 한다. 절대 욕심은 금물이다. 일어나는 시간도, 해야 할 일도 가볍게 시작해야 한다. 조금 부족한 듯 시작해야 채워 넣을 여유가 생긴다. 새벽 기상을 통해 배우는 것은 나를 낮추는 겸손함이다. 낮은 곳에서 높은 곳으로 올라갈 준비를 하는 것, 이것이 바로 새벽에 일어나야 하는 이유를 찾는 과정이다.

새벽 기상을 하려는 이유는 현실을 정확히 인식하는 일이었다. 나를 똑바로 봐야 그 이유가 명확히 드러난다. 새벽 기상이란 습관을 만들려고 할 때 중요한 것은 자신이 처한 상황에 대한 인식이 먼저다. 글쓰기를 처음 시작할 때도 이와 같았다. 긴 글쓰기를 해보지 않은 사람에게 글 쓰는 일은 두렵고 부담의 대상이다. '과연 내가 글을 쓸 수 있을까?' '나같이 평범한 사람이 무슨 글을 써?' '글은 특별한 사람들이 쓰는 거야.' 이런 생각으로 시작도 하기 전에 한계를 정하고 포기하기 일쑤다. 하지만 내가 글쓰기를 시작할 수 있었던 것은 그동안 새벽 기상을 하며 쌓아 온 마음훈련 덕분이었다. 처음부터 무리하지 않고 시작해야 한다는 것을 누구보다 잘 알고 있었고, 작은 성공이 주는 기쁨을 온전히 느낄 수 있었다. '시작은 미흡하나 결과는 위대할 것이다!'라는 나만의 신조로 결심했기에 지금의 내가 존재할 수 있었다.

긴 글쓰기는 하루아침에 이루어지지 않는다. 글 쓰는 방법을 모르면 그 방법을 배우는 기초 작업부터 시작해야 한다. 그 작업이 바로 '필사'였다. 책을 쓰기 위해 시작한 필사는 '타이핑 필사'라는 다소 낯설고 독특한 방식이다. 자판으로 한 꼭지, 즉 소제목에 해당하는 A4 2장 반 정도의 분량을 그대로 옮겨 쓰는 일이다. 나는 매일 1꼭지씩 필사를 반복했다. '내 글을 쓰기 전에 남의 글을 따라 쓴다는 것이 무슨 의미가 있을까?' 싶지만 그렇지 않다. 남의 글을 따라 쓰다 보면 어느 순간 '아하' 하는 깨달음의 순간이 찾아와 글의 형식이 보이기 시작한다. 처음에 느꼈던 두려움과 부담감은 서서히 연기처럼 사라진다. 그렇게 내 글쓰기에 대한 자신감이 생기고, 나아가 책 쓰기에 도전할 용기가 생긴다. 처음부터 내 글을 써서 책을 쓰려고 하면 시작도 하기 전에 제풀에 꺾이고 말았을 것이다. 하지만 다른 작가의 글을 따라 쓰며 글쓰기에 익숙해지는 과정을 통해 자신도 모르는 사이 작가의 마인드가 몸에 체화된다. 새벽 기상도 글쓰기와 다르지 않다. 자신의 처지를 먼저 인식하고 받아들여야 한다. 새벽에 일어나기 위해 하루아침에 수면 패턴과 생활 방식이 바뀌버리면 우리 몸은 그것을 거부감으로 받아들인다. 가벼운 마음으로 시작하자. 글을 써보니 알 것 같다. 모든 일의 성공은 작은 결심과 작은 행동이 모여 원하는 결과를 만들어 낸다는 것을.

　　새벽 기상, 결심해 보자! 새벽 기상이 마음 근육을 단련해준 덕분에 책 쓰기를 이어가고 있다. 매일 한 꼭지 필사 역시 꾸준히 반복하고 있다. 한 꼭지 내 글을 쓰는 데 필사만큼 효과적인 것도 없다는 것을 알기에 될 수 있으면 하루 한 꼭지 필사한다. 손이 기억하는 글쓰기는 내 글쓰기의 위기도 잘 넘길 수 있도록 도와준다. 몸으로 익힌 것들은 절대 배신하지 않는다. 처음 필사를 시작했을 때 느꼈던 부정적인 감정들은 필사를 반복하면서 서서히 사라졌다. 새벽 기상, 나도 할 수 있다고 생각하라! 새벽 기상도 반복하다 보면 내일 다시 일어날 자신감이 생긴다. 무리하지 마라! 내가 책을 쓰기 전에 하루 한 꼭지 필사부터 반복했듯이 새벽 기상 역시 오늘보다 단 1분 더 빨리 눈 뜨는 것부터 시작하라. 그리고 왜 그렇게 해야 하는지, 그 이유를 반드시 찾아 자신을 설득하라. 자신을 설득하고 그 이유를 온전히 받아들이면 새벽 기상은 훨씬 쉬워진다.

　　무슨 일이든 시작하기 전에 간절함이 있어야 한다. 내가 새벽 기상을 해야만 하는 간절함의 이유가 나를 새벽인의 삶으로 초대했다. 사람이 절실하면 어떤 방식으로든 길이 열린다. 다시 한번 강조한다. 절대 욕심내지 마라. 새벽 기상이든, 책 쓰기든 우리는 단거리 경주를 하는 것이 아니다. 인생이라는 장거리 마라톤을 뛰고 있다. 지치지 않기 위해서는 작고 낮은 곳에서부터 시작해 크고 높은 곳으로 나아가는 긴 여정을 차근차근 다질 필요가 있다. 그 기초를 튼튼히 다지는 것, 그것이 새벽 기상의 시작이다.

『새벽 기상은 엄청난 성과를 내기 위한 습관이 아니다. 처음엔 누구나 두려울 수 있다. 그럼에도 불구하고 시작해야 한다. 남들보다 단 1분이라도 먼저 눈을 뜨는 것을! 작은 실천으로 쌓은 경험이 결국 실력이 되고, 결과로 남는다.』

새벽 기상, 믿음으로 도전하기로 했다

    새로운 일을 시작하려고 하면 두려움부터 느낀다. 내가 한 번도 해 보지 않은 일이기에 시작도 하기 전에 부정적인 생각이 드는 것은 어쩌면 당연한 일이다. 하지만 생각이 많아질수록 그 생각은 점점 미궁에 빠진다. 만약 새벽에 일어나야 한다는 간절한 마음과 믿음이 없다면, 당신은 내가 굳이 하지 않아도 되는 이유를 찾기 시작할 것이다. 나 역시 새벽이 주는 위대함을 마음으로는 느끼고 있었지만, 오만가지 생각이 출발을 망설이게 했다.

    '새벽에 계속 일어나는 일이 가능할까?'

    '괜히 무리해서 일어나다가 몸만 망가지면 어떡하지?'

    '새벽에 일어나 자기계발을 한다는 사람들은 돈도 있고 시간이 많

아서 가능한 것 아닐까?'

'내 일하기도 바쁜데 새벽에 일어나 쓸데없이 에너지만 축내는 건 아닐까?'

생각하면 할수록 내가 하지 못할 이유들만 늘어놓고 있었다. 어리석게도, 당시에는 '실패하면 어때? 다시 도전하면 되지!'라는 과감한 생각을 하지 못했다. 조금만 더 빨리 나 자신에 대한 긍정적인 믿음을 끌어낼 수 있었다면, 시작이 그리 두렵지 않았을 것이다. 당신도 나와 같은 두려움을 가지고 있는가? 두려움도 사치다. 보이지 않는 실체를 두고 시간 낭비하지 말자. 두려움은 시작을 미루게 만드는 악마의 속삭임일 뿐이다.

자기 자신을 믿어라. 자기 자신에 대한 의심이 가장 큰 두려움이다. 자신을 의심하는 순간 두려움과 부담감이 그 자리를 꿰차고 들어온다. 그러나 두려움을 이겨내면 내가 얼마나 강한 사람인지 그 어느 때보다 잘 알게 된다. 나는 마흔 중반에 새로운 직장을 알아보는 일을 시작했다. 내가 일하던 조리원이 폐업절차에 들어가며 실업급여 대상이 되었기 때문이다. 지난 7개월간의 실업 기간은 현실을 직시하는 계기가 되었다. 처음에는 내가 가진 이력이 튼튼한 방패가 되어줄 것이라 믿었다. 6년간 소아집중치료실에서 일했던 경력, 신생아실에서 10년간 쌓은 경험, 조리원에서 보낸 5년의 시간까지 이 모든 것들이 자랑스러웠다. 그래서 당당하게 이력서에 적었다. 오히려 여기저기서 연락이 올까 봐 겁이 났다. 마음 한구석에는 그동안 힘들게 일한 나에게 휴식을 주고픈 얄팍한 욕심도 있었기 때문이다. 하지만 실업급여를 받은 지 4개월이 지나고 본격적인 취업활동이 필요한 시점이 되었지만, 현실은 달랐다. 나는 나이 한 살 더 먹기 전에 내가 일해왔던 분야에서 벗어나 다른 분야에서 일하고 싶었다. 나이가 드니 몸과 머리가 따로 노는 것 같고, 점점 느려지는 기분이었다. 더 늦기 전에 성인 관련 분야로 이력서를 넣었다. 20년 경력이면 나이도 문제 되지 않을 거로 생각했지만, 예상과 달리 이력서를 넣은 곳에서 연락이 오지 않았다. 매달 두세 곳에 이력서를 넣었지만, 깜깜무소식이었다. 점점 더 자존감이 바닥을 치고, 이러다 진짜 취업을 못 하게 될까 봐 두려웠다. 나는 생각했다.

'마흔이 넘어서니 병원에서도 꺼려지는 대상이구나.'

'20년 경력도 새로운 분야에서는 신규 취급받는구나.'

'내 손에 익숙한 일만 하며 살았구나. 조금 힘들더라도 다른 분야에서 일했어야 했구나.'

'수간호사까지 했다는 이력이 오히려 부담될 수도 있겠구나.'

시간이 갈수록 시작하는 것에 대한 두려움이 커졌다. 하지만 그런 두려움을 글쓰기로 이겨냈다. '그래! 반드시 내게 딱 맞는 직장이 나타날 거야!'라며 나 자신에게 주문을 걸기 시작했다. 마음의 힘은 그 무엇보다 강력한 주문이 된다. 실업 기간에도 새벽에 일어나 책을 읽고 글쓰기를 지속할수록 내 삶은 더 견고해지는 느낌이 들었다. 나는 이 시간이 나에게 반드시 필요한 시간이라 믿으며 하루하루를 보냈다. 그 당시 나는 책을 쓰는 삶을 유지하기 위해 나이트 전담간호사 자리를 찾고 있었다. 그래서 생소한 분야보다는 내가 잘 해낼 수 있는 소아 청소년 분야로 방향을 돌리기로 했다. 여성병원 신생아실에서 10년 이상을 일하다 보니 아픈 아이들을 돌보는 병원 업무와는 멀어진 삶을 살고 있었다. 신규 시절에 경험했던 일들이 새로운 두려움으로 다가왔다. 구직사이트에 틈틈이 들어가 새로운 일자리가 올라온 것은 없는지 확인했다. 신이 도우셨나? 아동병원 나이트 전담간호사 구직은 하늘의 별 따기인데, 떡하니 평소 눈여겨보고 있던 병원에서 나이트 전담간호사를 구하고 있는 게 아닌가? 심장이 뛰기 시작했다. '이곳에 이력서를 넣어야겠다!' 그러나 그 마음도 잠시, 머뭇거리는 나 자신을 발견했다. '나를 뽑아주지 않으면 어쩌지?'라는 불안감이 슬슬 고개를 내밀었다. 내가 간호사로 살아낸 이력이 무겁게만 느껴졌다. 이 정도 나이가 되면 자신감이 하늘을 찌르고 있을 줄 알았는데 비겁한 겁쟁이가 되어있었다. 나는 한동안 컴퓨터 앞에 멍하니 앉아 마우스를 '지원하기' 버튼 위에 커서를 멈춘 채 있었다.

'지원할까? 말까? 연락이 안 오면 어쩌지?' 온통 이 생각으로 머릿속이 꽉 찼다. 오랜 망설임 끝에 나 자신을 신뢰하기로 했다. '내가 나를 믿지 않으면 누가 나를 믿어주고 응원해주겠어!' 눈 딱 감고 클릭했다. 그로부터 3시간 뒤쯤 연락이 왔다. 현재 나는 아동병원 나이트 전담간호사로 일하며 글 쓰는 삶을 이어가고 있다.

시작은 믿음에서 나온다. 나를 믿어주는 한 사람, '나' 하나면 충분하다. 주위 사람들의 격려도 힘이 되지만, 내가 하고자 하는 의지와 믿음이 있다면 시작은 순조롭다. 다른 작가의 글을 필사할 때마다 '나도 내 글을 쓰는 작가가 될 수 있다.'는 믿음을 키웠다. 지루하고 반복적인 필사가 무슨 힘이 되겠냐고 생각할지 모르지만, 글을 쓰면 쓸수록 나 자신에 대한 확신은 분명해졌다. '내 글을 쓸 수 있다!'라는 자신감은 스스로를 믿는 데서 출발했다. 새벽 습관은 나를 성장시키는 데 큰 역할을 했다. 뭐든 해낼 수 있다는 자신감을 키우고, 꺾이려고 할 때마다 '넌 할 수 있어!'라고 외칠 수 있는 강한 마음의 근육이 생겼다.

나는 공저 책을 쓰기로 한 후 주변 지인들에게 알렸다. 아직 출간되지도 않은 책을 두고 이야기를 하자니 부끄럽기도 하고 설레발 치는 것 같아서 입을 열기가 망설여졌다. 사람들이 나를 바라보는 시선이 두려웠기 때문이다. 오히려 글 쓴다고 말했다가 비웃음을 사거나 좌절감을 느끼게 될까 봐 두려웠다. 내 깨알 맞은 방정이 일을 그르칠까 봐 겁도 났다. 하지만 당당히 가족들과 지인들에게 말했다. "나 글 쓴다!"라고. 처음에는 글을 쓴다고 밝혔을 때 다양한 반응이었지만, 지금은 내가 글 쓰는 일이 당연한 듯 받아들인다. 무엇이든 시작이 어려울 뿐, 두려움을 넘어서면 아무것도 남지 않는다. 오직 나 자신만이 있을 뿐이다. 사실, 남들은 남의 인생에 크게 관심이 없다. 그 순간만 집중할 뿐이다.

겁먹지 말자. 인생에서 일어나는 모든 일은 자기 자신이 감당할 수 있는 만큼만 온다. 글을 쓰기로 했을 때, 새로운 직장에 원서를 넣었을 때, 글 쓴다고 남들 앞에서 말했을 때마다 머뭇거리는 순간이 늘 있었다. 하지만 그럴 때일수록 스스로를 믿고 확신을 키우는 연습이 꼭 필요하다. 매일 새벽에 일어나는 작은 성공이 쌓이면서 나는 내가 생각했던 것보다 훨씬 강한 사람이라는 것을 발견했다. 처음에는 작은 성공이 주는 변화를 알아채지 못하지만, 어느 순간 나도 모르게 변화된 자신을 보게 된다. 남들이 할 수 있는 일이라면 나도 할 수 있다는 자신감이 바로 새벽 시간에서 얻은 가장 큰 깨달음이다. '아무나 할 수 없다'라는 부정적인 생각의 틀을 깨고 나면 '누구나 해낼 수 있는 일'이 된다.

새벽에 일어나기로 했는데 못 일어나면 어떤가? 글을 쓰기로 했는데 쓰다가 못 썼다고 누가 뭐라던가? 취업의 문이 좁아졌다 한들 그게 무슨 문제인가? 새벽에 못 일어났느냐고, 글을 못 썼다고, 원서를 넣어도 연락이 오지 않았다고 나를 비난할 사람이 있을까? 중요한 것은 포기하지 않고 다시 도전하는 것이다. 그 도전이 바로 나에 대한 믿음이 된다. 나는 반드시 새벽 기상 성공한다! 나는 반드시 책을 쓴다! 나는 반드시 취업한다! 라는 자신을 향한 끝임없는 확신을 심어주는 외침이 필요하다. 그리고 나 자신을 칭찬하라. 남들이 시도조차 하지 않은 일일지도 모른다. 그럼에도 불구하고 나는 시작하지 않았는가. 그런 나를 데리고 사는 내가 자기 자신을 기특하게 여기고, 대단하다고 여기는 마음이 곧 믿음이다. 일상 속에는 실체 없는 두려움으로 가득 차 있다. 두려움을 피하려 우리는 점점 더 안전한 곳으로 파고든다. 내가 편할수록, 익숙할수록 맞서야 할 두려움은 더 커진다. 이를 잊지 않았으면 한다. 두려움을 넘어서는 힘, 바로 자기 자신을 향한 믿음이다.

삶이 걱정될 때, 새벽에 일어나라

'인생은 가까이서 보면 비극이지만 멀리서 보면 희극이다.' 찰리 채플린의 명언이다. 어쩜 이렇게 인생을 한 문장으로 일축해 놓았는지 읽으면 읽을수록 감탄스럽다. 나는 트리플 A형이다. 사소한 것 하나부터 열까지 지나치게 고민하고 걱정하는 성향 때문에 스스로를 괴롭히던 날들이 있었다. 지금 생각해보면 대부분 별거 아닌 일이었고, 결국은 다 지나갈 일들이었다. 당시에는 일하다가 인수인계를 제대로 하지 못한 일이 있으면 큰일이라도 난 것처럼 집에 와서도 안절부절못했다. 소소한 실수나 빠뜨린 일은 선배들이 애교로 봐주며 정리해주곤 했었지만, 나는 그 자체가 용납되지 않았다. 마치 죄를 지은 것 같은 마음으로 자책하며 보냈다. 그러다 보니 집에 와서도 끊임없이 내가 빠뜨린 것은 없는지, 실수한 것은 없는지 곱씹었다. 직장에서 걸려 온 전화를 받은 날이면 하루가 찝찝했다. 걱정은 꼬리에 꼬리를 물며 내 삶에 똬리를 틀고 있었다.

'걱정해서 걱정이 사라진다면 걱정이 없겠네.' 이 말은 곧, 내가 그 생각을 멈추지 않는 한 걱정은 사라지지 않는다는 의미다. 걱정은 마치 정신을 갉아먹는 기생충과 같다. 걱정은 하면 할수록 눈덩이처럼 커져 마음이 황폐해지고, 삶은 점점 더 낙원이 아닌 곳이 되어간다. 누구나 살아가다 보면 걱정거리 하나 없이 사는 사람은 없다. 걱정은 우리 삶에 늘 따라다니는 그림자 같은 존재다. 저마다 자신에게만 부여된 삶의 무게를 짊어지고 살아간다. 우리는 이러한 사실을 받아들이고 삶에서 느슨해질 필요가 있다. 나는 내가 걱정이 많고 불안해하는 삶을 살아가는 이유가 단단하지 못한 마음이라고 생각했다. 책을 읽어도 내 마음은 종잇장처럼 얇아 별거 아닌 일에도 끙끙 앓는 나 자신이 답답했다. '마음 근육 단련하기' 이것이 나에게 가장 큰 급선무였다. 그래서 마음을 단단하게 만들어 줄 독서 시간을 확보하기 위해 새벽을 선택했다.

자기 자신의 소신이 분명한 사람은 흔들림이 적다. 가야 할 방향을 알기에 주변의 소음에 크게 마음에 두지 않는다. 어쩌면 조금 냉정하게 보일 수도 있지만, 삶을 살아가며 자기 소신을 따른다는 것은 어떠한 상황에서도 쉽게 꺾이지 않는 힘이 된다. 나와 함께 일하던 동료 K 실장이 있다. 조리원 실장으로 있던 그녀는 책으로 친해진 사이다. 보통 병원에서는 조리원 실장을 간호사로 두는 경우가 많지만, 이곳의 실장은 간호조무사였다. 나는 처음에 그녀를 간호사라고 생각했다. 신생아실 안에서 일하는 간호사들이 'K 샘'이라고 부르는 것을 보고 의아했다.

"왜 실장이란 직함을 두고 'K 샘'이라고 불러요?"

실장이 간호조무사라고 얕보는 간호사들의 보이지 않는 못된 마음이 훤히 보였다. 나 역시 처음에는 간호조무사가 상담실장 자리에 있는 것이 마음에 걸렸었다. 그러나 간호조무사임에도 그녀는 당당하게 산모들과 소통하며, 난처한 일들이 생겨도 능숙하게 해결해 나가는 모습에 의심을 거뒀다. 상담실 업무는 조리원을 이용하는 산모들이 불편한 것은 없는지 매일 신경 써야 하고, 조리원에 입실하고자 하는 산모들과 상담하며 계약을 진행하는 일이었다. 또한, 문제가 발생했을 때 수간호사인 나에게 보고해 해결방안을 찾는 순발력도 갖추고 있었다. 그런 그녀를 단지 간호조무사라는 이유로 탐탁지 않게 여기는 태도가 이해되지 않았다. 나는 간호사든 간호조무사든, 자신이 부여받은 위치에서 최선을 다하는 것이 중요하다고 생각한다. 내가 간호사라는 이유로 간호조무사는 내 아래여야 한다는 못난 생각은 버려야 한다. 서로의 역할을 존중해주는 것만으로도 충분하다. 하지만 힘든 과정을 거쳐 간호학과를 졸업하고 현장에 나왔기에 간호조무사가 상담실장으로 있는 상황에 꽤 자존심이 상한 듯했다. 이런 비뚤어진 마음은 호칭에 반영되어 실장이라 부르지 않고 'K 샘'이라며 선을 그어놓고 있었다. 하지만 중요한 것은 직책이 아니라 자신의 위치에서 얼마나 책임감 있게 본분을 다하느냐는 것이다. 그런 면에서 K 실장은 흔들림 없이 자신의 소신을 지키는 사람이었다.

화장실에 가는 길이었다. 어딘가에서 기적이 느껴졌다. 누군가 울고 있는 듯했다. 조심스레 다가가 보니 K 실장이었다. 간호조무사라는 이유로 듣는 쓴소리가 마음을 아프게 한 것 같았다. 실장의 자리에 간호사를 앉혔다면 누락 되는 일은 없었을 거라는 모순적인 말이 한 사람의 마음에 상처를 남겼다. 나는 울먹이며 겨우 이어가는 그녀의 이야기를 듣기 시작했다. 몇 년 전 병원의 원장이 바뀌면서 직원들이 대거 이탈하던 시기에, 그녀는 피부과 실장에서 조리원으로 발령받은 케이스였다. 당장 사람이 급하게 필요하다 보니 피부과 상담 경력을 바탕으로 조리원 상담 실장을 맡겼다. 도와주는 이 없이 혼자서 낯선 업무를 파악하느라 꽤 애를 먹은 듯했다. 그녀의 입장에서 보면, 지금의 자리는 자신의 노력과 끈기로 지켜낸 자리였다. 나는 그녀와 마주 앉아 진심을 전했다.

"K 실장, 나는 상담실장 자리에 관심이 없어요. 그리고 누군가 일궈놓은 자리를 더욱이 내 자리로 만들 마음도 없고요. 나는 실장이 덜 힘들었으면 좋겠어요. 간호조무사지만 이렇게 조리원을 잘 이끌어온 것을 보니 대단해요. 힘내요. 지금까지 잘해왔잖아. 그러니까 버텨요. 다 지나가요. 부장님께서 뭐라 하시든, 우리는 각자의 영역에서 자기 일에 최선을 다하면 돼요." 그렇게 우리는 더 가까워졌다. 더 깊이 들어가 보니, 실장이 조용한 시간 틈틈이 책을 읽는 이유도 이해할 수 있을 것 같았다. 실장은 책을 통해 자기 자신을 지키고 있었다. 주위소음으로부터 자신을 보호하는 유일한 방법이었던 것이다. K 실장은 책을 통해 흔들리는 마음을 다잡고 있었다. 고독 속에서도 중심을 잃지 않았던 이유가 책 속에서 발견한 용기와 위로 덕분이 아니었을까 생각해 본다.

삶은 매일 불편한 것들을 만들어 낸다. 그 불편함 속에서도 작은 도움의 손길에 다시 일어날 힘을 얻는다. 한 사람의 따뜻한 말 한마디가 큰 위로가 되어 버틸 힘이 되고, 한 권의 책이 삶의 지혜를 준다. 누구에게나 속상한 일이나 걱정거리는 일어난다. 삶이 벽처럼 느껴질 때 우리는 자기만의 탈출구를 찾아야 한다. 내가 책을 읽는 이유도 실장과 별반 다르지 않다. 조리원에 갓 부임한 부서장의 하루하루는 고통 그 자체였다. 병원 신생아실과 조리원의 신생아실은 천지 차이였다. 같은 병원 안에 있어도 직원들의 마인드가 달랐다. 서로 친밀하게 지내다 보니 위아래 경계는 애매해졌고, 산모들을 대할 때면 말이 거칠게 나가지 않을까 조심스러울 정도였다. 이전 부서장의 공백이 한 달간 이어지면서 업무가 체계 없이 흘러온 듯했다. 번거롭지만 당연히 지켜야 할 일들이 생략되어 있었다. 나는 정직하고 책임감이 강한 편이다. 내 자식이 소중하면 남의 자식도 소중하다. 아이를 낳아 보고 키워 본 사람들일수록 신생아를 대할 때 마음은 내 자식을 대하는 엄마와 같아야 한다. 신생아실에서의 문제를 하나하나 바로잡아가느라 나 역시 애를 먹고 있었다. 초기에 고치지 않으면 안 되는, 고질적으로 암암리에 벌어지는 잘못된 행위들이 산적해 있었다. 예를 들어, 화장실을 다녀와서는 손을 씻지 않는다던가. 아기가 누워 있는 베지넷 간격을 규정인 90cm 이상으로 유지하지 않고 동선을 줄이기 위해 베지넷을 가까이 붙여 일하는 등의 소소한 일들이 눈살을 찌푸리게 했다.

한 번은 겪어야 할 일이었다. 직장은 놀이터가 아니다. 계를 하며 친분을 쌓는 곳이 아니다. 적당한 거리를 두고 자신의 역할에 충실해야 하는 곳이다. 그런데 내가 부임 받은 조리원의 직원들은 면회시간에도 간식거리를 먹으며 웃고 떠들었고, 아기를 보기 위해 찾아오는 산모와 아빠에게 집중하지 않았다. 나는 덜컥 겁이 나 혼자서 면회를 진행하기도 했다. 도저히 이런 사소하지만 중요한 일을 나 몰라라 할 수 없었다. 나는 부서원들에게 손씻기부터 강조하며 위생개념과 고객을 상대할 때 태도를 바로 잡는 데 힘썼다. 이 과정에서 나에게 반감을 품은 이들은 사설 조리원으로 이동했다. 부서원의 이탈이 있을 때마다 마음이 무거웠다. 친한 사람들끼리 모여 있는 집단에서 홀로 싸우는 것은 총성 없는 전쟁터였다. 병원경영이 어려운 상황에서 월급을 받아가는 직원들이 대충 일을 하려는 태도는 같이 무너지자는 거 아닌가? 나는 끝까지 버티며 소중한 부서를 지켜냈다. 내 손길이 닿지 않을 곳이 없을 정도로 열심히 했다. 하지만 병원의 상황은 점점 더 어려워졌다. 나는 가정을 조금 뒤로 미룬 채 부서를 안정시키는 데 온 힘을 쏟았다. 병원이 좀 나아지길 기다렸지만 회복될 기미가 보이지 않았다. 직원들은 하나둘 새로운 보금자리를 찾아 떠났다. 조리원의 산모와 아기가 줄어들 때면 심장이 조여왔다. 문을 닫게 될까 불안했다. 오히려 적당히 바빠야 눈치도 덜 보인다. 불안한 마음과는 달리 익숙해진 사람들과 일로부터 쉽게 떠날 자신은 없었다. 10분 거리의 직장을 오가며 매일 생각했다.

'나부터 단단해지는 연습을 하자!'

날마다 불안과 걱정거리를 안고 살 수 없었다. 나는 결국 새벽 시간을 활용하기로 결단했다. 새벽은 나만의 시간이었다. 불안한 마음을 다잡고 나를 단단하게 만드는 시간이었다. 그렇게 나는 또 하루를 살아 낼 힘을 얻었다.

새벽에 일어나야겠다는 결심은, 삶이 힘들다고 느껴질 때 비로소 생겼다. 책을 읽어도 불안했던 내 삶이 더 단단해질 수 있었던 이유는 새벽에 일어나 오롯이 나만을 위한 시간에 집중할 수 있었기 때문이다. 남들이 보지 않는 세상을 바라보며 언제 무너질지 모르는 마음의 근육부터 단련하기 시작했다. 그 당시를 떠올려 보면 새벽 기상을 선택했던 나 자신을 격하게 칭찬해주고 싶다. 어쩜 그렇게도 기특한 생각을 했는지 지금 돌아봐도 대견하다. 그 덕분에 책도 많이 읽고, 단단해진 마음으로 글까지 쓸 수 있게 되었다. 삶이 힘들고 지칠 때, 더는 앞으로 나갈 여력이 없다고 느껴질 때 새벽에 일어나 보길 바란다. 새벽 기상을 선택하는 일이 그리 어렵지 않은 결단이란 것을 깨닫게 되면, 삶의 고비가 찾아와도 버틸 힘이 생긴다. 이미 자신이 강하다는 것을 알기에 쉽게 물러서지 않는 단단함이 삶을 지탱해 준다. 마흔 중반, 내가 생각했던 마흔의 모습과는 달랐다. 모든 것이 안정되어 있을 거란 기대는 무너지고 오히려 방황의 칼날이 나를 향해 있는 것만 같았다. 당시에는 보이는 모든 것들이 비극처럼 느껴졌다. 하지만 시간이 흘러보니 그것은 나를 위한 희극이었다. 새벽에 일어나 책을 읽고, 필사하며, 글을 쓰는 시간이 하루를 꽉 채웠다. 일하면서도 글을 쓰고 있는 지금의 내가 아무리 생각해도 대단하다. 내 안에 이런 강인한 거인이 숨어 있다는 사실을 깨닫게 해준 것은 바로 새벽 시간이었다. 나는 내일도 새벽을 만날 것이다. 벌써부터 설레는 하루, 새벽이 기대하는 삶이 나에게 매일 선물처럼 찾아온다.

『의미 있는 오늘은 당신의 결단에서 시작된다.

새벽을 선택한 당신을 응원한다.』

제2장
하루에 한 번뿐인 새벽, 나는 매일 기다린다

어랏! 새벽 독서는 몰입 독서였다

　엄마로서의 삶 속에서 독서는 사치나 다름없었다. 세 살 터울 딸아이 둘을 키우며 직장 일까지 병행하는 엄마로서, 내가 좋아하는 책 읽기를 손에서 놓지 않으려니 시간이 늘 부족했다. 아이들이 어릴 땐 아이들 책을 사는 데 집중하느라 내가 읽고 싶은 책은 뒷전으로 밀리기 일쑤였다. 아이들에게 책 읽어 줄 시간은 내면서도 정작 내 책을 읽는 시간은 점점 줄어들었다. 언젠가부터 책을 읽는 일이 사치라는 생각마저 들었다. '내가 지금 책 읽을 때야? 집안일에, 애들 뒤치다꺼리에, 내일 다시 일하려면 에너지를 비축해 둬도 부족할 판에!'라며 책을 읽지 못할 핑계를 스스로에게 둘러대고 있었다. 하지만 이러한 생각도 잠시 책이 내겐 전부였다. 아니, 친구였다. 책이라도 읽어야 살 것 같았고, 책이 나를 위로하며 하루를 살아갈 힘을 주었다. 어느 덧 딸아이들도 내 손길이 크게 필요하지 않을 만큼 자라 내 품을 조금씩 벗어나고 있었다. 나는 매일 같은 길을 걸으며 출퇴근을 반복했다. 나를 필요로 하던 이들이 점점 멀어져 가고, 똑같은 길을 매일 걷는 일상은 내게 무기력감을 안겨주었다. 변화가 필요했다. 아니, 변화가 절실했다고 말하고 싶다. 이렇게 살면 안 될 것 같은 강한 느낌에 압도되었다. 뭔가 새로운 것을 시도하고, 도전해 봐야 내 삶이 조금이라도 바뀔 것 같았다. 그런데 시간이 문제였다. 언제 책을 읽을 수 있을까? 언제 나를 위해 온전히 시간을 투자할 수 있을까? 한 가지 문제에 집중하다 보니 길이 열리기 시작했다. '내가 나를 위해, 그 누구에게도 방해받지 않으면서 온전히 나만의 시간을 누릴 수 있는 방법은 무엇일까?' 고민 끝에 얻은 하나의 대답은 아침잠을 줄이는 것뿐이었다.

내가 좋아하는 일을 하려면 희생이 필요했다. 누군가로부터 홀로서 자유로워질 수 있는 고요한 시간을 온전히 누리는 방법은 아침잠을 줄이는 것 즉, 일찍 일어나서 내 시간을 가지는 일이 시급했다. 나는 나를 위해 아침잠을 조금 줄이고 하루의 첫 시간을 나에게 선물하기로 결심했다. 홀로 깨어 있는 새벽 시간, 누구의 방해도 받지 않는 그 고요한 순간이야말로 나를 위한 진정한 첫걸음이었다.

'당신이라면, 나를 위해 무엇을 선택할 것인가?'

책 읽을 시간이 부족하다 보니 내 가방 안에는 늘 책 한 권과 노트 그리고 볼펜이 들어있다. 가방을 바꿔서 들어야 할 때도 이 세 가지는 꼭 챙기는 편이다. 집에서 직장까지 겨우 10분 거리임에도, 나는 이 세 가지가 내 손에 있어야 안심이 되고 묘한 든든함마저 느껴진다. 가방이 조금 무겁다는 불편함을 감수하고서라도 언제 주어질지 모르는 여유시간을 그냥 흘려보내고 싶지 않았다. 아이들도 컸으니 더는 아이들 책을 읽어 줄 필요도 없다. 가끔 잃어버린 동심이 그리워 동화책을 펼치는 때를 제외하면, 이제는 내가 사랑하는 책들 속에서 온전히 살아가고 싶었다. 나이 속도대로 시간이 흐른다더니 정말 그렇다. 20대 때는 시간이 그렇게 더디게 가는 것 같더니 30대, 40대가 되니 돌아서면 한 살을 먹고, 눈 깜짝할 사이 10년이란 시간을 건너온 기분마저 든다. 마치 타임머신을 타고 건너온 것 같다. 시간은 의식하고 있지 않으면 나도 모르는 사이 '훌쩍 커버린 낯선 아이'와 '나이 든 모습의 나'만이 남아 있음을 인식하게 한다. 이런 현실을 직시할 때의 헛헛함과 채워지지 않는 갈구함이란 사람을 무기력하게 만들기도 하지만, 다시 시작할 수 있는 의지를 불러일으키기도 한다. 시간을 그냥 흘려보내는 게 아까웠다. 그래서 직장에서 퇴근하면 일부러 카페에 들러 책을 읽곤 했다. 휴무일이면 작정하고 밖으로 나와 카페로 향했다. 왜냐하면, 집에 머무는 순간 눈앞에 쌓인 집안일들에 시간을 빼앗길 것이 불 보듯 뻔했고, 자칫하면 책을 손에 쥘 순간조차 오지 않을 수 있다는 불안감 때문이었다. 집안일은 끝이 없는 일이기에 손을 댔다 하면 하루가 순식간에 지나가 버리기 일쑤다. 그런 점을 너무나 잘 알기에 눈 딱 감고 카페로 향했다.

책을 읽는 장소도 독서에 큰 영향을 미쳤다. 카페는 잔잔한 음악이 기본 옵션으로 깔려 있어 책 읽을 분위기를 만들어주고, 은은한 생활 소음은 책에 집중하기 좋다. 하지만 카페에도 여러 부류의 사람들이 찾아오기에 여자 셋 이상이 무리 지어 들어오면 어느새 어수선해지기 마련이었다. 크게 웃고, 떠드는 소리가 잡음이 되어 책을 읽고 있어도 집중이 잘되지 않았다. 같은 문장을 여러 번 읽어야 하는 경우도 생기고, 나도 모르는 사이 그들의 대화를 듣고 있는 나 자신이 우스워지기도 했다. 도저히 안 될 것 같아 어느 날은 손님이 적은 카페를 찾아다니기까지 했다. 휴무일은 카페가 문을 여는 시간에 맞춰 아침 일찍 나가서 오전 내내 책만 읽다 오기도 했다. 내 경험상 카페 오픈 시간에 맞춰 갈 때가 제일 좋았다. 왜냐하면, 그 시간만큼은 카페 하나를 통째로 빌린 듯한 호사를 누릴 수 있기 때문이다. 하지만 언제까지 이렇게 독서를 위해 돈을 쓰며 카페를 다닐 순 없었다. 시간이 돈이듯, 카페에 가지 않아도 이른 시간 카페에 혼자 앉아 책을 읽는 것과 같은 시간이 절대적으로 필요했다.

새벽에 일어나니 기분부터 남다르다. 눈을 뜨고 있다는 사실만으로도 이미 의욕이 충만하다. 세수하고 커피 한 잔을 챙겨 책상에 앉는다. 여기에 새벽에 어울리는 잔잔한 음악까지 더 하면 금상첨화다. 카페가 부럽지 않다. 내가 있는 공간이 특별해지는 순간이다. 책을 펼친다. 종이책을 좋아하는 나는 조용한 새벽에 한 장씩 책장을 넘길 때마다 색다른 느낌을 받는다. 고요하기에 책장이 넘어가는 소리가 더 또렷하게 들리고, 종이의 질감마저 더 잘 느껴진다. 그리고 종이책 특유의 냄새를 나는 좋아한다. 무엇보다도 고요한 새벽은 책 속의 작가 이야기에 더 깊이 몰입할 수 있는 최적의 시간이다. '아! 나는 왜 진작 새벽에 일어날 생각을 못 했을까?' 새벽 독서의 즐거움을 깨닫고 나니 생각할수록 한탄스럽다. 내가 조금만 더 부지런했다면 얼마든지 책 읽을 시간을 만들 수 있었다는 사실에 후회가 밀려왔다. 고요함이 주는 몰입의 힘은 어떤 일이든 가능하게 만들 것처럼 느껴졌다. 새벽에 읽는 책은 마음에 평화를 주었고, 자연스럽게 책에 머무는 눈길과 읽는 속도는 고요한 새벽의 리듬에 맞춰졌다. 책 속의 문장들이 낮에 읽을 때보다 더 깊이 다가온다. 기억하고 싶은 글, 나만이 알고 싶은 문장, 가슴을 울리는 작가의 언어들을 놓치기 아까워 노트에 적고 또 적었다. 그렇게 새벽 독서는 독서의 질을 높여주는 특별한 시간임을 스스로 깨닫게 한다.

처음에는 가벼운 책으로 새벽 독서를 시작했다. 어렵고 무거운 책을 읽다가 잠이 쏟아져 다시 잠들까 봐 은근히 겁이 났기 때문이다. 하지만 시간이 지날수록 책 읽기에 진심이 된 나를 보며 가벼운 책은 낮에 읽고, 조금 더 어려운 책은 새벽에 읽는 것이 낫겠다는 판단이 들었다. 새벽 독서는 몰입을 가능하게 한다. 하루 중 가장 정신이 맑은 시간이라 책 읽는 속도뿐만 아니라 받아들이는 깊이와 넓이도 자연스레 확장되었다. 그래서 새벽에 주로 읽는 책은 의식에 관한 내용이 대부분이다. 왜냐하면, 생각이 바뀌지 않으면 절대 행동도 바뀌지 않는다는 것을 알기에, 의식을 깨우는 책들을 탐독하기 시작했다. 내가 생각하지 못했던 더 깊은 의식의 세계가 궁금했다. 나폴레온 힐, 웨인 다이어, 조셉 머피, 그 외 성공자들의 마인드를 담은 책들이 새벽 독서의 주를 이뤘다. 마음 근육을 단련하는 힘은 결국 의식에 있다는 사실을 스스로 확신하게 되었다. 내 찌그러진 의식을 바꾸지 않으면 남은 인생 역시 지금과 별반 다르지 않을 것이라는 막연한 두려움이 나를 움직이게 했다. 책을 읽다 보니 나름의 요령이 생겼다. 바쁜 일상 속에서도 독서만큼은 포기하기 싫어 상황에 따라 읽을 책을 달리했다. 새벽에 집중해서 읽을 책, 외출 시 가지고 다니면서 가볍게 읽을 책 그리고 집안일을 하며 틈틈이 읽을 책으로 나누어 읽었다. 새벽 독서를 통해 시간을 내 의지로 만들 수 있다는 자신감이 붙었다. 최대한 책 읽을 시간을 확보하기 위해 모으면 금과 같은 자투리 시간을 놓치는 어리석은 사람이 되고 싶지 않았다. 퇴근길에 카페에 들러 펼친 한 권의 책, 친구를 기다리며 읽은 몇 페이지, 빨래를 돌려놓고 곱씹은 한 문장, 설거지 후 커피 한 잔과 함께하는 틈새 독서. 소소하지만 은근히 기다려지는 작은 즐거움이었다. 그래도 단연코 몰입도가 가장 높은 시간은 새벽이었다. 새벽이 주는 고요함과 안락감이 내 마음을 차분하게 해주었고, 책에 온전히 빠져들게 했다. 나에게 없던 날개가 생겼다. 그것도 가장 빛나는 금빛 날갯짓으로, 나는 책 속을 유영하며 자유와 해방을 느꼈다.

새벽에 일어나지 않았다면 절대 느낄 수 없는 몰입 독서다. 그 어느 때보다 책이 술술 잘 읽혔고 책 속으로 깊이 빠져들었다. '빠져든다'라는 말의 진정한 의미를 새삼 깨닫는 순간이었다. 이것이 바로 몰입이구나! 아이들이 나를 찾지 않는 시간, 남편이 켜놓은 텔레비전 소리를 듣지 않아도 되는 시간, 집안일들로부터 해방된 시간이 새벽이었다. 새벽에 일어나 독서를 할 수 있다는 사실 하나만으로도 조여오던 숨통이 트이는 느낌이었다. 스스로 선택한 새벽 시간, 혼자 있기를 자처한 고요한 시간이기에 더 소중하고 더 위대했다. 타인에 의해 강요된 고립이 아니라 내가 스스로 선택한 고독이기에 행복한 시간이었다. 혼자라는 두려움이 아니라 혼자이기에 무엇이든 가능한 시간이다. 내가 좋아하는 것, 내가 관심 있어 하는 것, 내가 즐기고 싶은 모든 것을 마음만 먹으면 나 자신에게 얼마든지 줄 수 있는 순간이었다. 나는 나에게 책 읽을 시간을 주고 싶었고, 책 속에서 답을 찾고 싶었다. 새벽에 일어나 책을 읽는 시간은 내 생에 가장 많은 독서량을 부여해 주었고, 몰입을 통해 질 높은 독서를 가능하게 해주었다. 그 덕분에 어쩌면 책을 쓰는 작가의 삶이 나에게 찾아왔는지도 모른다.

한 가지 일을 꾸준히 하다 보면 길은 자연히 열리는 법이다. 새벽에 일어나 독서를 하면서 나에게 맞는 독서법을 찾아가는 시행착오 또한 길을 만드는 과정이었다. 처음에는 이렇게 생각했었다. '새벽에 책을 읽는다고 갑자기 변하겠어? 그래도 책을 읽을 수 있는 시간이 내게 주어진 게 얼마나 다행이야. 감사해야지.' 그저 내가 책을 읽을 수 있다는 사실만으로도 마냥 기뻤다. 하지만 시간이 흐를수록 독서의 힘은 생각과 마음의 그릇을 크게 만들었다. 매일 책에 집중하는 시간이 쌓이자, 어느 날 갑자기 내 앞에 확 트인 고속도로 같은 길이 열렸다. 그것이 바로 새벽 독서의 힘이었다. 미래에 대한 불안과 익숙함이 주는 무기력에서 벗어나고 싶어 새벽을 선택했다. 엄마의 시간이 아니라 나만의 시간을, 책이라도 읽는 작은 시간을 내게 주고 싶어서 시작한 일이었다. 이 작은 마음이 큰 변화를 불러왔다. 큰 성공은 아니지만, 내가 선택한 시간에 나를 위해 보낸 시간이 책으로 시작해 또 다른 책으로 연결되는 결과를 만들어냈다. 아직도 바쁘다는 이유로 책 읽을 시간이 없다고 말하고 있는가? 독서는 내가 선택한 시간에 책을 펼친 순간부터 시작된다. 새벽은 누구에게나 찾아오지만, 그 누군가의 삶에서 새벽은 판타지 언어로 잠식된 시간일지도 모른다. 그러나 그 판타지를 현실로 바꾸는 건, 결국 당신의 선택이다. 매일 찾아오는 새벽, 책을 펼치는 순간 더 이상 고요한 시간이 아니라 가능성을 깨우는 시간이다. 선택한 자만이 그 시간을 훔칠 수 있다.

새벽에 조용히 읽고 쓴다

새벽이 주는 평온함과 안정감이 좋다. 조급함과 분주함이 잠시 숨죽인 시간, 소음으로부터 멀어진 고요한 시간이다. 눈을 뜨면 방안은 짙은 어둠으로 가득하다. 나는 누운 채 두 팔을 위로 쭉 뻗어 기지개를 켠 후 하나, 둘, 셋과 동시에 자리에서 일어난다. 욕실로 들어가 찬물로 세수를 하며 잠을 몰아내고 정신을 차린다. 청초한 얼굴로 거울 앞에 서서 머리를 정갈하게 정리한 후, 어둠을 뚫고 주방으로 발걸음을 옮긴다. 커피를 내리는 이 시간이 은근히 좋다. 커피 향이 코끝을 스치며 잠을 깨우는 찰나의 순간이 이토록 행복할 수 없다. 작가가 되기로 결심하고 글을 쓰기 시작하면서 새벽은 점점 더 바빠졌다. 책도 읽고, 글도 쓰려니 여간 마음이 분주한 게 아니다. 어떻게든 이 시간을 나 자신에게 부끄럽지 않게 쓰기 위해 노력한다. 커피 한 잔을 조심스럽게 책상에 내려놓고 노트북을 켠다. 내가 좋아하는 편안하고 잔잔한 음악을 틀어놓는다. 잠시 심호흡을 한 후 커피 한 모금을 천천히 음미하며 눈을 감아 본다. 하루를 본격적으로 달리기 전에 나에게 주는 선물 같은 이 시간의 여유로움이 꿈만 같다.

책 읽기에도 나름의 규칙이 있다. 나는 서평단 모집 이벤트에 꾸준히 응모하고 있다. 서평단에 선정이 되면 출판사로부터 도서를 지원받아서 서평을 작성하고 있다. 아무리 무료로 받은 책일지라도 함부로 다룰 수 없기에 최대한 빨리 책을 읽고, 기한 내 서평을 올리기 위해 노력한다. 하지만 직장 일을 병행하면서 내 글까지 쓰다 보니 서평 작성이 미뤄지곤 한다. 이럴 때는 마음의 가책을 느껴 서평 이벤트를 진행하신 분께 미리 양해를 구하기도 한다. 가능한 한 빠른 시일 내에 서평을 올리겠다고 의사를 전하면, 대부분 너그럽게 이해해 주셨다. 오히려 먼저 연락을 해줘서 감사하다고까지 했다. 늦어진 것에 대한 미안함과 기다려주신 것에 대한 보답으로 진심을 담아 서평을 작성해 올린다. 이것이 내가 할 수 있는 최소한의 도리라고 생각한다. 이런 내 마음이 전해진 것일까? 출판사로부터 서평 제의를 받을 때마다 기꺼이 감사한 마음으로 응한다. 서평을 위해 책을 꾸준히 읽어야 하는 나에게, 새벽은 독서의 효과를 배로 끌어 올리는데 가장 적합한 시간이다. 매일 서평 할 책을 읽기 전에, 평소 읽고 싶었던 책을 먼저 꺼내어 소제목 하나 분량은 반드시 읽는다. 이는 나와의 약속이다. 현재 나는 밥 프록터의 책들을 읽고 있다. 2022년 2월 유명을 달리한 후, 그의 책들이 하나둘 세상에 나오기 시작했다. 그가 집필한 책들은 생각이 얼마나 중요한지를 일깨워주는데, 매일 읽다 보면 내 생각도 좀 더 긍정적이고 선한 방향으로 바뀌어 가는 것만 같다. 어제의 나보다 오늘의 내가 한 걸음 더 성장하고, 밝고 맑은 사람이 되어있는 기분이 들어 하루를 힘차게 시작할 수 있다. 밥 프록터의 책을 읽으며 성공자들이 책을 쓰는 이유를 알 것 같았다. 그들은 낡은 사고에 고착되어 있지 않고 새로운 것을 배우고, 새로운 가능성을 찾는 데 집중한다. 시간을 중요하게 생각할 뿐 아니라 배운 것을 삶에 적용하여 새로운 아이디어를 얻는다. 또한, 사람들과 함께 성장하길 원한다. 이러한 성공 마인드가 책을 쓰게 한 것이다. 새벽에 읽기 좋은 책으로는 의식을 다루는 책이 적합하다는 것을 시간이 지날수록 깨닫게 된다. 이런 책을 읽다 보면 내 의식 수준이 조금씩 향상되는 것 같은 느낌이 든다. 이러한 변화는 글쓰기에도 영향을 준다. 어제보다 조금 더 높아진 의식 수준으로 글을 쓸 때는 흐름 자체가 더욱 매끄럽고 순탄하다는 것을 경험했다. 꾸준히 자신의 의식을 끌어올리며 새벽에 하는 일을 최대의 효과를 볼 수 있도록 유도하는 작업이 바로 책 읽기에서 시작된다.

내가 읽고 싶은 책을 원하는 분량까지 읽고 나면, 그날 읽은 내용 중에서 꼭 남기고 싶은 문장을 다시 노트에 옮겨 적으며 생각을 정리하는 시간을 갖는다. 이 과정은 때론 번거롭다고 느낄 수 있지만, 약간의 시간 투자를 통해 따라 쓰기와 내 글쓰기의 두 가지 효과를 동시에 누리게 된다. 이 과정을 끝낸 후 서평 할 책을 읽기 시작한다. 서평 할 책은 내가 선호하지 않는 분야의 책도 읽게 되기 때문에 새로운 정보를 얻는 즐거움을 느끼게 한다. 가끔 눈에 잘 읽히지 않거나 지루하게 느껴지는 면이 있지만, 완독 후 찾아오는 쾌감과 희열, 그리고 뿌듯함이 더 크다. 이제는 내 독서 취향에 맞지 않아도 긍정적으로 받아들이며 읽는다. 마음 상태는 현실로 드러나는 결과를 바꾼다. 좋은 마음과 생각으로 책을 읽다 보니 새벽에는 조금 어려운 책도 한결 잘 읽힌다. 서평 할 책을 다 읽고 난 후에는 서평 글은 될 수 있으면 새벽에 쓴다. 책임감을 느끼고, 솔직한 생각을 담아 글을 써야 하기에 집중이 필요하다. 아무리 좋은 카페에 가더라도 주변의 웅성거림이나 좋아하지 않는 음악이 들리면 귀에 거슬려 글이 잘 써지지 않을 때가 많다. 그래서 서평 글도 몰입이 좋은 새벽 시간을 활용한다. 잡생각이 사라져 서평 글쓰기에 더 속력을 낼 수 있다. 그 어느 때보다 생각이 빠르게 정리되고 글의 완성을 볼 수 있어 좋다. 새벽은 내가 하고자 하는 일의 효율성을 극대화할 수 있는 최적의 시간이다. 이 시간을 놓친다면 다가올 인생의 황금기를 스스로 늦추는 행위와 다름없다. 내가 원하는 곳에 도달하기 위해서는 남들이 알아주지 않더라도 혼자서 본분을 다하는 것이 인생의 황금기를 준비하는 자세이다. 새벽은 인생 2라운드를 준비하기에 버릴 것 하나 없는 덤으로 찾아온 귀한 시간이다.

　새벽 기상으로 만난 새벽은 새로운 세상을 열어주었다. 모두가 잠을 자고 있을 이 시간에 혼자서 무언가를 하고 있다는 사실 하나만으로도 나는 특별해졌다. 나를 알아가는 유일한 시간이 새벽이었다. 처음엔 누구나 서툴다. 무작정 일어나면 다 되는 줄 알았다. 어떠한 체계도 없이 '일단, 일어나자!'라는 막연한 생각이 더 컸던 것 같다. 성공한 사람들이 하는 습관을 따라 해 보는 것만으로도 충분히 가치 있는 일이 아니겠는가. 꾸준히 새벽에 일어나다 보면 저절로 그 시간을 채울 방법이 생긴다. 자신에게 적합한 방식으로 나를 위한 시간이 만들어진다. 만약 새벽에 눈을 뜨지 않았다면, 과연 나만을 위한 시간을 만날 수 있었을까? 새벽만큼 질적으로 탁월한 효과를 내는 시간은 없다. 특히 아이를 키우며 쫓기듯 사는 직장인 엄마에게 더욱 필요한 시간이 아닐까.

　지금의 나는 새벽과 함께 글 쓰는 간호사의 삶을 살아가고 있다. 새벽에 일어나기로 마음먹은 순간이 엊그제 같은데, 벌써 4년이 넘었다. 새벽 시간이 오늘의 나를 위해 존재했던 것처럼 현재의 새벽은 나에게 특별한 시간이 되었다. 책을 읽고 서평을 쓰는 것 외에도, 이제는 필사하고 내 글을 쓸 수 있는 완벽한 시간이다. 새벽 시간을 혼자 사수하며 만들어 낸 작은 성취들이 나를 작가의 길로 인도했다. 작가가 된 지금, 내게 가장 필요한 시간이 새벽이란 걸 이제야 깨달았다. 고작 마음 근육을 단련하기 위해 시작된 새벽이 이제는 나라는 작가를 키우는 양육의 시간으로 변했다. 새벽은 나를 작가로 만들기 위해 찾아온 특별한 시간이다. 새벽에 했던 일들이 우연이 아니라, 나에게 제2의 인생을 만들어 주기 위해 나를 새벽으로 이끌었던 것이다. 그 덕분에 새벽마다 한 꼭지 타이핑 필사를 할 수 있었고, 책이 될 내 글도 쓸 수 있었다. 타이핑 필사도 밤늦은 시간에 할 때와 새벽에 할 때는 조금 달랐다. 밤에 하는 필사는 마음을 정리하는 느낌이라면, 새벽에 하는 필사는 내 글을 쓰기 위한 준비운동과 같다. 새벽에 다시 잠들지 않기 위해 일어나 욕실로 가서 세수하듯 내 글을 쓰기 위한 발동을 거는 시간이 바로 필사이다. 그래서 글을 쓰기 전에 필사를 먼저 한다. 오늘도 필사로 시동을 걸고 나니 글이 술술 잘 써진다. 나의 새벽은 글로 채워 마음을 정리하고 생각을 다듬는 시간이다. 내 마음을 다잡아 본분을 잊지 않게 하는 길잡이 같은 시간이 새벽이다. 나의 본분은 글 쓰는 간호사라는 사실을 잊지 않는 것이다.

새벽은 아무에게나 주어지지 않는다. 새벽 시간에 일어나는 자에게만 그 시간은 보너스로 주어진다. 그것도 금전을 요구하지 않고 오직 나의 의지와 부지런함만을 요구할 뿐이다. 만약 당신이 삶의 변화를 원하고, 이루고자 하는 간절한 꿈이 있다면 새벽 시간에 일어나는 것에 대해 진지하게 고려해 보길 권한다. 생각지도 못한 작은 변화들이 하나씩 생겨나면서 1년, 2년, 3년 후에는 변화된 자신을 만나게 될 것이다. 나는 3년 전 꿈에도 내가 글을 쓰게 될 줄은 상상하지 못했다. 그것도 내가 책을 쓰는 작가로서 새벽에 글을 쓰고 있을 거라는 생각은 눈곱만큼도 하지 않았다. 흔들리는 나약한 마음 하나 붙잡지 못해 하루하루 무기력하게 살아가고 있던 나의 한계를 두려워하며 시작한 게 새벽 기상이었다. 새벽은 홀로 있는 고요한 시간을 통해 마음 근육에 살이 붙게 했고, 더 나아가 내 안의 잠재성을 스스로 찾아가도록 이끌어 준 시간이었다. 깨어나서 꾸준히 실천하는 행동들이 모여 큰 결과를 만들어 냈다. 지금의 나는 깨달았다. 나에게 일어나는 모든 일이 어느 것 하나 우연히 일어난 것이 아니라는 사실을. '내가 새벽에 일어난다고 무슨 변화가 있겠어?'라는 생각은 버려라. '새벽이 삶을 변화시킨다는 것은 말도 안 돼!'라는 생각도 버려라. 새벽 시간은 내가 눈을 뜨고 혼자서 그 시간을 지켜내는 순간부터 이미 변화는 시작되었다는 청신호이다. 그 신호를 지속적으로 받아들이고 우직하게 실천하는 자만이 변화의 완성을 보게 될 것이다. 새벽에 일어나고, 그 시간을 지켜낸 나의 우직함이 만들어 낸 변화,

그것이 바로 글 쓰는 간호사의 삶이다. 나는 매일 책을 잉태한 산모처럼 살아간다. 이제 내가 쓴 글이 담긴 귀한 책을 세상에 내놓는 일만 남았다. 책을 출산한 후에는 '엄마'라는 이름뿐만 아니라 '작가'라는 정식 호칭도 자연스럽게 따라올 것이다. 그렇게 책을 쓴 작가가 된다. 이 모든 일의 발단은 새벽에 있었다. 뭐든 가능하도록 나를 이끌어준 인고의 시간이 바로 새벽이다. 누구나 새벽이 있다는 것은 알지만 그것을 내 것으로 만들 용기는 아무나 가지지 않는다. 당신이 그 '아무나'의 한 사람이 되어보길 응원한다.

『오롯이 나 자신을 위해 새벽에 일어나라!

하루 24시간 중 가장 베일에 싸여 있어,

발견하고 활용하지 않으면 보이지 않는 특별한 시간이다.』

신기하다!! 새벽에 하는 일들은 초집중 된다

새벽은 어느 누군가로부터 방해받지 않는 황금 시간대이다. 새벽의 고요함과 그 시간만이 가진 상쾌한 공기는 머리를 맑게 한다. 조용히 창문을 열고 밖을 바라보면 아직 잠들어 있는 세상이 눈에 들어온다. 어둠이 주는 적막감이 오히려 위로가 된다. 이처럼 아무에게도 방해받지 않고 해방된 혼자만의 시간이 주는 안락함은 새벽에 눈을 뜬 자만이 누릴 수 있는 큰 호사다. 나는 이 황금 같은 시간을 알차게 보내기 위해 온 정신을 집중했다. 새벽에 익숙해져 갈수록 내가 하는 일에 빠르게 몰입하게 된다는 것을 알게 된 후 내가 하루 중 꼭 해야 할 일들을 새벽으로 옮겨오게 되었다. 시간 대비 효율성은 최고다. 특히 새벽에 책을 읽는 일은 강력추천하는 바이다. 무슨 일이든 그 일에 몰입하는 것이 중요하다. 몰입이 잘되면 원하는 결과를 빠르게 얻을 수 있고, 그 만족도도 훨씬 높다. 새벽에 일어나서 독서를 한 결과 낮 시간대보다 새벽 시간대에 오히려 집중력과 몰입이 훨씬 더 잘된다는 것을 깨달았다. 새벽이 가져오는 집중과 몰입의 즐거움은 하루를 시작할 에너지 공급원이 되어준다. 새벽 기상이 기다려지고, 책 읽기가 만만해지며, 마음 근육도 그 어느 때보다 탄탄해져 무슨 일이든 잘 해낼 수 있을 것 같은 의욕이 생긴다. 새벽은 내가 선택한 일에 재미를 느끼게 했으며, 몰입할 수 있는 환경을 만들어 주었다. 이것은 내가 초집중할 수밖에 없는 완벽한 조건이었다.

나는 고등학교 시절, 시험 기간을 잊을 수 없다. 시험에 대한 두려움이 컸던 만큼 공부하는 것도 힘겹기만 했다. 열심히 공부해도 기대만큼 성적이 나오지 않아 꽤 마음고생이 심했다. 나는 최선을 다하고 싶었다. 자식 넷을 뒷바라지하시며 고된 농사일을 묵묵히 해내시는 부모님의 모습을 볼 때면 괜히 죄송한 마음이 들었다. 부모님의 손은 나무껍질처럼 거칠어 누가 봐도 육체적 노동자의 삶이 고스란히 스며 있다. 또한, 따가운 햇볕에 검게 그을린 얼굴을 타고 비 오듯 흘러내리는 땀방울을 볼 때면 가슴 한구석이 찌릿찌릿 아렸다. 내가 공부에 재능에 없다는 사실에 미안해져 괜히 눈물이 핑 돌았지만 애써 감췄다. 그런 부모님께 내가 해드릴 수 있는 것은 엇나가지 않고 학생으로서 성실히 해야 할 일에 최선을 다해야 한다는 책임감이 있었다. 시험 기간이 되면 야간 자율학습이 끝나고 집에 와서도 마음이 무겁다. 쉽게 잠들기가 어렵다. 그렇다고 밤샘 공부를 할 수도 없는 노릇이다. 시험이 끝날 때까지 컨디션을 조절해야 시험도 잘 볼 수 있다는 생각에 잠은 줄일 수 있어도 피할 수는 없었다. 새벽에 일어나 공부를 해본 적이 있는가? 새벽의 가치를 알고 일어나려고 했던 것은 아니었다. 중간, 기말고사기간이 되면 공부할 양은 많고 시간은 늘 부족했다. 그러다 보니 공부를 하다가 잠이 들어도 불안감 때문인지 깊이 잠들지 못했다. 시험을 잘 치고 싶은 간절함 때문에 절로 눈이 떠졌다.

시계를 보니 새벽 3시가 조금 넘었다. 캄캄한 어둠을 비집고 안방 문틈 사이로 가느다란 불빛이 새어 나오고 있었다. 내심 반가웠다. 빼꼼히 문을 열고 보니, 엄마는 땅콩 껍데기를 까고 계셨다. 빨간 고무 대야 안에 땅콩이 수북이 쌓여 있었다. '언제 혼자서 저걸 다 까지?' 보고만 있어도 질렸다. "엄마, 언제 이 많은 걸 다 까고 있어? 잠은 안 자?"라고 물었더니, 엄마는 말씀하셨다. "하다 보면 줄겠지. 늘 제자리라는 법이 있어." 순간 시험공부를 해야 한다는 마음과 땅콩 까는 것을 도와드려야 한다는 마음의 갈등이 일었다. 어린 마음에 눈곱만큼의 죄책감을 안은 채 시험공부를 선택했다. 대신 엄마가 지루하지 않게 곁에서 공부해야겠다고 마음먹었다. 나는 냉큼 작은 상을 엄마 옆으로 가져와 자리를 잡았다. 공부를 시작하기 전, 엄마에게 신신당부했다. "엄마! 공부하다가 혹시 내가 졸거나, 나도 모르게 잠들면 꼭! 깨워줘야 해. 알겠지?" 4시간 정도는 거뜬히 공부할 수 있을 것 같았다. 왠지 엄마 곁에 있으면 공부가 더 잘 될 것만 같은 기대감이 생겼다. 여전히 밖은 어두웠지만, 풀벌레 소리가 희미하게 들려오는 듯할 뿐 조용했다. 엄마의 땅콩 껍데기를 까는 소리만이 '탁! 타닥!' 적막함을 깨우고 있었다. 땅콩 껍데기를 까는 소리가 공부의 집중력을 높였는지, 아니면 단지 엄마가 내 곁에 있다는 안정감 때문이었는지 공부하는데 막힘이 없었다. 암기도 그 어느 때보다 잘 됐다. 내 곁에서 함께 밤을 새운 엄마의 모습이 좋았다. 땅콩 껍데기가 바스러지는 그 소리가 응원가처럼 들리던 새벽이었다. 지금 생각해 보니, 엄마는 나를 위해 끝까지 깨어 계셨던 것 같다. 땅콩 껍데기를 까면서 나를 마음으로 응원을 하고 계셨던 것 같다. 새벽에 공부한답시고 앉아있는 내가 안쓰러웠는지 중간중간 말을 던지셨다. "그만하고 네 방으로 가서 자. 잠도 안 자고 공부한다고 하루아침에 성적이 오르냐. 그러다 병 나여."라며 한마디씩 거들어 침묵을 깨곤 하셨다. 시험공부를 하는 동안 나는 엄마 곁에 있어서 좋았고, 엄마를 위해 내가 곁에 있어 줄 수 있어서 좋았다. 말없이 서로를 지켜준 시간, 세상에서 가장 따스했던 새벽이었기에 지금까지 그날의 그 시간이 그리움으로 남아 있다.

새벽에 대한 그리움이 어쩌면 새벽을 선택하게 했던 것은 아닐까? 그 시절, 그 시간, 새벽에 엄마와 나는 함께 있었고, 시험공부에 가장 집중할 수 있었던 시간으로 기억된다. 새벽에 대한 글을 쓰는 지금, 당시 내가 경험했던 집중과 몰입은 새벽이 주는 고요함에서 오는 특별한 선물이었다는 것을 깨닫는다. 새벽에 일어나 암기 과목을 공부하는 데 집중이 잘 된다는 것을 경험한 후로 시험 기간 때면 일부러 새벽에 일찍 일어나곤 했다. 새벽에 공부했던 과목은 비교적 성적이 좋았던 것 같다. 짧은 시간에 집중할 수 있었기 때문이 아닐까? 평소에는 공부에 대한 간절함이 덜하다가 시험 기간이 되면 간절함으로 공부에 매진하게 된다. 엄마의 따스한 품과 같은 새벽 시간은 나에게 그리움이다. 중요한 일을 해야 할 때 자신만의 특별한 시간대를 선택해 보라. 새벽이 당신에게 황금 시간대가 되어 줄 것이고 특별한 장소에 있게 할 것이다.

학창 시절 시험 기간에만 잠깐 새벽 시간을 이용했다. 막연히 '공부가 잘되더라.'라는 기대감 때문이었던 것 같다. 새벽의 가치를 이해하기엔 너무 어렸던 것일까. 새벽이 주는 몰입에 대해서는 막연히 느끼고 있었지만, 그것을 습관화하려면 새벽을 온전히 이해해야 했던 것 같다. 당시, 내가 새벽 시간대를 잘 이용했더라면 지금의 내 모습은 어떻게 달라졌을까? 작은 아쉬움이 남긴 하지만 현재 새벽 시간을 살고 있기에 다행이다 싶다. 새벽에 집중력을 높이려면 잘 자고, 잘 일어나는 것이 중요하다. 무턱대고 새벽에 버티겠다고 잠을 자지 않으면 얼마 지나지 않아 심신이 고달파진다. 효율적이고 생산적인 새벽을 살고 싶다면 적당한 수면 시간을 전제로 해야 한다. 새벽은 길게 봐야 한다. 오늘 하루 새벽에 살겠다는 생각을 멀리하고 새벽이 일상이 되게 해야 한다. 중요한 문제를 해결해야 한다거나 자격증 공부를 해야 할 때 새벽에 일어나 보는 것은 어떨까? 새벽에 하는 독서는 조금 어려운 책도 읽어 낼 힘을 준다. 새벽에 깨어있는 우리의 뇌는 가장 명석하다. 평소 생각지도 못했던 아이디어를 떠올리고, 나조차 모르고 있었던 잠재력을 끌어낸다. 새벽은 집중이 잘되기 때문에 쉽게 몰입의 상태로 연결된다. 책을 읽으며 나는 그걸 가장 많이 느꼈다. 책에 집중이 잘 되니까 한 장, 두 장 책장이 술술 잘 넘어간다. 읽는 재미에 시간 가는 줄 모른다. 빠르게 넘어가는 쪽 수만큼 집중력과 몰입도 최대치로 올라간다. 그 어느 때보다 더 많이 이해하고 기억한다. 낮에 하는 독서와는 질적으로도 양적으로도 달랐다.

　나는 새벽에 긴 글을 쓴다. 새벽 기상 초기에는 인스타그램에 짧은 글을 올렸었다. 그런 내가 이제 긴 글도 어렵지 않게 쓸 수 있는 것은 새벽이 주는 집중력과 몰입 덕분이다. 종종 '신들린 듯 글을 쓴다!'라는 느낌을 받곤 한다. 앞뒤 재는 거 하나 없이 빈 여백을 채워가는 나를 보며 새벽은 신비로운 힘을 지닌 신의 시간이 아닐까 하는 의심이 든다. 책 읽기에 집중하고 몰입하던 시간이 글쓰기로 이어졌다. 책을 읽고, 필사하고, 글 쓰는 삶에 가장 필요한 것은 새벽이 아닐까. 읽고 쓰는 일에서 집중과 몰입이 중요한 만큼 이 일을 하기에 적합한 최상의 시간을 찾은 것이다. 당신에게도 꿈을 키워줄 최상의 시간이 있는가? 만약 아직 찾지 못했다면 그 시간을 찾는 일이 당신에게 가장 시급한 문제가 되어야 할 것이다. 새벽에 대해 생각해 보길 바란다. 다시 강조하지만, 집중과 몰입을 위한 최고의 시간은 새벽이다. 새벽 시간에는 원하는 일에 빨리 빠져들 수 있고, 투자한 시간 대비 만족스러운 결과물도 앞당겨 만날 수 있다. 이것이 초집중의 힘이다. 새벽은 숨겨진 재능을 발견할 수 있는 고요하면서도 깊이 있는 시간이다. 숨겨진 재능을 밖으로 드러나게 하는 힘이 바로 새벽이 가진 초집중에 있다. 시간은 쓰는 사람에 따라 다른 결과를 만든다. 그 주체인 당신의 새벽은 어떻게 흐르고 있는가?

『시간은 양이 아니라 질로 평가받는다. 시간의 질이 곧 삶의 질이다. 새벽, 나 자신에게 집중할 수 있는 이 시간은 하루의 질을 바꿔 놓는다. 새벽은 온전히 내가 하는 일에 집중할 수 있는 시간으로, 몰입이 최고조에 이른다. 질 높은 새벽이 당신의 운명을 바꿀 수 있다.』

새벽 기상 후 나의 미래가 기대된다

기대되는 삶을 산다는 것은 하루를 돌보고 가꿀 힘을 준다. 새벽에 일어나면서부터 알 수 없는 에너지가 느껴졌다. 새벽에 일어났을 뿐인데 늘 익숙하게 지나던 출근길의 발걸음이 유난히 가볍다. 뭐랄까? 남들이 쉽게 하지 못한 일을 해냈다는 소박한 우쭐함이 스며드는 듯했다. 대부분의 사람들이 잠든 시간에 일어나 내가 좋아하는 일을 하고, 그것을 완수하고 난 후의 성취감이 온종일 나의 기운을 북돋운다. 직장에 들어서는 순간, 마주하게 되는 경비아저씨와 동료들에게 밝게 인사를 건넬 때면 나의 맑은 기운까지 그들에게 전해지는 듯해 내심 흐뭇했다. 이런 나의 변화를 느끼셨던 것일까? 경비 아저씨께서 환하게 웃으며 말씀하셨다.

"안녕하세요! 늘 웃으시고 옷차림도 깔끔하시고 오늘 출근하시는 선생님 중에서 최고입니다!"

순간 발그레해진 얼굴로 수줍게 "감사합니다."라고 답했다. 처음에는 인사치레라고 생각했는데 다음 날도, 그다음 날도 경비아저씨는 같은 말씀을 건네셨다.

"늘 변함없이 밝게 인사하고 들어오시는 분은 선생님밖에 없어요! 진심입니다!"

나는 왠지 부끄럽고 시선을 어떻게 처리해야 할지 몰랐지만, 엘리베이터를 타고 부서로 올라오면서 나도 모르게 미소가 번지는 것을 느꼈다. 그리고 생각했다. '저렇게 말씀하시는 걸 보면 진심이구나. 직원들이 출퇴근하는 모습을 그냥 보시는 것이 아니구나. 옷차림새와 인사성만으로도 충분히 그 사람을 판단하는 기준이 되겠구나.' 한편으로는 반성하게 되었다. 우리가 알게 모르게 얼마나 자주 무표정으로 직장을 오가는지. 쫓기듯이 출근하고 달아나듯이 퇴근하는 우리의 모습이 문득 그려져 씁쓸하기만 했다. 새벽 기상 후 기분 좋은 성취감이 목소리 톤을 높이고, 표정을 밝아지게 만들었다. 아마도 그러한 미세한 변화를 삶의 연륜이 깊은 경비아저씨는 느끼셨나 보다.

'내가 변하니 주변인들의 반응도 변한다'라는 말을 실감했다. 병원이 내일 무너질지 아닐지 알 수 없는 미래를 두고 불안해봤자 다 소용없는 에너지 낭비에 불과하다는 것을 알게 되었다. 그런 불안함을

떨쳐내고 마음을 단단하게 다지기 위해 시작한 새벽 기상이 하루를
바꾸고, 주변 환경을 바꾸고 있었다. '병원이 흔들린다고 나까지 흔
들릴 필요가 없지!'라며 새벽 기상 후 마음은 더 단단해지고 생각은
긍정적으로 바뀌고 있었다. 이 작은 변화가 조금씩 더 나은 미래로
나아가게 하고 있었다.

　성취감은 내가 무언가를 이루었다는 자신감을 키워준다. 더 나아
가 스스로 '기필코 해내는 사람'이었다는 사실을 새롭게 발견하게
한다. 단지 내가 한 것은 새벽에 일어났을 뿐인데 성취감이 주는 기
쁨을 만끽하며 희망을 품고 하루를 시작하게 되었다. 이 작은 변화
가 가져온 나비효과는 기대 이상이었다. 새벽에 일어나기 전까지 나
의 하루는 우울 모드로 시작되곤 했다. 직장으로 향하는 10분 남짓
의 길을 걷는 동안 마음속 날씨는 늘 흐림이었다. 아침부터 쏟아지는
따사로운 햇살과는 상반된 내 감정은 짙은 회색빛에 가까웠다. 직장
으로 들어서는 순간 오늘은 어떤 일이 생길지 모른다는 불안감이 엄
습해왔다. 아무리 노력해도 병원 재정이 나아질 리 없다는 현실에 기
운이 빠졌다. 그럼에도 나는 신생아들을 돌보고, 산모들에게 필요한
정보를 제공하며 나의 임무를 다해야 했다. 깊은 한숨이 절로 나왔
다. 마음속 불안을 애써 누르며, 경비아저씨께 "안녕하십니까~" 밝
게 인사한 뒤 부서로 올라가곤 했다. 당시 코로나 19 상황이 길어지

면서 감염 예방 조치로 인해 조리원의 외부 강의가 모두 중단되었다. 입실한 산모들은 2주간 무료한 시간을 보내야 했고 산후 우울증으로 힘들어하는 이들도 있었다. 나는 그런 산모들과 소통하기 위해 직접 교육 프로그램을 기획했다. 캘리그라피 배냇저고리 만들기와 캘리그라피 냉장고 자석 만들기와 같은 창의적인 활동을 준비했다. 그뿐만 아니라, 신생아 목욕법과 관리법, 산모관리 교육까지 맡으며 정신이 없이 바쁜 날들이 이어졌다. 하지만 나는 최선을 다했다. 병원의 어려움을 조금이라도 덜고자, 내가 할 수 있는 모든 것을 쏟아부었다. 새벽에 일어나겠다는 작은 결심이 삶을 희망으로 물들였다. 그리고 그 성취감은 나를 더욱 의욕적인 사람으로 변화시켰다.

이런 나를 곱지 않은 시선으로 보는 직원이 있었다. 어느 직장에서나 일하는 것에 비해 월급이 적다고 느끼는 것은 흔한 일일 것이다. 나 역시 마찬가지였지만, 병원 사정이 여의치 않다는 것을 그 누구보다 잘 알고 있었기에, 어느 순간부터 그런 생각조차 하지 않게 되었다. '피할 수 없다면 즐겨라'라는 말도 있지 않던가. 지금 내가 있는 곳에서 최선을 다하는 수밖에 없다고, 매일 나에게 주문을 걸었다. 그래서 퇴근 시간이 늦어지더라도 내가 할 수 있는 일은 마무리한 뒤에야 자리를 떠났다. 한꺼번에 많은 산모를 모아 교육을 할 수 없기에 팀을 나눠 소규모로 진행하다 보니 자연스럽게 늦어지곤 했다. 그런 나의 모습을 보며 내가 늦게까지 남아서 일하는 이유가 돈 때문이라고 생각했던 모양이다. 그러던 어느 날 그 직원은 내게 이렇게 말했다.

"수샘, 이렇게 일하는데 월급도 쥐꼬리만큼 주고 좀 올려줘야 하는 거 아닌가요? 수샘은 교육수당이라도 받아가지만, 우리는 더 받을 게 없잖아요."

나는 순간 황당한 말에 멈칫했다. 내가 교육수당을 따로 받고 있다고 생각한 것이다. 나로서는 전혀 예상치 못했던 말이라 어안이 벙벙했다.

"오해가 있으신가 봐요. 저 교육 수당 따로 안 나와요."

내가 그렇게 말하자, 그 직원도 적잖이 당혹스러운지 미세하게 음성이 떨리는 게 느껴졌다. 내가 퇴근 시간이 지나도 남아 산모교육을 하는 모습이 돈을 받기 때문에 그렇게 하는 것처럼 보였나 보다. 충분히 오해가 있을 만하지만 내 마음을 몰라주는 것 같아서 조금 속상했다. 내가 하는 일이 돈을 받기 때문에 하는 일처럼 보였다니 억울하기까지 했다. 병원 사정이 어렵다 보니 내부적으로 직원들의 불만이 매일 날아와 심장에 꽂혔다. 마치 활이 날아와 과녁을 맞히듯 그 말들이 고스란히 내게 날아와 꽂히는 기분이었다. 동료들은 나를 한 명의 직원으로 보는 것이 아니라 뭔가 숨기는 병원 측 사람으로 여기는 듯했다. 이럴 때마다 나는 물 위에 동동 뜬 기름처럼 그들과 어울릴 수 없는 낯선 영역에 있는 듯한 씁쓸함을 느꼈다. 그러한 나날 속에서도 새벽 기상은 긍정적 시각을 심어줬고, 부정적인 생각에서 벗어나게 해주었다. 어두운 악조건에서도 버틸 힘을 주고, 더 나은 내일을 꿈꾸게 했다. 비록 내 마음을 모두 이해해주지 않는 순간들이 있었지만, 불편한 상황은 아무리 좋은 사람도 부정적으로 만들 수밖에 없다. 나는 그 모든 상황을 받아들이며 긍정적인 에너지를 이어가려고 노력했다. 새벽은 나에게 하루의 시작이기 전에 내면의 상태를 새롭게 다잡고 정리하는 시간이었다.

새벽 기상을 이어오는 동안, 나는 생각과 마음가짐이 많이 변했다. 새벽이 주는 맑은 기운이 나의 어두웠던 마음과 생각들을 서서히 정화했다. 불순물을 걸러내는 작업이 새벽 기상이었다. 매일 하나씩 불편한 생각들을 버리다 보니 어느새 나 혼자서도 버텨낼 힘이 생겼다. 게다가 지금은 글을 쓰다 보니 정화기능이 더 강화되었다. 매일 의식을 높이는 책을 접하며 글을 쓰는 시간이 응축되어 내일이 기대되는 삶을 살게 한다. 오늘의 나를 보며 내일을 기대할 수 있다는 것이 얼마나 행복한 일이고 감사한 일인지 직접 겪어 보니 알 것 같다. 하나씩 내가 한 행동으로 인해 만들어진 결과물들을 보며 나는 어느새 '할 수 있는 사람! 해내는 사람!'으로 탈바꿈되어 있었다. 그 작은 시작이 바로 새벽에 일어나는 것이었다. 그때는 그 가치를 몰랐지만, 지금에 이르러 모든 상황을 이겨낼 힘이 새벽에서 비롯되었음을 알게 되었다. 새벽으로 길러진 힘 덕분에 퇴사 후 글쓰기를 시작할 수 있었고, 마흔 중반에 젊은 간호사들 틈에서 겸허한 마음으로 새롭게 일할 수 있었다.

글쓰기는 장기적인 훈련과정이다. 글 쓰는 몸으로 만들기 위해선 꾸준히 글을 써야 하며 그 일을 절대 게을리해선 안 된다. 글쓰기에 몰입해 자신과 싸우며 고뇌하는 시간이 필요하다. 나는 이미 새벽을 통해 비슷한 경험을 했기에 그것이 좀 더 쉬웠다. 글쓰기에 적합하고 완벽한 시간이 이미 나에게 주어졌기에, 글쓰기의 좋은 타이밍은 마음만 먹으면 매일 만날 수 있다. 이 사실 하나만으로도 나에게 든든한 지원군이 있는 셈이다. 얼마든지 혼자 있어도 외롭지 않은 시간에 글을 쓰니 그 시너지 효과는 결과물이 말한다. 타이핑 필사를 시작한 지 1년 만에 공저 2권과 개인 저서 2권의 초고 완성이 이루어진 것은 단순한 우연이 아니다. 새벽의 힘으로 길러진 글쓰기 근육은 세 번째 개인 저서 초고를 쓰게 했고, 더 나아가 네 번째 개인 저서 초고까지 완성한 상태로 이끌었다. 고작 2년이 채 되지 않은 시간이다. 그 결과물을 놓고 보면 새벽에서 오는 시너지 효과가 제대로 발현된 것이다. 더욱이 지금은 아동병원 나이트 전담간호사로 재직 중이다. 새벽을 지켜낸 시간 덕분에 밤 근무에도 어려움 없이 잘 적응하고 있다. 새벽에 깨어 있는 시간이 있었기에 밤 근무 전담이 두렵지 않았다. 새벽이 나에게 만들어 준 튼튼한 마음 근육 덕분에 나를 내려놓고 나보다 한참 어린 동료들과도 잘 어울릴 수 있었다. 새벽을 가장 어두운 시기에 만난 것은 필연이었다. 지금을 위해 만들어진 시간 같다는 생각이 든다. 과연 내가 전 직장에서 휘청일 때, 새벽에 일어나 새벽 시간을 지켜 낸 경험이 없었다면 나는 어떤 선택을 했을까? 전 직장에서 퇴사를 쉽게 결정할 수 있었을까? 감히 글쓰기를 하고 작가의 꿈을 꿀 수 있었을까? 또한, 지금까지의 경력과 직함을 내려놓고 젊은 간호사들 틈에서 새롭게 시작할 용기는 있었을까? 지금 내가 글 쓰는 작가의 삶과 간호사의 삶, 이 두 마리 토끼를 잡을 수 있었던 배경에는 새벽의 힘이 주는 영향이 컸다는 사실을 부정할 수 없다. 새벽으로 나는 새로운 삶을 꿈꾸게 되었고, 지금부터 펼쳐갈 새로운 미래에 대한 기대감도 증폭되어 있다. 설레는 하루를 살며, 원하는 미래로 나아갈 준비를 하고 있다.

"절망이 깊을 때 가장 뜨거운 태양이 뜬다. 새벽은 매일 불꽃 같은 열정을 깨우고, 고요 속에서 새로운 날을 열어준다."

절망이 깊을수록, 그 절망을 이겨내는 힘도 더 강렬하고 뜨겁다. 새벽은 절망 속에서도 성장하고 변화를 끌어낼 힘을 가지고 있다. 매일 맞이하는 새벽은 대장장이가 뜨겁게 달궈진 쇠를 두드려 명검을 만들 듯, 미래로 가는 문을 여는 비밀의 열쇠를 만드는 시간이다. 새벽은 오늘이 기대되는 삶으로 이끌고 내일을 기대하게 만든다. 더 나아가 새벽은 미래를 기대하는 삶으로 나를 이끌어 간다. 새벽이 나를 원하는 곳으로 데려다주는 지름길을 열어주는 문이 되어 주었다. 새벽 기상, 시작했을 뿐인데 내가 달라지기 시작했다. 하루아침에 바뀐 것이 아니다. 내가 달라졌다는 걸 깨달은 계기는 경비아저씨가 건넨 아침 인사 덕분이었다. 내가 느끼지 못하고 있더라도 남들 눈에는 빨리 드러나는 법이다. 밝은 기운을 줄 수 있다는 사실이 기쁨을 안겨 주었다. 새벽에 일어나 내가 해온 루틴들이 헛되지 않았음을 느낀 중요한 시점이 바로 그 아침 인사에서 시작되었다. 내가 해낸 오늘의 작은 성공들이 쌓여 나도 모르는 사이 목소리와 표정에 밝은 기운이 스며들어 그것이 다른 사람들의 눈에 띈 것이다. 이 작은 깨달음이 앞으로 내가 어떻게 살아가야 할지 깊게 반성하게 만든 시간이었다. 어떠한 상황에 놓일지라도 내가 어떤 선택을 하느냐에 따라 그 상황은 바뀔 수 있다. 새벽, 내 인생의 갈림길에서 훌륭한 선택지로 안내해 준 북두칠성 같은 길잡이다. 나는 앞으로 어떤 미래와 마주하게 될까? 어떤 미래가 나를 애타게 기다리고 있을까? 살아온 세월을 통틀어 지금처럼 내 미래가 궁금했던 적은 없었다. 오늘의 새벽 4시와 내일의 새벽 4시는 어떤 모습이 되어있을까? 이 작은 기다림이 주는 설렘을 당신도 느껴보길 바라는 마음이다.

새벽에 일어나려고 하루 시간을 리드한다

　매일이 나 자신과의 치열한 싸움이다. 새벽에 일어나 하루를 리드하는 삶을 살기 위해 노력한다. 새벽에 일어나야 루틴을 이어갈 수 있기에 어떤 일이든 한 번 더 생각하고 신중하게 진행하게 된다. 무리하지 않는 선에서 작은 일도 신중을 기한다. 나의 기상 시간은 딱 몇 시라고 고정되어 있지 않지만 보통 새벽 3시 30분에서 늦어도 5시 전에 일어난다. 컨디션이 좋으면 새벽 3시대에 절로 눈이 떠지곤 한다. 마음과 다르게 컨디션이 저조한 날은 새벽 5시쯤 일어난다. 어떻게든 새벽 시간을 지키려는 이유는 늘 해 오던 루틴을 하지 않으면 그 날 하루가 찝찝하게 느껴지기 때문이다. 처음에는 특정 시간대를 정해놓고 일어나는 것이 좋았지만, 그 시간을 지키지 못하면 죄책감이 들어 스트레스가 되었다. 그래서 시간대를 유연하게 늘렸더니 부담이 훨씬 덜하다. 새벽 3시에서 5시 사이에만 일어나면 나의 새벽 기상은 성공이다. 이 작은 성공이 하루를 기분 좋은 상태로 이끄는 마중물이 된다. 나에게 새벽은 하루를 잘 살아내기 위한 든든한 시작점이 되었다. 새벽을 놓치기 싫어 매일 최선을 다하며 하루를 완성하는 데 힘쓴다. 그리고 새벽에 일어나 하루를 계획하고, 다음 날 다시 찾아올 새벽을 설레는 마음으로 기다린다.

새벽을 기다리는 마음으로 하루를 시작해보자. 그 기다림 속의 설렘이 하루를 알차게 보낼 에너지를 불어넣어 준다. 많은 사람들이 새벽에 일찍 일어나 움직이면 피곤하지 않냐고 묻는다. 하지만 그것은 새벽의 삶을 직접 경험해보지 않은 사람들이 가진 잘못된 믿음이다. 나 역시 처음 새벽 기상을 시작할 때는 피곤해서 직장 일을 그르칠까 봐 걱정했었다. 그러나 실제로 새벽에 꾸준히 일어나 보니 그런 생각은 나의 성장을 가로막는 편견에 불과했다. 뭐랄까? 많은 사람이 새벽을 알지 못하도록, 새벽의 가치를 아는 누군가 그 가치를 혼자만 누리고 싶어 거짓 정보를 흘린 것 같은 상상마저 든다. 새벽에 일어나면 하루를 상쾌하게 시작할 수 있다. 그 상쾌함을 경험할 수 있다는 사실 하나만으로도 충분히 의미가 있다. 그 기분을 다시 느끼고 싶어 내일의 새벽이 기다려지는 것이다. 그렇게 다시 만나고픈 새벽이 있기에 오늘 하루를 잘 살아야겠다는 다짐이 생긴다. 그 다짐 덕분에 하루를 어떻게 보내야 할지 자연스레 고민하게 된다. 널브러지고 어수선했던 일상도 재정비되기 시작한다. 새벽은 그런 힘을 가진 특별한 시간이다.

몇 시에 꼭 일어나야겠다는 무거운 마음부터 내려놓아야 한다. 사람마다 일어나는 시간이 다르다. 아침 7시에 일어나던 사람이 하루아침에 새벽 4시에 일어나는 것은 부담스럽다. 3시간이나 앞당겨서 일어날 생각을 하면 시작하기도 전에 의욕이 꺾이기 쉽다. 처음에는 하루 5분이라도 기상 시간을 앞당긴다는 마음으로 시작해보자. 이렇게 일어나다 보면 일주일이면 35분이나 앞당겨 일어날 수 있다. 사실 매일 5분이라고 하지만 몸이 탄력을 받아 평소보다 30분을 당겨 일어나게 되면 그 성취감을 말로 다 할 수 없다. 내가 예상했던 시간보다 조금 더 일찍 일어났을 때 그 통쾌함이라니! 경험해보지 않은 사람은 꿈에서조차 상상하기 힘들 것이다. '나, 이런 사람이라고! 한다면 한다!'라며 스스로 생각해도 대견하고 기특하다. 그것이 곧 자기 사랑의 출발점이 된다. 남들에게 듣기 힘든 칭찬을 나에게 듣게 될 때, 비로소 내가 얼마나 칭찬을 갈망해왔는지 깨닫게 된다. 내가 나를 인정해주는 시간이 새벽이다. 5분씩 당겨 일어나는 연습은 당신을 새벽 시간에 있게 할 것이다. 매일 5분씩 당기는 것이 힘들다면 한 주(7일)에 10분씩 점진적으로 목표를 조정해보는 것도 좋은 방법이다. 한 달이면 40분을 당길 수 있다. 자신에게 가장 적합한 방법으로 기상 시간을 조절하는 것이 좋다. 몇 시에 일어나든 결국, 새벽 기상은 당신의 의지에 달렸다. 의지만 있다면 반드시 눈은 떠질 것이다. 나와의 약속을 지키고자 하는 사람은 어떻게든 잠을 누르고 일어나게 되어있다. 물론, 이것은 자기와의 힘든 싸움이다. 하지만 명심할 것은 일어나는 순간이 하루를 만드는 시작점이라는 것이다. 일어나야만 하루 계획을 세울 수 있고, 그로 인해 오늘 하루가 제대로 시작될 수 있다.

하루는 24시간이다. 세상에서 가장 공평하고 차별 없는 것을 꼽으라고 한다면 시간일 것이다. 이 시간은 내가 살아있는 한 내일도, 그다음 날도 어김없이 주어진다. 이 말은 내일도 새벽은 온다는 것이다. 오늘 새벽 기상에 실패했더라도 좌절은 금지다. 포기하지 않고 내일 또 도전해야 한다. 오늘 내가 일어나지 못했다는 자책감에 절대 자기 자신을 낮춰 생각하면 안 된다. 그 자책에 빠져 하던 일을 멈추면, 두 번 다시 당신에게 주어진 특별한 시간은 오지 않는다. 나는 새벽에 일어나기 시작하면서 새벽 사수하기에 돌입했다. 생각보다 새벽에 이룬 작은 성취들이 주는 만족감은 내게 큰 힘이 되었다. 새벽에 일어나서 그저 책을 읽고, 필사하고, 긍정 확언을 적었을 뿐인데 하루가 달라졌다고? 그렇다면 매일 새벽에 일어나면 6개월 후, 1

년 후, 3년 후, 5년 후 내 삶은 어떻게 될까 하는 기대감이 생겼다. 하루가 변한 것이 아니라 내 마음 상태가 달라졌기 때문에 어제와 다른 하루를 경험하게 된 것이다. 달라진 마음 상태가 하루를 대하는 태도마저 바꿔 놓았다. 마음의 힘은 물리적 상황을 초월한 그 이상의 에너지를 응축하고 있다. 임계점에 다다르면 그 힘이 어떤 식으로 작용하게 될지 예측할 수 없다. 나는 그 힘을 기대하고 믿는다. 우리가 자신도 모르게 해내는 모든 것이, 결국 마음의 힘이 작동한 결과 아닐까? 포기하지 말고 새벽에 도전하고 또 도전하라.

일어나면 가장 먼저 내가 보낼 하루를 상상해보라. 나는 눈을 감고 오늘 하루를 어떻게 보내길 희망하는지 머릿속으로 그려보았다. 비록 뻔한 하루가 기다리고 있을지라도 나는 그 생각을 무시했다. 내가 그리는 하루에 집중했다. 어제와 별다를 것 없는 시간의 흐름을 기억하는 머릿속의 생각은 잠시 접어두고 내가 맞이하게 될 시간에 초점을 맞추는 것이다. 처음에는 이 작업이 무척 힘들었다. 자꾸만 어제 내가 보낸 하루와 오버랩되어서 불 보듯 뻔한 하루가 찰나의 틈을 뚫고 자꾸만 떠올랐기 때문이다. 그래도 나는 포기 하지 않았다. 내가 오늘 보내게 될 하루 24시간, 덤으로 생긴 새벽 시간부터 잠들기 전까지 전체적인 흐름을 마음속으로 그려보았다. 새벽 루틴을 마친 후 출근하는 내 모습을 상상하고, 병원에서 일하는 나의 모습을 떠올린다. 퇴근 후부터 잠들 때까지의 시간을 차근차근 차례대로 그려본다. 내 마음이 원하는 하루를 미리 그려보는 일은 큰 행복감을 준다. 그리고 나는 그 생각들을 하나씩 손으로 적어본다. 하나하나 시간별로 내가 보낼 하루를 손으로 적는 것이다. 이 작업은 생각보다 하루를 주도하는 힘이 강하다. 내가 원하는 일을 하기 위해 시간을 재배정하는 과정은 그동안 끌려가던 삶에서 주도하는 삶으로 바꾸어 놓았다. 새벽에 일어나기 전에는 출근 시간에 쫓겨 헐레벌떡 직장으로 정신없이 걸어가기 바빴다. 어떤 날은 간발의 차이로 지각할 것 같아 한 코스면 가는 거리를 버스를 타고 가는 날도 있었다. 하루 시작을 빠듯하게 시작하다 보니 눈 뜨고 일하고, 집에 와서 청소하고 잠들기 바빴다. 시간에 끌려 마지못해 살아가는 삶이 부른 결말은 무기력이었다. '이렇게 살아서 뭐하나'라는 생각이 매일 발걸음을 무겁게 했다. 나를 잃고 살아가는 삶은 살아있어도 살아있음을 느끼지 못하는 억울함만 안겨주었다. 그런 내가 새벽에 일어나기 시작하면서 삶이 달라졌다. 내가 계획한 하루를 살아간다는 것은 더 이상 시간에 끌려다니지 않겠다는 스스로에게 하는 선언과 다름없다.

새벽은 내가 원하는 대로, 바라는 느낌대로 마음만 먹으면 얼마든지 가능하다는 것을 깨닫게 한다. 그러한 마음가짐은 뜻하지 않은 상황에서도 빠르게 긍정적인 방향으로 생각을 전환하고, 행동을 끌어내는 힘이 된다. 돈에 끌려다니지 않으려면 월급을 받고 그 다음 월급을 받는 날까지 계획성 있게 살림을 살아야 한다. 필요 없는 지출은 막고, 알뜰살뜰 돈을 모아서 원하는 삶을 구축해나가야 한다. 하루라는 시간도 마찬가지이다. 가계부를 쓰는 일처럼 하루라는 시간을 계획적으로 나누어 쓰다 보니 불필요한 시간 낭비를 줄이게 되었다. 새벽은 한 달 월급을 나누어 쓰듯 하루 24시간을 어떻게 쪼개 쓰는지에 대한 방법을 알려주었다. 시간은 돈이다. 시간을 어떻게 활용하느냐가 결국 돈을 버는 일이다. 그동안 낭비했던 시간들이 아까워진다. 앞으로 내게 주어질 시간을 잘 관리하고, 내가 원하는 목적에 맞게 움직이기 위해서는 하루를 잘 살아낼 책임이 나에게 있다는 것을 알게 되었다. 새벽 시간을 지키고 싶어서 나는 스스로 시간을 쪼개 쓰기 시작했다. 누가 시키지 않아도 새벽에 일어나기 위해 시간을 효율적으로 쪼개서 적재적소에 맞게 사용하려고 노력한다. 만약 당신이 나처럼 일어나는 대로, 살아지는 대로 살아온 사람이라면, 꼭 새벽에 일어나 보라. 일어났다는 성취감과 다음 날 새벽을 맞이하고 싶은 설렘이 당신을 움직이게 할 것이다. 변화는 자신의 의지가 일으킨다. 시작하는 것과 포기하지 않는 것이 변화를 가져온다. 오늘처럼 내일도 시간의 노예로 살지 말지는 당신의 선택과 의지에 달려 있다.

『우리는 삶을 버티는 것이 아니라 삶을 통해 성장하고 있다. 시간은 본인의 선택과 의지로 훔칠 수 있다. 자기 삶에서 무엇이 중요한지를 아는 사람은 찰나의 순간도 어떻게 써야 할지 안다. 찰나의 순간과도 같은 새벽, 그 짧고 소중한 시간 속에서 우리는 하루를 결정짓는 힘을 얻는다.』

새벽, 온전히 나 자신을 챙기는 시간!!

현대 사회는 빠르게 변화되고 있다. 사람들의 생각도 그 흐름에 발맞추어 변하고 있다. 나는 28살에 결혼했다. 너무 빠르지도, 그렇다고 너무 늦지도 않은 나이에 화촉을 밝혔다. 2025년 현재, 많은 사람들이 결혼을 미루고 있다. 아니 어쩌면 결혼할 생각 자체가 없는지도 모르겠다. 예전에는 결혼 적령기가 되도록 결혼을 하지 않으면 무슨 흠이라도 있는 것처럼 시선이 곱지 않았다. 서둘러 결혼하라는 재촉과 압박이 따라왔다. 나 역시 그런 분위기를 피해갈 수 없었다. 5년간 연애하던 여동생이 결혼한다고 해서, 떠밀리듯 부랴부랴 결혼 상대를 찾아야 했다. 시골에 계신 부모님께서는 언니가 먼저 시집을 가야 동생도 갈 수 있다고 고집하셔서 자연스레 동생의 눈치를 볼 수밖에 없었다. 당시 병원 일에 치여 누굴 만나 연애를 할 생각 자체가 없었다. 결국, 나는 마지 못해 선도 보고 소개팅도 하며 시간을 허비했다. 그러다 지금의 남편을 운명처럼 만났다. 틈만 나면 생각나는 첫 조카가 삼삼해 언니 집에 놀러 갔다가, 형부 친구인 남편을 우연히 만난 것이다. 그렇게 우리는 1년간 연애한 끝에 웨딩 마치를 울렸다. 같은 해, 여동생도 기다렸다는 듯이 가을 신부가 되었다. 그러나 결혼 후 나는 혼란스러웠다. 여자로서의 삶은 결혼과 동시에 사라진 듯했다. 일감만 더 늘어난 기분이었다. '이렇게 살려고 결혼했나?' 하는 생각이 들 때마다 욱하는 마음이 들었다. 후회와 좌절 그리고 실망감, 불만과 같은 감정들이 마음을 헤집어 놓았다. 특히 남편이 뒤집어 벗어 놓은 양말을 다시 뒤집어서 빨래해야 할 때 깊은 한숨이 설로 나왔다. '여자는 결혼과 동시에 식모로 전락하는구나.'라는 생각이 나를 괴롭혔다. 결혼 후 첫 아이가 태어났다. 그리고 3년 뒤 얼떨결에 둘째 딸아이를 품에 안았다. 남편이 생기고, 아이 둘을 품에 안는 축복을 받았지만, 그럴수록 나는 여자로서 시간, 내 이름 석 자로 온전히 존재하는 시간에서 조금씩 멀어지고 있었다.

직장생활을 한 지 20년이 조금 넘었다. 직장을 나가면 서른이란 나이를 훌쩍 뛰어넘었음에도 결혼을 하지 않은 미혼여성들을 흔하게 볼 수 있다. 그녀들의 삶은 보면 볼수록 부럽다. '오늘 저녁은 무슨 반

찬을 해서 밥을 먹지?' 매일 반복되는 걱정도 없고, 누군가를 챙겨
야 한다는 부담도 없다. 그저 자신이 원하는 대로, 하고 싶은 대로 자
유롭게 움직일 수 있는 삶을 살고 있었다. "좋은 사람을 만나 결혼하
고 싶은 마음은 없어?"라고 물으면 그녀들은 자기 몸 하나 건사하기
도 벅차다고 말한다. 이미 결혼이 어떤 것인지 주변을 통해 간접적으
로 체험해서인지, 내가 그 연령대에 가졌던 낭만적인 결혼에 대한 환
상은 없었다. 결혼을 현실적으로 받아들이고 있었다. 게다가 부모들
도 그녀들에게 시집을 가라고 등 떠밀지 않는다고 한다. 오히려 함께
사는 게 좋다고 말씀하신다고 하니 부모들의 사고도 많이 변한 것 같
다. 나 역시 딸아이를 키우는 입장에서, 본인이 원해서 하는 결혼이
아니라면 굳이 하지 않아도 괜찮다고 생각한다. 나처럼 살라고 한다
면 내가 여태껏 공들여 키운 딸들이 아깝다. 어쩌면 직장 동료의 부
모님 마음도 나와 비슷할 것이다. L 간호사는 오랫동안 만나온 애인
이 있다. 서른 초반에 이른 지금도 결혼 생각은 없다고 한다. 더 나아
가 결혼을 하더라도 아이를 낳아 기를 생각은 전혀 없다고 말한다.
이미 애인과 함께 합의된 상태이다. 이 말을 들으며 출산율이 줄어드
는 이유를 조금은 알 것 같았다. 아이를 낳아도 키울 걱정이 크다고
말했다. 게다가 늦은 나이에 결혼해 언제 아이를 키우며, 그 아이에
게 들어갈 양육 비용을 생각하면 자신의 노후가 걱정된단다. 그럴 바
엔 아이 없이 둘이서 오붓하게 살기로 결정했다는 것이다. 이해가 된

다. 아이 하나를 제 몫을 다할 때까지 키우려면 누리고 싶은 것을 애써 참아야 하고, 기약 없는 '잠시 안녕'을 반복하며 살아야 한다.

결혼은 현실이다. 결혼에 대한 막연한 환상이 있을 때는 '나는 결혼해서도 내가 하고 싶은 걸 하며 아이도 멋지게 키울 거야'라고 생각했다. 하지만 아들 같은 남편을 경험하고서야 첫 현타가 왔고, 두 아이의 엄마가 되면서 내 모든 계획이 욕심이었다는 걸 깨달았다. 오직 나를 조금이라도 지키기 위해 더 부지런히 움직여야 했고, 그 조급함과 억울함이 하루하루를 불만족스러운 상태로 만들었다. 매사가 '나는 너무 억울해'였다. 억울해서 책을 읽고, 억울해서 홧김에 소비했다. 아내로서, 엄마로서 역할을 해내기엔 모든 게 벅찼다. 미래를 논하기엔 이미 에너지가 바닥나 있었다. 일을 마치고 집에 오면 녹초가 되어 소파에 기대 나도 모르게 잠든 적이 많았다. 한 가정의 엄마로 산다는 건 수행자로 살아가는 것과 같다고 느꼈다. 고행 같은 하루 속에서도 살아남는 법을 몸으로 체득했다. 결혼이라는 이름으로, 사랑이란 이름으로 여자인 나에게 희생이 당연시되던 시간들이었다. 지루하고 끝이 보이지 않을 것 같던 육체적 양육의 시간은 지나가고 정신적 양육의 시간이 왔다. 두 딸은 이제 말로는 내가 이길 수 없는 존재가 되었다. 오히려 나더러 라떼 얘기하지 말라며 핀잔을 준다. 자기 혼자 큰 줄 안다. 기가 막힌다. '저걸 낳고 미역국을 먹었지'라는 말이 절로 나올 판이다. 아이들을 키우며 남편과도 소원해지고, 이제는 아이들과도 서서히 거리가 생기기 시작했다. 나이 마흔이 되어서야 혼자 있을 시간이 조금씩 생기기 시작했다. 여전히 아이들과 남편 뒷바라지는 해야 하지만 예전만큼 하나부터 열까지 손이 가지는 않는다. 직장도 익숙해지면 어제와 오늘의 차이가 크게 느껴지지 않는다. 아무리 힘들어도 이렇게라도 다닐 수 있는 게 다행이다. 무기력의 극치에 다다랐을 때, 나를 구원해준 것이 바로 새벽이었다. 온전히 나로 있을 수 있는 기적 같은 시간이었다. 모두가 잠든 시간, 고요한 새벽에 나는 비로소 내가 될 수 있었고, 내가 나를 챙길 수 있었다. '해보길 잘했어!'하고 스스로 감탄했던 시간이 새벽이다.

　모든 일을 마무리한 후 밤에 홀로 있는 것과 모두가 잠든 후 새벽에 홀로 깨어 있는 것은 차원이 다르다. 같은 어둠 속에 머물러도 그 느낌은 완전히 다르고, 마음이 받아들이는 깊이 역시 다르다. 잠들기 전 혼자 있는 시간은 마무리의 느낌에 가깝다. 하루의 피로와 걱정을 내려놓기 위한 쉼이다. 그러나 새벽은 다르다. 만물이 깨어날 준비를 하고, 새로운 시작을 예고한다. 마치 꺼져가는 불씨가 소생하여 뜨거운 불꽃 춤을 추는 것과 같다고 해야 하나? 무기력하던 내 삶이 새벽의 기운에 힘입어 다시 활기를 되찾는 듯했다. 밤의 적막과 새벽의 고요는 겉으로는 비슷해 보이지만, 그 안에 담긴 깊이는 전혀 다르다. 새벽의 고요함은 희망을 속삭이고 새로운 날에 대한 설렘을 불러일으킨다. 소중한 나를 다시 발견하는 시간이 새벽이었다. 맑은 새벽공기와 고요함이 감싼 어둠 속에서 한 줄기 불을 밝히고 책상 앞에 앉았다. 묘한 기운을 품고 있는 새벽의 어둠 속에서 내면의 나와 마주할 때 나는 설명할 수 없는 환희를 느꼈다. 그리움이다. 결혼 전 온전한 나로 존재했던 시간이 그리웠었나 보다. 마치 오래전 잃어버렸던 나를 되찾은 기분이 들었다. 새벽이면 무엇이든 가능할 것 같은 열정이 샘솟는 듯했다. 내가 하고 싶은 일들을 마음껏 해보고 싶다는 열망이 가슴속에서 뜨겁게 타올랐다. 새벽은 내게 선택된 시간이자 무엇이든 시도할 수 있는 완벽한 시간이다.

새벽은 내면의 나를 만나는 시간이다. 고요함이 반짝이는 거울이 되어 내 안의 또 다른 나를 들여다볼 수 있게 했다. 스스로에게 질문을 던지게 했고, 그 답을 찾아가며 내가 진정으로 무엇을 원하는지 찾아갔다. 이 작업은 잊고 지냈던 진짜 내 모습을 되찾게 했다. 시집을 다시 손에 들고, 짧은 글을 쓰기 시작했다. 시를 읽으니 내 삶이 한 편의 시가 되어 글로 스며들었다. 나를 돌보는 아늑한 시간이 멈췄던 손을 다시 움직이게 했다. 나는 시를 좋아했었다. 시를 읽으며 낭만을 꿈꾸고, 시처럼 예쁜 사람을 만나서 알콩달콩 살고 싶었다. 현실은 나를 시에서 멀어지게 만들었지만, 나로 혼자 있는 시간은 잊지 않고 그때의 나를 찾아주었다. 《제인 에어》《주홍글씨》《오만과 편견》《데미안》과 같은 세계 문학에 빠져들어 하루가 저물어가는 줄도 모르고 책 속에 살던 때가 있었다. 그런 소녀 감성, 문학 감성은 어디로 가고 이제는 전혀 다른 모습의 내가 새벽에 앉아있는지 비참했다. 잃어버린 나를 다시 현실로 데려와야겠다고 생각했다. 그리고 내가 좋아했던 책 읽기와 글쓰기를 다시 시작했다. 새벽이 던지는 수많은 물음표에 마침표로 답하면 행동이 된다. 그리고 그 행동에 느낌표로 감탄하면 그것은 하나의 신념이 된다. 내가 어떤 가치관을 가지고 살아갈 때 온전한 나로 존재할 수 있을까? 물음표를 찍고, 마침표로 답을 내리고, 느낌표로 감탄하며 새로운 삶을 시작할 용기를 얻었다.

"너는 왜 새벽에 일어나는 거니?"

"내게서 멀어진 것들과 다시 친해지고 싶어."

"외로웠구나! 그리웠던 거야! 잊고 지낸 너란 사람이 그리웠던 거구나!"

"그럼 이제부터 뭘 할 거야?"

"나는 시를 좋아했고, 책 읽기도 좋아했어. 육아와 일에 치여 늘 나는 뒷전이었어. 책을 읽으려면 겨우 시간을 쪼개야 했어. 쫓기듯이 하는 독서는 이제 그만할래."

"그랬구나. 그러면 이제부터 새벽에 일어나서 책 읽기를 해보자! 그리고 숨어 있는 너의 재능을 한번 믿어보자고! 끝이 없는 새벽 기상의 완성이 어디까지 이어지는지 보자고! 넌 할 수 있고, 뭐든 해내는 사람이야! 벌써 새벽 기상도 성공적이잖아!"

 나와의 대화는 매우 중요하다. 묻고 답하는 시간은 '진정한 나'를 찾게 하고, 새벽은 온전히 나에게 집중할 수 있는 시간이기 때문이다. 나에게 고정된 렌즈가 나의 행동을 감시하는 역할을 하고, 내가 하는 일에 몰입할 수 있도록 돕는다. 온전히 나에게 투자하는 시간이다. 나란 한 사람을, 누구의 눈치도 보지 않고 챙길 수 있는 시간이 새벽이다. 내가 나를 돌보지 않으면 세상 그 누구도 나의 가치를 알아볼 수 없다. 자기 자신을 잘 챙기는 사람이 남도 잘 챙긴다. 나를 바로 볼 줄 알아야 타인에게서 나를 발견할 수 있다. 혼자 있는 시간을 통해 나를 새롭게 발견하고, 여태껏 살면서 채우지 못한 부족한 부분은 이제부터 하나씩 채워가면 된다. 나를 돌보고 챙길 수 있는 시간은 그 누구의 방해도 없는 곳에서, 그 누구의 간섭도 받지 않는 순간에 가능하다. 아이가 깨어 있는 시간, 남편이 집에 들어와 텔레비전을 보는 시간은 언제든 내 영역을 침범할 요소가 곳곳에 숨어 있다. 하지만 새벽은 다르다. 더 이상 직장 동료들의 골드 미스의 시간이 부럽지 않다. 나에게는 그들이 가질 수 없는 새벽이라는 여유가 있기 때문이다. 새벽 시간, 그들에게는 없고 나에게만 존재하는 이 시간이 숨기고 싶은 비밀이다. 누가 나를 어떻게 생각하든 상관없다. 지금 이대로, 내가 만족하면 그만이다. 어디서 이런 자신감이 생겼는지는 모르겠다. 모르긴 몰라도 새벽에서 얻은 힘이 낳은 부작용이 아닐까.

『처음부터 빛나는 사람은 없다.

빛을 품은 사람은 자기 세계의 그늘을

부단히 빛으로 채워가는 사람이다.』

새벽에 깨어 있으니 긍정 에너지가 충만하다

"나는 오늘부터 뭐든 할 수 있고, 뭐든 해내는 사람입니다."

맞다. 새벽에 일어나니 사람이 달라진다. 생각이 바뀌고 행동이 변한다. 온종일 내가 하는 생각이 나의 하루를 완성한다. '뭐 눈에는 뭐밖에 안 보인다'고 한다. 꽃을 대하는 마음은 꽃향기를 품은 사람들을 불러들이고, 쓰레기 같은 마음은 구정물 냄새나는 사람들을 끌어당긴다. 상황도 그렇다. 내가 어떤 마음 상태이냐에 따라 상황은 시시때때로 변한다. 내 마음이 움직이는 각도에 따라 세상도 그에 맞춰펼쳐진다. 내가 의도했든 의도하지 않았든, 내 마음에 반응하는 것들이 내 눈앞에 나타날 뿐이다. 이것이 내가 새벽에 일어나 마음훈련을 하면서 가장 많이 느끼고 있는 부분이다. 새벽 기상을 시작한 후, 좋은 일이 있든 없든 하루의 시작은 언제나 '맑음'이다. 몸이 아파서 힘들어도, 눈을 뜨는 한 내 마음의 날씨는 화창한 봄날의 햇살이 비춘다. 새벽 시간을 나를 위해 쓰면서 자신감이 조금씩 회복되었다. 누가 뭐라 해도 내 길을 걸어갈 자신이 생겼다.

어느 날, 직장 동료로부터 한 통의 전화를 받았다.

"여보세요? 수샘, 저 축하해주세요!"

"네? 뜬금없이 무슨 축하요? 좋은 일 있어요?"

"네, 제가 D 병원에 계약직으로 가게 돼서요. 이번 달 중순까지만 근무할 것 같아요."

"네? 잠깐만요. 사전에 아무런 말도 없이 이달 근무도 못 채우고 그만둔다고요? 그럼 빈자리는 누가 대신 하나요? 그리고 축하 인사를 기대하는 건 순서에 어긋나지 않나요?"

"그냥 원서를 넣어 봤는데 될 줄 몰랐어요."

그제야 상대방도 아차 싶었는지, 목소리가 맥없이 가라앉았다. 전화를 끊고 난 뒤 그녀의 마지막 이 말이 어처구니가 없어 말문이 막혔다. 직장생활에도 최소한의 도리가 있다. 물론 당사자에게는 기쁜 소식이었겠지만, 그렇다고 아무런 사전 조율 없이 퇴사 통보를 하면서 축하받기를 기대하는 건 어른다운 태도가 아니다. 기쁘더라도 잠시 그 감정을 뒤로하고, 먼저 "죄송합니다"라고 말을 꺼내며 양해를 구하는 편이 좋지 않았을까? 병원 3교대 근무는 한 달 단위로 미리 일정이 정해진다. 그 자리에 공백이 생기면 남은 사람이 곱절로 뛰어야 한다. 게다가 이달만 해도 이미 한 명이 사직서를 낸 상태라 다음 달 근무도 빠듯하다. 다음 달 근무표를 이미 짜고 있었기에 백지화해야 하는 상황이 발생한 것이다. 어쩔 수 없이 일단 알겠다고 답했지만, 속은 답답했다. 다음 날 새벽에 일어나 잠시 생각에 잠겼다. 떠날 인연에 더 이상 마음 쓰지 말자고, 이미 떠나기로 마음먹은 사람이니 차라리 응원해주자고 다짐하며 섭섭했던 마음을 지웠다. 그래도 믿었던 동료였기에 아쉬움이 컸다. 그렇게 마음을 다잡고 출근했는데, 또 다른 동료가 조심스럽게 말을 꺼냈다. "수샘, 죄송하지만 다음 달까지 근무를 해야 할 것 같아요." 그렇게 그녀 역시 사직을 이야기했다. 순간 심장이 내려앉았다. 이 난관을 어떻게 버텨야 할지 머릿속이 하얘졌다. 한꺼번에 세 명이 빠지다니! 하지만 이럴 때일수록 마음을 단단히 잡아야 한다. 스스로를 달래며 마음을 다잡았다. 새벽에 쌓아온 힘이, 지금의 나를 버티게 해 줄 테니까!

떨리는 심장을 부여잡고 '더 좋은 사람들이 오려고 그러나 보다'라고 마음속으로 되뇌었다. 다음 날에도 나는 어김없이 새벽에 일어나 책을 읽고, 긍정 확언을 하며 마음을 좋은 방향으로 돌리려 애썼다. 그들을 이해해 보려고 노력했고, 생각을 정리한 뒤 출근했다. 병원으로 한 통의 전화가 걸려 왔다. 믿었던 사람에게서 또다시 사직 통보를 받았다. 그것도 요구조건을 내세우면서. '이조건을 들어주지 않으면 그만두겠다'라는 식의 통보였다. 한꺼번에 사람들이 나가다 보니, 후폭풍이 두려웠나 보다. 나 역시 생각해도 3명이 빠지면 업무가 버거울 것이 뻔한 상황이다. 그녀의 요구조건이 야속하기도 했지만, 어쩌면 지금이 아니면 월급을 올려받을 기회는 없을지도 모른다. 그리고 윗년차들이 나가니 그 무게감도 상당할 터였다. 갑자기 더 큰 책임이 주어질 것이니 불안할 만도 하다. 이해할 것 같으면서도 야속하고 괘씸했다. 뻔히 상황을 알면서도, 이 기회에 자기 잇속부터 챙기려는 마음이 싫었다. 심장이 널뛰듯이 요동쳤고, 정신이 아득해졌다. 이러한 감정을 뒤로하고 어떻게든 좋은 방향으로 마무리해야 한다는 생각뿐이다. 나는 그녀에게 부탁했다. 원하는 바를 최대한 맞춰주는 것으로 합의하고, 조금만 더 버텨달라며 간곡히 부탁하는 것이 최선이었다. 당시 병원은 회생 중이었다. 직원들은 퇴직금을 제대로 받을 수도 있다는 불안감에 사직을 서두르고 있었다. 이 갑작스러운 상황 속에서도 이성적으로 대처하고 흔들리지 않으려 노력할 수 있었던 것은 새벽의 힘 덕분이다. 매일 새벽에 일어나 문제를 곱씹어 생각해보고, 그들을 이해하려 애쓰고, 마음을 다잡고 출근했다. 금방이라도 쓰러질 것 같았지만, 내색하고 싶지 않아 일부러 더 힘을 냈다. 새벽마다 속으로 다짐했다. '더 좋은 사람들이 오려는 징조야!'

'더 좋은 일이 오고 있는 중이야!' 그러다 보니, 어느 순간 나도 모르는 사이 흐름이 좋은 방향으로 흘러가고 있었다.

그들이 나간 자리에 꽃 같은 사람들이 들어왔다. 결이 부드러운 이들이 합류하면서 부서는 다시 안정을 찾아갔다. 내가 새벽마다 일어나 되뇌던 말처럼 더 좋은 사람들이 와서 빈자리를 채워갔다. 사람의 인연은 오고 가는 때가 정해져 있어 억지로 붙잡지 않아도 된다. 한꺼번에 사람들이 바뀌는 상황을 두고 '어떻게 하지?' 고민해봤자 해결되는 것은 없다. 머릿속이 엉킨 실타래처럼 복잡해서 정리가 필요할 때 새벽에 일어나 보자. 나는 새벽마다 일어나 문제를 다시 한번 곱씹으며 생각을 바꾸는 연습을 했다. 그리고 생각이 긍정 쪽으로 기우니, 상황도 자연스럽게 추세전환을 했다. 될 일은 어떻게든 된다. 그저 마음 하나 제대로 건사했을 뿐인데 하루가 무너지지 않았다. 마음고생이 전혀 없었다면 거짓말이다. 물론 속이 많이 상했지만, 그들을 이해하는 쪽으로 결론을 내렸다. 내가 그만큼 정을 주었기에 생기는 야속함과 아쉬움이었다. 각자의 인생길에 놓여진 이상 어떤 식으로든 살아내야 한다. 예전 같으면 몇 날 며칠이고 울며 괴로워했을 나였다. 그런데 이번에는 빠르게 회복하고, 하루를 잘 살아갈 수 있었다. 새벽이 주는 긍정 에너지 덕분이었다. 별것 아닌 것 같지만, 매일 반복해서 새벽에 꾸준히 일어나는 일이 '그럼에도 불구하고, 나는 해내는 사람이다'라는 신념을 내 안에 각인시켰다.

그 이후에도 병원 사정은 나아지지 않았고, 반복적으로 문제는 발생했다. 나는 흔들리지 않았다. 마지막까지 부서가 정리되기까지 강철 멘탈을 지킬 수 있었던 것은, 매일 새벽이 내 삶의 뿌리가 되어 긍정의 에너지로 마음의 심지를 단단히 세워주었기 때문이다. 그때는 몰랐지만, 지금에 이르러 거시적으로 생각해보니 그렇다. 최악의 순간에서도 생각을 긍정으로 유턴시킬 힘이 새벽에 있다. 세상의 모든 만물이 깨어나는 시간, 나는 좋은 에너지를 은연중에 받아들이고 있었다. 새벽에 일어나는 사람은 앞으로 닥쳐올 일이 크게 두렵지 않다. 잠시 웅크릴 수는 있어도, 절대 꺾이지 않을 것이다. 새벽 기상의 성공이 선사하는 긍정의 에너지를 가슴에 품으면 생각이 바뀌고 행동은 뒤따라 온다. 이것은 지극히 자연스러운 일이다. 작은 물방울이 어느 한 지점을 향해 계속 떨어지면 바위도 뚫는다. 새벽이 주는 긍정의 힘을 매일 받다 보면 사람도 그만큼 단단해진다. 모든 생각과 행동이 긍정적으로 해석되도록 안간힘을 쓰게 된다. 그 과정에서 나도, 그리고 내 하루도 변해갔다.

새벽에 깨어 있으면 긍정적인 에너지가 충만하다. 새벽에 눈 뜨고 있다는 사실 하나만으로도 이미 긍정이다. 그 뒤를 잇는 새벽 루틴은 성공 위에 또 다른 성공을 더한다. 대수롭지 않아 보이는 작은 일들의 성공이 쌓이면, 그것이 바로 긍정을 끌어당기는 힘이 된다. 이불을 정리하고, 세수하고, 책을 읽고, 필사하고, 운동하는 모든 일련의 과정이 겉으로 보기엔 사소할지라도, 나에게는 작은 성공들의 총체다. 이 작은 성공 에너지가 하나로 단단하게 뭉쳐 어제보다 오늘 더 긍정적인 나로 하루를 살아가게 한다. 성공한 사람들의 삶은 얼마나 대단할까? 새벽을 알면 알수록 그들의 삶이 더욱 궁금해진다. 평범한 나도 조금씩 변하는 것을 느끼는 데 큰 성공을 이룬 사람들은 아마도 새벽의 더 깊은 비밀을 알고 있을 것이다. 나는 앞으로도 해내는 사람으로 살 것이다. 삶을 바꿀 수 있고, 바꿔낼 능력이 내 안에 가득 차 있다. 새벽이 나를 긍정적으로 바꿔 놓았듯이, 나 역시 내 삶을 긍정적으로 변화시킬 힘이 있다. 변화는 내 의시가 만든 징직한 결과이다.

『햇살이 비추는 모든 것은 빛난다. 너의 눈, 마음의 우아함을 잃지 마라. 시선은 빛나게, 마음은 따스하게 하라. 신의 발걸음은 희망이 있는 곳에서 멈춘다. 새벽에 눈을 뜬 순간, 희망의 빛은 가장 먼저 나에게 닿는다.』

제3장
평범함을 비범함으로 바꾸는 새벽

내 깊은 내면이 표출되는 때가 바로 새벽이다

'엄마'라는 이름 뒤에 가려진 '진짜 나'를 잊은 채 살아왔다. 나를 홀대하며 사는 동안, 내 삶의 시곗바늘은 내가 아닌 남편과 아이들에게 맞춰 돌아가고 있었다. 몸은 직장에 있으면서도 명치 끝에 매달린 아이들 생각에 하루 내내 종종거렸다. 일하랴, 아이들 챙기랴, 나를 돌볼 겨를도 없이 달력의 숫자는 바람처럼 스쳐 갔다. 남편과 아이들 사이에서 표독스러운 내 모습을 마주할 때면 스스로 자책했다. '내가 이렇게 살려고 결혼하고 아이를 낳은 게 아닌데, 왜 나를 나쁜 사람으로 만드는가'라며 울분을 삼키며 가슴을 치곤 했다. '이런 모습이 정말 내 본모습일까?' 나조차 인정하고 싶지 않은 나 자신과 마주할 때마다 마음이 편치 않았다. 우아하게 나이 들고 싶고, 기품있게 살고 싶은 바람과는 달리, 현실은 정반대로 흘러가는 것 같은 나날들이 힘겨웠다. 심지어 '나는 애당초 결혼이란 것을 하지 말았어야 했던 사람이야'라는 생각까지 하게 되었다. 아마도 아이를 키우며 직장까지 다니다 보니 감내해야 할 일들의 무게가 버거웠는지도 모른다. 아침에 눈을 뜨면, 하루 동안 해내야 할 일들이 산더미처럼 느껴져 가슴이 답답했다. 그 일들 대부분은 나를 위한 것이 아니라, 온통 아이들에게 초점이 맞춰져 있었다. 직장에서 보내는 8시간을 제외하면 남은 시간은 아이들의 스케줄과 집안일로 채워졌다. 그 모든 일을 마친 후에야 비로소 쉴 수 있었지만, 그것도 잠시뿐이었다. 잠든 듯 만 듯, 피곤함이 가시기도 전에 눈을 떠 다시 직장에 나가야 했다. 생지옥이 따로 없었다.

결혼 생활은 현실이었다. 그 현실 속에서 나를 잃지 않고 살아가려면, 반드시 나를 위한 시간이 필요하다. 바쁜 일상 속에서도 나 자신을 지킬 수 있는 시간만 확보해도, 충분히 행복할 수 있었다. 특히, 내면을 들여다보고 나를 인정하는 시간은, 있는 그대로의 나를 완벽하다고 느끼게 해주는 특별한 거울이 된다.

새벽은 내면을 비추는 거울이다. 온 세상이 숨죽인 듯 고요한 새벽, 그 속에 감춰진 수많은 소리를 만난다. 시곗바늘이 움직이는 소리, 창문 틈으로 들려오는 바람 소리, 아늑히 들려오는 새벽 새의 지저검 등 평소에 들리지 않던 소리들이 선명하게 다가온다. 그 소리들에 집중하다 보면 어느새 내 귀는 나에게로 향한다. 부드럽게 비강을 통과해 나오는 숨소리, 심장이 요동치는 소리를 따라가다 보면 내면의 소리까지 파고든다. 새벽의 고요함은 평소 소음에 가려져 들을 수 없었던 소리를 듣게 한다. 새벽에 일어나 나에게 질문을 던지는 시간을 가진다. 자기 질문과 답은 내가 어떤 사람인지를 알게 해준다. 새벽 시간은 조용하기 때문에 의도했던 것보다 좀 더 심도 있게 내면으로 들어가게 되는 데 도움이 된다. 혼자 머물 수 있는 조용한 장소와 시간을 하루 중 굳이 찾는다면, 새벽이 답이다. 나는 살면서 일에 치이고, 사람에 치여 나를 돌보고 치유할 시간이 늘 부족했다. 조용한 틈을 찾기조차 힘들었다. 어쩌면 내면 따위는 신경 쓸 겨를조차 없었는지도 모른다. 그 시간마저 사치처럼 느껴져 피곤함과 잠에 양보해야 했다. 당장 먹고 살기도 바쁜데, 내면은 무슨 내면이냐며 팔자 좋은 소리 한다고 핀잔을 받을지도 모른다. 하지만 이럴 때일수록 나를 지켜야 한다. 삶에 나를 양보하지 말고, 삶이 나에게 끌려오도록 만들어야 한다. 힘없이 끌려가는 삶에 익숙해지다 보면, 나란 존재의 정체성은 흔들리고 만다. 나 자신을 위한 삶이 아니라, 다른 이들의 삶을 위해 살아가는 나를 마주하게 된다. 나는 새벽에 일어나, 이런 나약하고 바보 같은 내 모습에 펑펑 울었다. 도대체 내가 여태껏 무엇을 하고 있었던 것인지 억울하고 한심해서 눈물이 났다. 내 삶에서

1순위는 내가 되어야 하는데, 아이들이 내 삶의 1순위가 되어있었다. 2순위는 남편, 3순위는 직장 일이었다. 나란 사람은 그저 엄마, 아내, 며느리, 간호사로 지난 20년이란 세월을 그렇게 살고 있었다. 내가 누구인지도 모른 채, 나를 잃어버리면서까지 생을 이어가고 있었다.

새벽은 나란 존재를 깊이 있게 연구하는 시간이 되어 준다. 소크라테스는 "너 자신을 알라"라고 말했다. 우리는 자기 자신에게 끊임없이 물어야 한다. '나는 누구인가?' '어떤 사람이 되고 싶은가?' '나는 무엇을 좋아하는가?' '내가 하고자 하는 것은 무엇인가?' 이렇게 나를 찾아가는 질문을 하루에 한 번, 하나의 의식을 거행하듯 자신에게 묻는 것이 좋다. 왜냐하면 자기 질문과 답변을 통해 비로소 진짜 나를 되찾을 수 있기 때문이나. 나를 잃어버리고 산 세월은 뒤로하고 지금이라도 더 늦기 전에 진짜 나를 발견하는 것이 중요하다. 나를 향한 질문들은 자기 내면을 향해 날아가는 화살과 같다. 그 과녁은 깊은 내면에 닿기에 그 답을 찾아가는 과정은 아프고 고통스럽다. 왜냐하면, 이런 시간이 익숙하지 않기에 선뜻 답이 나오지 않는 나 자신을 발견하게 되기 때문이다. 나에 관한 질문인데도 내가 답을 제대로 못 하고 있다? 이 사실은 스스로도 놀랍다. 자기 자신을 내가 모른다면 누가 안단 말인가. 나란 사람이 어떤 생각을 품고 살아왔는지 되돌아보면 지난 삶이 후회스럽기까지 하다. 후회는 짧을수록 좋고, 시작은 빠를수록 좋다. 새벽은 자기 내면으로부터 가장 솔직한 답을 들을 수 있는 하루 중 가장 뜻깊은 시간이다.

새벽은 자기 사랑의 시간이다. 내면이 잘 다듬어진 사람은 결국 자신을 사랑하게 된다. 나 역시 새벽을 통해 생각이 긍정적으로 바뀌었고, 내면이 본래의 내 모습을 찾아가면서 나란 존재를 다시 바라보게 되었다. 새벽은 자기를 재인식하는 시간이다. 새벽에 일어나는 데 성공하면 나는 나 자신에게 이렇게 말한다.

"오늘도 나와의 약속을 지킨 나, 스스로를 칭찬해. 잘했어! 오늘 하루도 잘 부탁해."

나를 향한 '셀프 칭찬'은 자신을 기쁘고 충만한 상태에 이르게 한다. 기쁜 마음으로 하는 행동은 자신감을 부른다. "칭찬은 고래도 춤추게 한다"라는 말이 있듯이 셀프 칭찬은 나를 스스로 춤추게 하고 노래까지 부르게 만든다. 콧노래가 절로 나온다. 이러한 새벽 시간은 자연스럽게 긍정적인 생각을 하도록 이끌고, 더 능동적인 사람이 되게 한다. 자기를 향한 부정적인 시각을 조금씩 멀리하고 자신의 좋은 점을 하나둘 발견하는 순간 자기 사랑은 시작된다. 나에게 건넨 말들이 하나둘 현실이 되어갈 때 내면의 아름다움도 함께 채워지고 있었다. 내 안에 숨겨져 있던 순수성과 미처 발견하지 못했던 창조성이 발현되는 모습을 보며 나는 깨달았다.

"내면의 강인함이야말로 나를 뛰어넘게 만드는 힘이다!"

오늘도 나는 새벽에 일어나 글을 쓰고 있다. 나도 모르는 사이 새벽은 글쓰기의 동반자가 되어있다. 새벽의 정적이 나를 위해 시간을 멈춰 놓은 것처럼 글쓰기 좋은 최상의 시간이다. 노트북을 열고 키보드를 두드리는 순간, 해야 할 일들로 미처 알아채지 못했던 감정들이 고삐 풀린 망아지처럼 제멋대로 날뛰어 나와 문장으로 정리된다. 나만의 네버 엔딩 스토리가 시작된다. 글은 내 안의 영혼이 들려주는 말들이다. 끊임없는 나에 대한 질문이 나로 하여금 글을 쓰게 한다. 글을 쓰기 전, 나는 소제목을 중얼거린다. 입 밖으로 소리 내지 않고 입안에서 소제목이 맴돈다. '나에게 새벽은 어떤 의미인가?' '새벽을 통해 나의 내면은 어떻게 변화되었는가?' '왜 새벽이 내면을 가꾸는 중요한 시간인가?' 등등. 글을 쓰기 시작하기 전, 내면을 향한 질문들이 영혼을 깨우기 시작한다. 이러한 나와의 대화가 끝나면 글쓰기는 시작된다. 새벽은 내 안에 잠든 창조성을 발휘하도록 돕는다. 또한, 이루고자 하는 열망에 불을 지핀다. 영혼의 목소리, 나는 새벽 기상을 하며 듣기 시작했고 그 목소리는 글이 되었다. 새벽의 고요는 백지와 같다. 순백의 시간 새벽은 생각과 감정을 있는 그대로 가정 선명하게 드러내게 한다. 새벽을 통해 내면의 진짜 목소리를 찾아가면서 나의 제2의 삶이 현실로 드러나기 시작했다. 새벽은 침묵으로 나를 지켜준다. 내면이 보여주고자 하는 모습 그대로 발현되도록 늘 함께하며 힘을 주는 시간이었다. 나는 혼자가 아니었다.

새벽은 자기 인식의 시간이다. 나를 알아가는 시간이 없었다면 글을 쓰는 나는 이 세상에 존재하지 않았을 것이다. 새벽에 일어나 하는 일들이 절대 헛되지 않음을 스스로 증명하는 시간이다. 모두가 잠든 시간, 홀로 일어나 새벽을 지키는 일은 내가 선택한 고독이다. 고독을 즐길 줄 알았기에 내 안에 감춰진 능력을 찾을 수 있었다. 새벽은 나의 글쓰기를 가능하게 한 시간이었다. 지금에 와서 돌이켜 보니, 모든 상황이 한 치의 오차도 없이 제시간에 맞춰 이루어졌다. 고요함이 주는 위대함을 새벽에서 찾을 수 있었다. 내 안으로 가는 문을 끊임없이 두드리는 일들이 결국 나답게 만들어지는 담금질의 과정이었다. 내면 깊은 곳에서 들려주는 내 영혼의 목소리에 귀 기울여 보면 발가벗겨진 나를 마주하게 될 것이다. 아무것도 가진 것 없는 맨몸 그대로의 나를 사랑하게 되는 순간 진짜 나로 채워질 수 있다. 내가 나를 인정하고, 나를 받아들이는 시간이 반드시 필요한 이유가 여기에 있다. 밑바닥을 보고 나면 내가 가진 능력이 얼마나 대단한지 알게 된다. 내 깊은 내면이 표출되는 때가 바로 새벽이다. 자신의 내면으로 들어가 맨몸뚱이의 나를 만나보길 바란다.

『새벽은 자신과 독대하는 시간이다. 고요함 속에서 내면의 목소리를 듣고, 그 목소리는 진정한 나로 이끈다. 고독은 내 영혼을 깨우고, 나의 진정성을 세상에 드러내는 가장 진실된 빛이다. 나를 만나면 세상이 다시 보인다.』

새벽에 아이디어가 분출한다

　잠재력은 땅속의 씨앗과 같다. 우리가 상상하는 그 이상으로 위대한 가능성을 품고 있다. 평소에는 잘 인식하지 못하고 있다가 특정 상황이 오면 자신도 모르게 분출된다. 나 역시 특정한 계기가 없었다면 글 쓰는 삶은 꿈도 꾸지 못했을 것이다. 내 안에 숨은 능력을 발견하고, 그것을 직접 확인할 수 있는 행운은 신이 잠시 머물다 간 흔적이다. 내가 글을 쓸 수 있다니! 내가 할 수 있는 새로운 일이 있다는 사실에 나 자신이 경이롭게 느껴진다. 글을 쓰고 있는 지금도 이 현실이 믿기지 않는다. 나는 모든 사람에게 숨겨진 능력이 있다고 생각한다. 단지 스스로 그 능력을 꺼내 쓸 생각 자체를 하지 않았을 뿐이다. 나 자신을 하나씩 발견해 나가는 기쁨은 앞으로 내가 무엇을 해야 할지 길을 만들어 준다.

새벽에 눈을 뜨고 '무엇을 할까?' 하는 질문에서 길은 시작된다. 그 답을 찾아가는 과정이 쌓여갈수록, 새벽을 여는 날들이 늘어날수록 그에 비례해서 길은 만들어진다. 처음부터 완벽한 길을 보게 될 거란 착각은 버려야 한다. 길은 원래 없는 것이다. 하지만 당신이 '무엇을 할까?'란 고민이 시작되는 순간, 새벽의 기운 속에서 번쩍하고 아이디어가 떠오른다. 그 아이디어로부터 잠재능력은 발현된다.

처음에는 새벽에 일어나 책을 읽으며 마음을 단련하는 것이 목적이었다. 무작정 책을 읽고 필사하다 보니 긍정 확언도 하게 되었다. 무너진 마음을 강화하기 위해 정보를 찾다 보니 조성희 작가의 유튜브 채널을 알게 되었다. 그녀의 채널에서 동기부여 동영상과 《뜨겁게 나를 응원한다》란 필사책을 접하며 점점 더 빠져들게 되었다. 그렇게 매일 새벽 일어나 책을 읽고 필사를 하며, 동기부여 동영상을 통해 마음 근육을 단련해 나갔다. 새벽 시간에 하는 일들은 나를 더 긍정적이고 적극적인 사람으로 변화시켰다. 하나를 하다 보면 뭔가 부족한 점이 보이기 마련이었고, 나는 그 아쉬움을 스스로 보완하며 질 높고 효과적인 새벽의 참맛을 느낄 수 있었다. 나는 지금도 조성희 작가의 《뜨겁게 나를 사랑한다》란 책을 여러 권째 필사 중이다. 이 책은 오랫동안 필사를 해도 지겹지 않다. 필사하고 읽을 때마다 좋은 명언들이 가슴을 뜨겁게 달구고 새로운 깨달음을 준다. 하지만 같은 책을 여러 번 필사하다 보면 가끔 지루하다고 느끼는 순간이 온다. 문득 필사하다가 '어떻게 하면 이 책을 즐겁게 필사할 수 있을까?' 고민하기 시작했다. 그때, 번뜩이는 '아하'의 순간이 찾아왔다. 유튜브에서 본 '다꾸(다이어리 꾸미기)'하던 영상이 뇌리를 스쳐 지나갔다. 예쁜 스티커와 마스킹 테이프로 아기자기하게 다이어리를 꾸미며 글을 채워가는 모습이 인상적이었다. 나도 모르게 빠져들었던 그 느낌을 새벽이 떠올려 주었다. '맞다! 이 책을 다꾸처럼 필사해 보자!' 나는 지루함과 식상함에서 벗어나기 위해 예쁜 편지지 위에 필사한 후 인스타그램에 인증했다. 어떤 날은 예쁜 스티커로 장식해 글을 더욱 돋보이게 했다. 이런 소소한 즐거움이 새벽을 더욱 특별하게 만들었다. '좋아요'를 눌러주며 칭찬을 해준 인친들 덕분에 매일 어떻게 필사를 할지 고민하며 아이디어를 떠올렸다. 다꾸 역시 하나의 창작 과정이었고, 자기만의 취향과 개성이 드러나는 아이디어가 필요했다. 이렇게 새벽 시간은 습관을 넘어 나만의 세계를 만들어가고 있었다.

어떻게 하면 새벽 시간을 알차게 보내고, 내가 하는 일을 즐겁게 지속해 나갈 수 있을까 고민하다 보면 참신한 아이디어를 만나게 된다. 새벽 루틴을 즐겁게 유지할 방법을 찾아가는 과정 그 자체가 새벽을 지켜야만 하는 이유가 되기도 한다. 누가 시키지 않아도 좋아하는 일이 있는 시간은 온 마음을 다해 움직이게 된다. 나는 새벽이 주는 즐거움 속에 내가 좋아하는 일들이 있었기에 새벽에 빠져들 수밖에 없었다. 새벽은 무엇인가를 고민하고 질문하며 답을 찾아가기에 최적의 시간이다. 조용함이 기본 밑바탕이 되어 주기 때문에 어떤 난관에 봉착했을 때나 더 나은 결과를 기대하는 문제에 대한 답을 빠르게 찾을 수 있다. 새벽이 가진 특성상 문제나 상황에 차분한 마음으로 바라볼 수 있고, 객관적으로 보려는 노력이 뒷받침되기 때문이다.

새벽에 일어나 기본 루틴을 마친 후, 글쓰기를 시작한다. 늦어도 새벽 5시 30분에서 6시쯤은 글쓰기를 시작한다. 7시가 되면 아이들과 남편이 일어나 움식이기 때문에 그 시간까지 글쓰기에 최선을 다한다. 사실 글을 쓰기 전까지는 새벽 시간을 책을 읽는 데 보냈다. 그러나 글을 쓰기 시작한 후로 새벽은 글을 쓰는 시간으로 변했다. 새벽은 글을 쓰는 데 필요한 영감을 아낌없이 채워주기 때문이다. 새벽 기운이 가득 차면 내가 생각지도 못했던 글들이 자유자재로 써지곤 한다. 이런 경험을 반복하다 보니 자연스럽게 글쓰기를 새벽에 시작하게 되었다. 한동안 글쓰기의 비수기를 맞았다. 공저 4기《필사 POWER》퇴고와 첫 개인 저서《내 인생에 찾아온 필사혁명》퇴고를 시작할 때였다. 동시에 세 번째 개인 저서도 집필 중이었다. 출판사와 공저 4기《필사 POWER》1차 퇴고를 마친 후 도통 글 쓸 힘이 나지 않았다. 갑자기 내 안의 어딘가 누전된 것처럼 온몸에 흐르던 에너지가 한순간 싹 사라진 기분이 들었다. 기진맥진 이어가는 글쓰기와 퇴고가 마치 숙제처럼 마음을 조여 왔다. 나는 자신감을 잃어가는 듯했다. 퇴고의 어려움이 현실로 다가왔다. 내 글이 진짜 독자에게 읽힐 글이 될 수 있을지 두려웠다. 몰매를 맞을 준비를 하고 시작한 일이었지만 막상 눈앞으로 출간이 다가오니 혼이 쏙 빠져버린 기분이 들었다. 어설픈 이 상태로 글을 쓰는 것이 맞는지조차 판단이 서지 않았다. 다른 작가들은 술술 잘도 글을 쓰고 있는데 나만 멈칫하는 느낌이 들었다. 이제 와, 그것도 세 번째 개인 저서를 쓰고 있으면서 말이다.

글이 써지지 않는다고 자신을 밑바닥까지 끌어내리지는 말아야 한다. 어디까지가 바닥인지 모른 채 자신을 몰아세우다 보면 회복이 불가능할 수도 있다. 누구에게나 슬럼프는 온다. 슬럼프를 극복하는 방법은 애초에 나를 힘들게 만들었던 것을 계속 하는 것이다. 내 글이 써지지 않더라도 어떤 방식으로든 글쓰기를 멈추지 않아야 한다. 이 사실만큼은 잠시라도 내 머릿속에서 놓지 않았다. 그리고 매일 필사를 하며 필사 감상 글을 썼다. 책을 읽으며 서평도 남겼다. 전보다 속도가 나지 않았지만, 필사적으로 손에서 책과 필사를 놓지 않았다. '글태기가 이런 것이구나'라며 오래 가지 않기를 마음 깊숙이 바라고 있었다. 새벽 시간에는 책 쓰기가 아니라 서평과 필사 감상 글로 어떻게든 내 글쓰기의 명맥을 이어가려 노력했다. 그 애타는 마음으로 새벽에 공을 들인 노력 덕분일까. 다시 내가 글을 쓰기 시작했다. 오늘 새벽, 나는 새벽 3시 30분에 눈을 떴다. 늘 하던 대로 세수를 하고 양치를 했다. 긍정 확언 후 책을 읽었다. 그리고 필사를 했다. 얼마 전 팔공산 갓바위에 다녀온 후로 다리가 아프지만 108배 절 운동도 했다. 그리고 샤워를 하고 나니 개운했다. 잠시 눈을 감고 내 영혼에게 말을 걸었다.

'오늘 나는 글을 쓸 거야. 잘 부탁해. 더는 미룰 수 없어. 나는 반드시 한 꼭지 글을 쓸 거야! 도와줘! 나는 너를 믿어. 자, 시작해 보자!'

그렇게 시작한 새벽 글쓰기가 낮 12시 30분을 넘어서고 있다. 6시간 넘게 내리 앉아있었는데 화장실 가는 것도 잊을 정도로 집중했다. 엉덩이 한 번 떼지 않고 쓰고 있다. 한 꼭지를 넘어 세 꼭지까지 달아서 쓰고 있다. 하나의 꼭지를 완성한 후 두 번째 꼭지의 아이디어도 자연스럽게 떠올라 이어서 쓸 수 있는 행운을 만났다. 새벽에 글을 쓰면 이런 뜻밖에 행운이 찾아온다. 정체되었던 고속도로가 서서히 뚫려 쌩쌩 제 속도를 내며 신나게 달리는 자동차들처럼, 내 글쓰기에 대한 아이디어도 멈출 줄 모르고 샘솟는 기분이다. 신나게 글을 쓰다 보니 날이 훤히 밝아 한나절이 지나고 있다. 물 만난 물고기처럼 신나게 글을 쓰고 있는 나를 보니 눈물이 날 것만 같다. 한동안 글을 쓰지 못해 마음이 지옥 불구덩이에서 새까맣게 타들어 가는 것만 같았다. 어쩌면 이렇게도 글이 써지지 않는 것인지 알다가도 모를 일이었다. 그러나 지금은 언제 그랬냐는 듯 글에 날개 단 듯 쓰고 있다. 새벽이 주는 영감과 기운은 사람이 얼마나 위대해질 수 있는지 그 가능성을 확인하게 한다. 새벽은 글감이 그 어느 때보다 풍성해지는 시간이다. 잠을 자고 일어난 그 순간, 몸과 마음이 새롭게 리셋된다. 일과 사람들로부터 심신이 지쳐 놓치고 있었던 이야기들을 만날 수 있는 특별한 시간이다. 하루 중 가장 영혼이 맑은 시간이다. 몸과 마음이 가장 깨끗해진 시간이 새벽이다. 새벽 기상을 한 후로 몸소 느낀 정직한 기분이다. 온종일 눈을 떠 있어도 절대 생각할 수 없었던 일들이 새벽에는 다른 의미를 가지고 다가온다. 최상의 몸 상태에서 두뇌 회전 또한 얼마나 쌩쌩하게 돌아가는지 모른다. 내가 이렇게 똑똑했나 싶은 시간이 새벽이다. 그렇기 때문에. 새벽에 하는 생각들, 상상, 아이디어들은 신선하다. 내가 글을 쓰지 못하고, 생의 활기를 잃었다고 생각했을 순간에도 새벽 기상을 하며 꾸준히 루틴을 이어온 이유는 바로 새벽에 답이 있기 때문이다. 새벽이 내놓은 아이디어와 영감 덕분에 삶이 제자리를 찾았다. 다시 책 쓰기에 도전하게 되었다.

　　새벽은 분명 내가 감히 엄두 내지 못할 반짝이는 아이디어를 품고 있다고 믿었다. 그 힘으로 언젠가는 다시 글을 쓰게 될 것이라고 확신했다. 늘 하던 루틴을 이어가며 글쓰기 전에 필사로 워밍업 작업을 하고, 새벽이 주는 아이디어로 글태기를 극복했다. 새벽은 한 달 가까이 앓던 이처럼 나를 괴롭혔던 고민으로부터 해방시켜 주었다. 책 쓰기를 하지 못했던 슬럼프 기간만큼 다시 일어설 때의 회복 탄력성도 크다는 것을 깨달았다. 새벽은 내면 깊이 잠재되어 있던 고민들을 이미 알고 있었다. 그리고 그 해답을 오늘 나에게 행동으로 보여주었다. 나의 무한 잠재력이 아직 빛을 발하지 않았음을 증명해 주었다. 혹시 당신도 나처럼 자신을 괴롭히던 고민이나 문제가 있는가? 새벽과 친해져라. 반드시 새벽에서 답을 구할 수 있을 것이다. 새벽에서 당신의 잠재력이 위대해질 기회를 만니길 응원한다. 잠재력의 힘은 특정 상황에서 분출된다. 내가 특정한 시간과 장소, 즉 새벽이라는 시간에 있었기에 그 가능성이 커졌음을 이제는 알고 있다. 나는 한 달간 책을 쓰지 못했지만, 새벽이라는 시간과 장소에 머물러 있는 것을 게을리하지 않았다. 그 덕분에 나의 고민으로부터 해방의 기회를 얻었다. 새벽이 주는 기가 막힌 아이디어와 영감으로 당신의 삶이 새로운 궤도에 놓이기를 진심으로 바란다.

『새벽은 내가 힘든 시기에 함께해준 든든한 동반자였다. 내 마음은 무한한 에너지를 품고 있다. 이 두 가지 마음이 만나 서로 조화를 이루고 협력할 때, 새로운 힘이 태어난다. 바로 그때, 눈에 보이지 않는 거대한 에너지가 폭발적으로 솟구친다. 이것이 새벽에 감춰진 비밀이다.』

세상에 감사하지 않은 일이 없음을 깨닫는다

지금 우리가 누리는 모든 것은 그 자체로 감사할 이유가 충분하다. 세상에 어느 것 하나 당연하지 않은 것이 없다. 엄마가 해주신 따뜻한 밥 한 끼, 하루의 피로를 누일 포근한 집, 매일 같이 나를 비추는 따사로운 햇살의 온기가 일상의 당연함인 줄 착각했다. 우리는 세상에 올 때, 발가벗겨진 채 빈손으로 거센 파도 위에 던져졌다. 연약하고 보호받아야 할 작은 존재로서 경제적으로 자립을 이루기 전까지 나는 그저 받기만 하는 존재였다. 어쩌면 내게 주어진 모든 순간은 누군가의 간절함이었고, 또 다른 이의 기도였다. 하지만 나는 그 모든 순간을 당연한 듯 여기며 살아왔다. '감사'라는 단어가 심오하게 다가서기 시작한 계기는 새벽이었다. 나의 근원에 가까워질수록 삶을 이루는 모든 것이 곧 감사라는 깨달음을 얻었다. 당연하게 여겨지는 것을 당연하지 않은 듯 겸손하게 사는 것이 감사였다. 늘 곁에 있기에 잊기 쉬운 것들에 대한 감사의 필요성을 굳이 찾지 못했다. 새벽 기상을 하면서 나란 존재를 인식하기 시작했고, 내가 이 세상에 태어난 그 사실 하나만 놓고 봐도 감사할 이유는 충분했다. 내게 주어진 모든 것이 당연한 것이 아님을 깨닫는 순간, 나를 둘러싼 모든 것을 대하는 마음가짐과 태도가 달라지기 시작했다. 자신의 한계를 인정하게 되며 그로 인해 감사는 절로 생겨난다. 나를 기다려줄 누군가 있다는 것이, 숨을 쉬고 있다는 이 평범한 감각이 결코 당연하지 않음을 깊이 느끼는 시간이 새벽이었다.

엄마가 되기 위해서는 열 달 동안 수정된 아기씨를 품어야 한다. 아직 온전한 형체를 갖추지 못한 작은 생명을 애지중지 돌보며, 나 역시 엄마가 되어갈 마음을 키워갔다. 임신했다는 사실은 엄마가 된다는 신호였다. 첫 아이를 가졌다는 것을 안 순간, 기쁨과 함께 뭔가 모를 두려움과 떨림이 함께 공존했다. 내게 있어 열 달간의 시간은 몸의 변화를 눈으로 보고, 느끼며 엄마가 될 마음의 준비를 하는 시간이었다. 초음파로 태아의 심장 소리를 들을 때마다 빠르게 뛰는 작은 심장의 리듬에 맞춰 내 심장도 덩달아 두근거렸다. 첫 태동은 생명의 신비로움을 느끼게 하는 감격의 순간이었다. 배 속의 아이와 모든 순간을 함께 하는 듯했다. 태아가 '엄마와 나는 하나야.'라고 속삭이는 것 같았다. 입덧은 작은 생명이 나를 흔들며 자신의 존재를 알리는 귀한 시간이었다. 첫아이의 임신을 확인한 얼마 후부터 입덧이 시작되었고 그 증상은 점점 더 심해졌다. 43kg이었던 몸무게는 좀처럼 늘지 않았고, 이러다 아이가 잘못될까 봐 덜컥 겁이 났다. 입덧이 지나고 태아가 커갈수록, 나의 배 역시 큰 바가지를 엎어놓은 듯이 불러왔고 몸은 점점 더 무거워졌다. 막달에 접어들자 어떤 자세로 누워도 불편했다. '단 하루라도 바로 누워 편안하게 잠을 잘 수 있다면 소원이 없겠다'라며 곤히 잠든 남편을 보며 한숨을 내쉰 날도 많았다. 깊어 가는 밤, 잠을 이루지 못하고 십자수를 놓으며 마음을 달랬다. 나는 오직 내 아이가 건강한 모습으로, 온전한 상태로 세상의 빛을 보게 해달라고 기도하는 마음으로 보냈다. 태아는 세상 밖으로 나올 모든 준비를 마치면 엄마에게 신호를 보낸다. "엄마, 이제 저 엄마, 아빠를 만나러 가요." 하고 말이다. 나에게도 그 시간이 왔다. 진통은 갑작스럽게 찾아오지 않았다. 서서히 강도를 높이며 진통에 적응할 시간을 주었다. 나는 그렇게 아이를 만날 준비를 하고 있었다. '우리 아기, 세상 밖으로 나오려고 최선을 다하고 있구나. 엄마도 마음 단단히 먹고, 끝까지 힘을 낼게. 조금만 더 힘내서 건강한 모습으로 만나자.'라며 나도 모르게 엄마로서의 강한 모성애가 깨어났다.

엄마와 아이가 만날 준비가 완벽해지면 아이는 세상 밖으로 나오기 위한 강한 의지를 진통으로 말해준다. 하늘이 노랗게 보이면 아이가 나온다고들 말한다. 실제 나는 노란 하늘을 보지 못했다. 힘을 줘야 할 순간에 힘을 주고, 모든 순간이 아기 생각뿐이었다. 어떻게든 내가 힘을 잘 줘야 우리 아기도 힘들지 않고 세상 밖으로 무사히 나온다는 생각에 아프지만, 기꺼이 산통을 견뎌냈다. 산모가 겪는 산통은 위대한 모성만이 감내할 수 있는 고통이 아닐까. 아이는 온전한 모습으로, 내가 바라는 그 모습 그대로 세상에 태어났다. 나는 감사했고, 그것이 기적이라고 생각했다. 나는 그 기적을 매일 본다. 가끔은 뽀로통하게, 때로는 박꽃 같은 환한 미소로 내 눈앞에서 알짱거린다. 기적이라는 것이 매 순간 나에게 기쁨을 주지 않지만 돌이켜볼수록 신비롭다. 눈에 넣어도 아프지 않을 내 아이다. 나이가 들고 보니, 부모님이 나를 키우며 느꼈을 감정이 이제야 내 안에 투영되어 선명해진다. 내 아이를 바라보듯 부모님도 나를 이처럼 바라봤을 것을 생각하니 눈물이 울컥한다. 아이를 돌보느라 정신이 없는 시기를 지나고 보니 내 아이를 키우며 마주했던 모든 일이 눈앞에 선하다. '우리 엄마, 아빠도 나를 이렇게 키웠으려나.' '내가 딸아이를 바라보던 그 마음으로 부모님도 나를 바라봤으려나.' 부모님 생각이 깊어질수록 마음이 아려왔다. 아무도 깨어있지 않은 새벽, 나는 나의 근원에 대해 거슬러 올라가며 눈물을 흘리며 감사했다. 새벽은 내 존재를 찾아가는 시간이 되었다. 모든 일의 시작은 결국 자아를 인식하는 것에서 비롯된다. 나 역시 새벽에 일어나 한 일의 절반이 나를 만나는 일이었다. 나를 똑바로 보지 않으면 시작이 어려울 것 같았다. 진작 했어야 할 일들을 마흔이 넘어서야 시작했다. 엄마로 살아보니, 엄마의 명치 끝에 매달렸던 그 가시가 얼마나 아팠을지 비로소 알 것 같았다. 명치 끝을 찌르던 가시의 쓰라림을 대물림하고 싶지 않았을 그 마음까지 똑 닮은 나를 만났다. 그렇게 나는 모성뿐만 아니라, 부성에 대한 감사도 함께 커졌다. 나라는 존재가 있기까지, 나에게 생을 주신 분들이 있었다. 새벽은 감사의 시작이 나로부터 비롯되며, 그것이 나를 넘어 더 넓게 퍼져나간다는 것을 깨닫게 했다.

새벽이 주는 안락함 속에서 비로소 나와 마주할 수 있었다. 새벽의 신비로운 힘은 소음에 묻혀 보이지 않던 것들을 은은하게 드러내며, 잊고 있던 기쁨을 되살려주었다. 단순한 의미의 감사가 아니라 존재의 근원에 닿은 감사를 할 수 있도록 이끌어주었다. 감사하는 마음 또한 나를 인정하는 마음에서 나온다는 것을 알았다. 그렇게 감사는 나에게 특별한 의미가 되었다. 처음 감사일기를 쓸 때, 무엇을 감사하며 써야 할지 망설였었다. 하지만 나의 근원에서 감사를 찾고 나니, 이 지구 자체도 감사였다. '물을 마실 수 있는 입이 있어서 감사합니다.' '비록 시력이 좋지 않지만 볼 수 있어 감사합니다.' '맑은 새벽 공기를 들이마실 수 있는 코가 있어서 감사합니다.' '내가 일할 수 있는 직장이 있어 감사합니다.' '오늘 나를 있게 해준 부모님의 건강을 지켜주셔서 감사합니다.' 등등 감사는 항상 내 가까이에, 아주 가까이 있었다. 새벽에 긍정 확언을 적고, 감사일기를 몇 줄 써 내려가면 하루가 가슴 벅차게 시작되었다. 새벽 기상을 시작하던 당시, 다니던 직장에도 감사를 보낼 수 있었다. 비록 상황이 어려울지라도 버텨낼 수 있음에, 그리고 일할 수 있기에 그 월급으로 생활을 할 수 있어 감사했다. 감사의 마음은 어려운 상황에서도 긍정적인 생각을 떠올리도록 했다. 병원 상황이 녹록지 않아도 그 어려움을 함께 버티는 동료들에게도 감사함을 느꼈다. 감사의 눈으로 보니 신생아기들이 전보다 더 귀한 존재로 다가왔다. 내가 하는 일이 남들이 쉽게 할 수 없는 위대한 일이라는 생각도 들었다. 갓 태어난 아기들이 내 손을 거쳐 가는 이 과정 자체가 신의 뜻처럼 느껴졌다. 감사는 내가 하는 일을 더욱 소중하게 여기게 했고, 그 일에 깊은 애착을 품게 해주었다.

새벽에 일어나 미리 감사일기를 적어보면 어떨까? 감사하는 마음을 선물로 내고 하루를 시작하면 감사할 일만 보인다. 그리고 감사일기에 적을 순간들을 스스로 찾아 나서게 된다. '어디 감사할 일이 없나.'하고 감사의 돋보기가 장착된다. 처음에는 감사일기를 적는 것이 어려울 것이다. 쉽게 생각하면 별거 아닌 것이 생각보다 어렵다. 하지만 새벽에 익숙해지고 나를 찾아가는 연습을 하다 보면 감사는 절로 마음에서 우러나온다. 앉을 수 있는 의자가 있어 감사하고, 새벽을 밝혀주는 전기가 있어 감사하다. 책을 읽으며 글을 쓴 작가에게도 감사하다. 길을 걷다 제비꽃과 눈 맞춤하는 순간도 감사하고, 비가 내려도 나를 젖지 않게 해줄 우산이 있어 감사하다. 매일 감사를 하다 보면 모든 것에 감사를 보내는 그 마음이 습관이 된다. 감사하며 살다 보니 뒤늦게 더 많은 감사할 일들이 한꺼번에 몰려왔다. 감사는 행운을 불러들이는 주문과 같다. 매일 감사를 부르짖고, 감사를 느껴보라. 말하는 대로, 느끼는 만큼 감사할 일들은 넘치도록 찾아올 것이다.

책을 쓰면서 내가 일궈온 일들이 글이 되는 기적을 만나고 있다. 감사하다. 내 손이 닿을 수 없는 곳끼지 글로 다가설 수 있게 해주심에 감사하다. 몇 년 전까지만 해도 감사에 대한 응답이 글로 돌아올 줄은 꿈에도 몰랐다. 단지, 새벽에 일어나 나의 근원에 감사를 느끼고, 감사일기를 적기 시작했을 뿐이다. 그리고 몇 년 후 나는 응답을 받았다. 남들이 받고 싶어도 쉽게 받을 수 없는 귀한 응답을 몸소 체험하고 있다. 당신의 삶에도 감사가 물들어 가길 바란다. 새벽을 밝히며 감사를 적어내려 가보자. 새벽이 가진 신비한 힘이 감사하는 마음을 현실로 가져다줄 것이다. 감사는 선불로! 미리 감사하는 마음이 더 큰 감사로 돌아온다. 새벽 시간에 하는 감사는 우주도 듣고 있다. 이 사실은 나만 아는 비밀이다.

『새벽이 오듯 내 삶도 우연이 아니다. 새벽에 올리는 감사는

고요한 어둠을 지나 드넓은 우주까지 닿는다. 돌아보면, 감사

하지 않을 일이 하나도 없다.』

새벽 시간, 나 자신과 대화하는 시간

운명은 자기와의 깊이 있는 대화를 통해 바뀐다. 우리의 행동과 태도는 쉽게 바뀌지 않기에 은밀한 내면의 대화를 통해 변화의 필요성을 직시할 수 있다. 새벽은 내 안의 자아를 만나 생각하고, 묻고 답하며 본연의 나가 살아갈 미래를 구상하고 실천으로 옮기는 'Miracle Time' 이다. 나는 매일 새벽 속으로 은둔한다. 돌이켜보면, 새벽을 알기 전까지 나 자신과 진정한 대화를 나눈 적이 없었다. 대화를 원했던 '나'를 외면한 채 오히려 엄한 사람들에게 가서 대화를 시도하려 애썼다. 대화는 적극적으로 경청할 준비가 된 사람과 나누어야 한다는 것을 '나와의 대화'를 통해 깨달았다. 아무리 하고 싶은 말이 있어도 상대가 들을 준비가 되지 않는다면, 그것은 단지 소음에 지나지 않는다. 내 삶을 변화시키고 싶다는 열망이 있다면 무엇보다 나 자신과 진지한 대화를 시도해야 한다. 시간이 없다고 핑계 댈 것인가? 진취적인 사람은 시간을 핑계 삼지 않는다. '먹고 살기도 바쁜데 새벽에 일어나서 기껏 한다는 것이 나와의 대화라고?' 반문한다면 당신은 스스로 삶을 바꿀 기회를 날려버린 셈이다. 오늘을 어제의 복사판처럼 살게 될 것이다. 불 보듯 뻔한 내일이기에 기대감 없이 살아지는 대로 그냥 살아갈 뿐이다.

삶의 변화는 가만히 있으면 꿈틀거리지 않는다. 내 안에서 무슨 일이 벌어지고 있는지 제대로 알아야 방향을 잡을 수 있다. 결국, 인생의 방향키는 내 손 안에 있다. 새벽은 끊어지고 흩어져 있던 나 자신과 마주하여 자기 안에서 주고받는 내면의 대화에 귀를 기울이는 시간이다. 누가 나를 방해할 일도 없고, 흐름이 끊길 걱정도 없다. 오롯이 나에게 집중하며 진중한 대화를 이어갈 수 있다. 내 안에서 속삭이는 언어가 자신에게 지시를 내리기 시작한다. 운명의 흐름이 바뀌는 그 지점은 내 안의 언어가 바뀔 때였다.

나에게 집중하는 시간을 잘 활용한다면 나를 둘러싼 환경은 서서히 변화하기 시작할 것이다. 변화는 환경이 만들어 주는 것이 아니라 나 자신이 주도하는 것이다. 나는 평생을 일만 하다가 어느 날, 갑자기 스트레스로 죽을 것만 같다는 압박감을 느끼곤 했다. 그도 그럴 것이 열심히 최선을 다하며 산다고 살아왔는데 매번 제자리에 머물러 있는 것만 같았다. 병원이라는 공간을 벗어나지 못하고 있는 나 자신이 한심하게 느껴지기도 했다. 매 학기 초가 되면 간호학과 학생들이 실습을 나온다. 어느 날이었다. 병원 복도를 서성이던 낯익은 얼굴이 눈에 들어왔다. 가까이 다가가 보니, 놀랍게도 15년 전 소아병동에서 함께 일했던 일 년 선배 J 간호사였다. 인연은 돌고 돌아 어느 지점에서 한번은 다시 만나 안부를 묻는다. 서로를 마주한 얼굴에는 반가움이 여실히 드러났다. 놀란 토끼 눈을 하고 웃을 때마다 수줍게 드러나는 덧니가 유난히 반짝여 보였다. 세월은 흘러도 그 사람의 고유표식과도 같은 잔상은 그대로다. J 선배는 Y 대학 성인간호학 담당 교수로 재직 중이었다. 실습 나온 학생간호사들과 면담을 하기 위해 병원에 들른 것이었다. 내가 임상에 머물러 있는 사이 선배는 새로운 삶의 터전을 일구어 가고 있었다. 학생들을 가르칠 재주가 있었다니 아무리 생각해도 놀랍기만 했다. 교수란 꿈을 이루기 위해 선배는 얼마나 많은 피와 땀 그리고 눈물을 남몰래 흘렸을까. 감히 상상조차 되지 않았다. 그저 '대단하다'라는 감탄사만 연거푸 내뱉으며 문득 내 모습을 돌아보게 되었다. 15년 전이나 지금이나 내게 변한 것은 직함뿐이었다. '수간호사'란 직함을 달고 있었지만, 여전히 병원에서 벗어나지 못한 채 간호사로 정체된 기분이 들었다. 뭔가 잘못돼도 진짜 잘못된 듯한 기분이 처음으로 들었다.

다음 날 새벽 시간, 나는 여느 때보다 생각이 많았다. 무언가 잘못되었다고 느낀다는 것 자체가 방향을 틀어야 한다는 신호처럼 느껴졌다. 원망하고 있을 시간이 없다. 지금 가장 중요한 것은 무엇이 문제인지 찾아내는 것이다. 선배는 어떻게 교수의 길에 도전하게 된 것일까? 임상을 떠나 새로운 길을 선택했을 때 어떤 마음이었을까? 결코 쉽지 않은 결정이었을 것이다. 그러나 선배는 15년 뒤 교수가 되어 내 앞에 당당하게 나타났다. 그 모습은 내게 충격이자 동시에 신선한 자극이 되었다. '나에게도 분명 남다른 재주가 있을지 몰라.' '이제는 방향을 틀어야 해.' 내 안의 질문이 쏟아지는 순간부터 관심은 나에게로 쏠리기 시작했다. 답은 내 안에서 찾아야 한다. 그 어느 때보다 머리가 맑았다. 새벽이 주는 평온함과 새벽 공기의 신선함이 머릿속의 답답함을 환기시켜 주었다. 나는 온전히 나에게 집중했다. 무엇이 문제인지 깨닫지 못하면 남은 생을 스스로 운이 없다며 얕은 속임수로 자책하며 살아갈 것이다. 나는 그렇게 살고 싶지 않다. 새벽은 나와의 대화를 자연스럽게 이끌어 갔다. '10년 후 나는 어떤 삶을 살고 싶은가?' '나는 어떤 사람이 되길 원하는가?' '지금의 나는 어떤 모습인가?' '내가 생각하는 나는 어떤 일을 잘할 수 있는가?' '내가 하고자 하는 일이 정말 나의 열정이 담긴 일일까?' 그렇게 나를 알아가는 질문을 하나씩 던졌고 그에 나는 신중하게 답했다. 고요하기에 나에게서 나오는 목소리에 경청할 수 있었다. 그 질문들에 대한 대답을 하나씩 적어 내려갔다. 그 답을 정리해 가다 보니, 내 모습이 조금씩 선명해지는 느낌이 들었다. '내가 이런 생각을 하고 있었어?' '내가 진정으로 하고 싶었던 일이 글을 쓰는 거였구나.' 내가 알지 못한 나를 만날 때마다 놀랍고 설렜다.

"나는 하기로 했으면 일단 끝까지 할 수 있는 사람이다."

묵묵히 살아온 내 삶이 그것을 증명하고 있었다. 나는 글을 써야겠다고 생각했다. 자기 자신과의 대화는 깊은 내면의 바닥까지 샅샅이 훑어내는 작업이다. 무엇이 걸려들지 예측할 수 없다. 내가 한가지 확신할 수 있는 것은, 자신과 깊은 대화를 나누다 보면 어떤 깨달음이든 반드시 얻을 것이고 그 깨달음은 도전과 변화로 이어질 것이라는 점이다.

내가 글쓰기를 하고 싶어하다니! 내 안에서 꿈틀대던 것이 바로 꿈을 찾아내기 위한 움직임이었다. 새벽마다 나를 향해 쏟아지던 수많은 질문이 결국은 이 꿈틀거림의 정체를 찾아가기 위한 몸부림이었다. 그 몸부림이 가장 간절한 순간에 〈책성원〉이라는 온라인 모임으로 인도해주었다. 내 안에 꿈틀대는 것이 무엇인지 알아내지 못했다면 변화는 없었을 것이다. 나는 내 안에 꿈틀대는 것이 글쓰기라는 것을 알았지만, 직장이 있었기에 한때 망설였다. 직장과 글쓰기 둘 중 반드시 하나는 포기해야만 한다고 생각했다. 하지만 지금은 확신한다. 현재를 포기하지 않고도 얼마든지 새로운 삶을 덧입힐 수 있다는 사실을. 그리고 그렇게 덧씌운 어린싹과 같은 삶이 제2의 완전한 삶으로 탈바꿈할 때가 반드시 오리란 것도 직감적으로 안다. 나는 현재 〈책성원〉의 작가들과 함께 글을 쓰고 있다. 그리고 출간된 책이 4권이나 된다. 공저로 《필사 Power》 《삶이 글이 되고 글이 삶이 된다 – 필사북》 《글이 되지 않는 삶이란 없다》와 개인 저서 《내 인생에 찾아온 필사혁명》이 출간되었다. 나는 현재 두 번째와 세 번째 개인 저서 초고를 퇴고 중이며, 네 번째 개인 저서 초고를 완성한 상태이다. 지금은 당당히 작가로서 글을 쓰며 간호사의 삶도 지속하고 있다. 글을 쓰는 데 직장은 방해가 되지 않았다. 불과 2년이 채 되기도 전에, 나는 책 4권을 출간했고 완성된 초고 3편을 손에 쥔 작가가 되어있었다. 덧붙이자면 완성된 공저 2편의 초고까지 포함하면 총 5편이다. 이미 다 쓴 초고가 많다는 것은 그동안 꾸준히 글을 써온 나를 보여주는 일이며, 언제든 다듬어 책으로 세상에 나올 준비가 되어 있다는 것이다. 나는 작가로서의 정체성을 말이 아닌 글로 증명했다. 이 모든 것은 내가 열의를 다 바쳐 이뤄낸 결과다. 내 안의 강한 꿈틀거림을 찾으면 삶은 변하기 시작한다. 그러나 그 꿈틀거림은 저절로 찾아지지 않는다. 자신과의 대화를 훈련하고, 그 대화를 진지하게 이어나가야 한다. 가족 간의 밥상머리 대화가 좋다 하여 갑자기 밥상을 차려놓고 대화를 시도하려고 하면 어색한 것처럼, 자기와의 대화도 익숙해질 시간이 필요하다. 새벽은 자기와의 대화를 물 흐르듯이 자연스럽게 유도한다. 몸과 마음이 이완되는 이 시간, 진실된 대화의 장이 열린다. 매일 새벽, 제일 먼저 만나는 '나'와의 대화를 이어갈 수 있길 바란다. 처음에는 어색하더라도 한번 두 번 하다 보면 어색함은 사라지고 익숙해진다.

나는 글 쓰는 작가이자 간호사로, 두 가지 삶을 살아가고 있다. 선배가 보여 준 당당하고 멋진 모습은 나에게 '너도 충분히 가능해.'라는 메시지를 던져 주었다. 선배와의 만남이 단순히 반가운 인사치레로 그쳤다면 나는 여전히 내가 글을 쓰고 싶다는 사실도 모른 채 새벽 기상을 이어갔을지도 모른다. 하지만 나는 내가 진정 원하는 것이 무엇인지 알고 있었다. 그 덕분에 새벽 시간을 통해 책과 더 친해질 수 있었고, 비록 짧은 글이지만 내 글을 쓸 용기를 낼 수 있었다. 그리고 확실한 동아줄을 잡고 여기까지 왔다. 나에게 새벽은 인생을 바꾸는 준비의 시간이다. 새벽 시간에서 길을 묻고, 원하던 답을 얻었다. 내가 찾고자 하는 답은 늘 내 안에 있었다. 새벽은 나에게로 통하는 문과 같았다. 오직 새벽에만 열리는 나 자신에게 가는 문이다. 나는 매일 그 문을 통과하며 나와 대화를 나눈다. 남편도, 아이들도 잠든 시간. 남들보다 먼저 맞이하는 아침은 내 생에 가장 영광스러운 순간이다.

매일 새벽, 나의 영혼은 나와 몸과 함께 깨어난다. 내 안의 또 다른 자아가 들려주고픈 목소리에 집중한다. 꼭 내가 들어야만 하는 목소리, 그것이 꿈틀거리기 시작했다. 어느 날 갑자기 교수가 되어 내 앞에 나타난 선배의 모습이 각인된 그 순간, 내 안의 자아는 대화를 간절히 원했다. 그 꿈틀거림을 직감적으로 깨닫게 해 준 것이 새벽이다. 잠들기 전, 나는 결심했다. 내 안에서 일어나는 꿈틀거림의 정체에 대해 반드시 알아차려야 한다! 그날도 어김없이 나만의 미라클 타임이자 은둔의 시간이 찾아왔다. 고요하고 아늑한 새벽 속에서 나와의 대화는 부드럽고 달콤했다. 내면의 말은 생각을 바꾸고, 생각은 태도를, 태도는 행동을, 행동은 그 사람의 성품까지 바꿔 새로운 운명을 살게 한다. 마흔이 넘은 나이에도 무엇인가를 하고자 하는, 해내고자 하는 열망이 사그라지지 않았다는 것을 발견했다. 그 하나만으로도 충분했다. 그러나 새벽은 나에게 더 많은 것을 보여줬다. 나로 살아가는 해법을 알려주고, 그것을 두 눈으로 보고 쓰게 했다. 새벽이 주는 신묘하고도 강력한 이끌림을 외면하지 말길 바란다. 새벽은 내가 알지 못했던 미지의 영역이었다. 당신에게도 새벽은 반드시 문을 열어줄 것이다. 당신의 삶에도 덮어쓰기의 기적이 시작될 것이다. 나의 삶이 도화선이 되어 당신의 안의 꿈틀거림이 느껴지는가? 그렇다면 새벽에 일어나기로 결심해 보자. 행동은 나를 증명하고 결심은 나와의 약속이다.

『태양이 뜨기 전, 새벽의 고요함 속에서

나 자신과 함께 하라.

그곳에는 당신이 찾는 유일한 답이 있다.』

나의 잠재능력을 발견한다

새벽은 잠재능력을 세상 밖으로 발현되게 하는 마중물이다. 어릴 적, 우리 집은 우물에서 물을 퍼 올려 사용했다. 나는 물을 퍼 올리기 위해 쇠로 된 펌프 손잡이를 잡고 엄마처럼 펌프질을 했다. 그러나 아무리 펌프질을 해도 철컥거리는 쇳소리와 퍽퍽 거리는 바람 소리만 날 뿐 물이 나올 기미가 없었다. 내 기억 속에 엄마는 몇 번의 펌프질로도 물을 퍼 올리셨다. 어떻게 된 일인지 내가 온갖 힘을 다해 손잡이를 위아래로 움직여도 물 한 방울 나올 기미가 없었다. 그때 내가 펌프질하는 모양새를 보고 혀를 끌끌 차며 무심히 다가온 엄마는 물 한 바가지를 펌프 안에 붓는다. 펌프 손잡이를 위아래로 몇 번 휘저었을 뿐인데 쿨럭대는 소리가 나더니 물이 콸콸콸 쏟아져 나왔다. 그제야 나는 우물에서 물을 퍼 올리기 위해서는 꼭 한 바가지의 물이 꼭 필요하다는 사실을 인식하게 되었다.

새벽은 나에게 지하에 있는 물을 퍼 올리기 위한 한 바가지의 마중물과 같다. 우물 속에 채워진 지하수는 잠재능력이다. 매일 맞이하는 새벽은 내 안의 잠재능력을 끌어올리는 귀한 마중물이 되어주었다. 잠재능력은 그냥 가만히 있는다고 깨어나는 것이 아니다. 새벽은 잠자고 있는 잠재능력이 밖으로 나와 세상과 소통할 수 있도록 돕고, 나를 통해 발현되게 한다. 새벽을 우습게 보지 마라. 한 바가지의 마중물이 없으면 물 한 방울도 퍼 올릴 수 없다. 새벽이란 마중물을 부어주고 난 후 펌프질에 박차를 가할수록 잠재능력은 샘솟듯이 솟구친다. 내 안에 이런 능력이 있나 싶을 정도로 나 자신이 놀라웠다. 잠들어 있던 내 무한한 능력을 깨우는 작업을 새벽이 해주고 있었다. 눈을 뜨는 순간, 새벽은 나에게 한 바가지의 마중물이 되어 펌프질을 돕는다.

우리 안에는 무한 능력이 숨겨져 있다. 평소에는 그 힘을 알아차리지 못하다가 특별한 상황이 왔을 때 그 능력이 제대로 발현된다. 새벽은 나를 특별한 상황에 놓이게 한다. 그 상황이 내 잠재능력을 깨운다. 조금 어렵다고 느껴지는 일이나 원하는 결과를 얻고 싶다면, 나는 새벽에 일어나 그것을 해보라고 말하고 싶다. 새벽이 만들어 낸 완벽하고 특별한 조건들이 당신의 숨겨진 능력을 끄집어내어 눈앞에 펼쳐 보이게 할 것이다. 새벽에 일어나 매일 행동으로 보여주기만 하면 된다. 진심을 다해 꾸준히 하다 보면, 나도 모르게 얻는 힘을 느낄 수 있다. 나조차 주체할 수 없는 에너지가 솟구쳐 최대치로 끌어올린다.

나는 글쓰기를 새벽 시간에 시작한다. 글 쓰는 몸을 만드는데 최고의 시간이다. 새벽에 글을 쓰면 낮보다 더 빠르게 글쓰기에 몰입할 수 있다. 빠져드는 글쓰기는 다음에 어떤 글을 적어야 할지 고민할 틈도 없이 신들린 듯 써 나가게 한다. 몰입이 극대화되면 시간은 제멋대로 흘러간다. 시간이 보이지 않는다. 제멋대로 손가락이 춤을 추듯 움직인다. 그 어느 때보다 머리는 맑고, 홀린 듯이 글을 써 내려간다. 오히려 이 흐름이 끊어질까 싶어 나 자신조차도 조바심이 날 정도다. 내 안에서 마구 떠오르는 영감들이 한순간 연기처럼 사라질까 두려워 바지런히 손가락을 움직인다. 새벽에 글을 쓰는 자가 나인지 다른 이인지 구별할 수 없을 정도로 그 광경에 스스로도 놀라움을 금치 못한다. 한 꼭지를 완성할 때마다 '와! 내가 이렇게나 빨리 한 꼭지를 썼다니!'하고 감탄사를 연발한다. 어느 날은 앉은 자리에서 몇 시간 동안 글의 흐름이 끊기지 않고 써지는 즐거움에 흠뻑 취한 적도 있다. 매일 이렇게 글을 쓸 수 있다면 얼마나 좋을까. 내일이면 다시 만나게 될 새벽을 기다리게 된다. 어떤 글을 쓰게 해줄지, 얼마나 많은 글쓰기 시간을 주게 될지 그 막연한 기대가 사람을 설레게 한다. 새벽은 이처럼 내가 하고자 하는 일에 대한 결과치를 최대한으로 끌어올려 성취감을 느끼도록 한다. 기대치보다 결과치가 주는 만족감이 크기에 새벽을 찾게 된다.

새벽에 책을 읽다 보면 그 내용이 내면 깊숙이 들어와 또 다른 아이디어로 나타난다. 이때 떠오른 참신한 영감과 아이디어를 놓치지 않으려면 반드시 행동으로 이어져야 한다. 행동한 순간, 숨겨진 능력이 발현될 가능성이 커진다. 우리는 경험해보지 않은 일 앞에서 겁부터 낸다. 마음이 먼저 지레 겁을 먹고 도망칠 궁리를 한다. 하지만 잊지 말자. 해보지 않으면 내가 어디까지 달릴 수 있는지 알 수 없다. 나는 새벽의 힘으로 내 안의 잠재능력이 얼마나 강한지 알아가고 있다. 해보지 않고 그 무엇도 속단할 수 없다는 것을 배워가고 있다. 나는 밤 근무 전담간호사로 일하고 있다. 마흔이 넘어서 레벨을 떼고 아동병원으로 재취업했다. 신생아와 함께하던 시간에서 이제는 아픈 아이들이 있는 병원으로 이직을 했다. 관리자로 지냈던 시간에서 멀어져, 이제는 까마득한 후배들 밑에서 다시 배워야 했다. 소아청소년과에서 일했던 경험이 있었지만 모든 약물의 이름이 생소했다. 기본적인 업무를 익히려면 외워야 할 것들이 많았다. 집중해서 배우지 않으면 버벅댈 수밖에 없었다. 젊은 혈기로 가득 찬 후배들의 속도를 따라가기 위해 나는 더 많은 노력을 기울여야 했다. 출퇴근길 지하철에서도 업무에 필요한 것들을 외우고, 잠들기 전에도 복습했다. 그러나 자고 일어나면 머릿속이 리셋되는 기분이 들었다. 덜컹대는 지하철 안에서는 집중이 쉽지 않았다. 정차할 때마다 정신이 분산되어 외우기가 쉽지 않았다. 새벽, 이 시간은 무엇을 하든 성과를 내는 시간이다. 나는 새벽에 일어나 집중해서 외웠다. 밤 근무를 할 때면 새벽은 온전히 내 시간이 된다. 중간중간 루틴 업무가 있었지만, 길게 시간을 들여야 하는 일이 아니었기에 마음만 먹으면 충분히 공부도 하고 책도 읽을 수 있었다. 나는 그 시간을 활용해 집중해서 익히고 또 익혔다. 나이 많다는 이유로 일하는데 부족할 거라는 선입견을 동료들이 느끼게 하고 싶지 않았다. 새벽에 일어나면 스스로를 다독였다. '나는 충분히 잘 해낼 수 있다. 나에게는 그런 능력이 있다.' 그렇게 나는 새벽의 힘으로 또 한 걸음을 나아가고 있었다.

예전 같았으면 단시간에 달달 외웠을 일이다. 기억력도 세월을 비켜 가지 못하나 보다. 돌아서면 잊어버리기 일쑤다. 허나, 새벽에 일어나 집중해서 하는 암기는 빠른 시간 안에 업무에 어려움이 없도록 도와주었다. 나이가 얼마가 되었든, 내 안에는 보이지 않지만 불가능을 가능으로 이끌어주는 힘이 반드시 있다고 믿는다. '하면 된다'는 생각이 점점 더 확고해졌다. 만약 단시간에 원하는 결과를 얻고 싶다면 새벽 시간을 활용해보길 바란다. 나처럼 기억력이 예전 같지 않다고 느낀다면, 새벽의 힘이 암기에 큰 도움이 될 것이다. 새벽에 일어나 몰두하는 순간, 흐릿해진 기억력이 되살아나 팽팽하게 돌아갈 것이다.

"당신 안의 잠재능력을 깨워라. 그것이 무엇이든 당신을 도울 것이다."

새벽 시간 덕분에 나는 후배들 앞에서 체면치레할 수 있었다. 일도 빨리 익숙해졌고, 동시에 글도 쓰고 있다. 새벽이 나를 '할 수 있는 사람! 해내는 사람'으로 만들어 주었다. 내 안에 감춰진 잠재능력이 지금의 나를 만든 것이다.

새벽은 내 안의 깊은 곳으로 들어갈 수 있는 문지기 역할을 한다. 새벽이 가진 특별한 시간대가 마음을 이완시켜 편안한 상태로 이끈다. 이 평온함이 내 안에 감춰진 능력과 만나 원하는 결과물을 얻게 해준다. 모든 문제에 대한 해답은 내 안에 있다는 것을 명심하자. 새벽에 일어나 자기 자신을 평온한 상태로 만들어라. 긴장된 상태에서는 아무런 도움이 되지 않는다. 마음을 부드럽게 풀어주고, 마치 잔잔한 바람을 느끼듯 내면 깊숙이 들어가 보자. 한 바가지의 마중물이 펌프질을 원활하게 하고 지하수를 끌어올린다. 새벽이 주는 안락함을 내 안에 채우고, 잠재능력을 믿으며 전진하자. 내 안의 능력을 믿는 만큼 더 깊이 퍼 올릴 수 있다. 우리가 한 바가지의 물을 붓고 펌프질을 하는 이유는 지하수가 있다는 믿음 때문이다. 마찬가지로 자기 자신에 대한 믿음이 최대치의 결과를 구현해낼 것이다. 나는 새벽에 일어나 글을 쓰기 전, 내 안의 잠재능력에게 도움을 요청한다. 글을 쓸 수 있는 능력이 있다는 믿음이 있기에 요청하는 것이다. 자기 자신을 믿고, 새벽에 몸을 맡겨라. 바라는 대로, 원하는 대로 결과는 반드시 드러날 것이다. 당신은 알고 있다. 자기 자신이 얼마나 강한 존재인지!

『새벽에 깨어나는 순간,

내 안의 잠재능력도 눈을 뜬다.

새벽에 집중하는 시간만큼

잠재능력은 강해진다!』

원하는 삶을 찾아 새벽 시간에 전진한다

자기 자신만큼 나를 응원하고 사랑하는 이는 없다. 매 순간 나의 성공을 기원하며, 기쁠 때도 슬플 때도 가장 크게 웃는 사람이 바로 나 자신이다. 지구란 별에 태어난 순간부터 내 안의 가능성을 한 번도 의심하지 않고 믿어준 것도 결국 나였다. 나의 가치를 제대로 안다면 내 삶에 최선을 다하고 책임질 의무가 있다. 때때로 나를 흔드는 것이 가장 큰 불안을 줄 때가 있다. 그 순간 나는 직감적으로 삶의 변화가 필요하다는 것을 알아차렸다. 지금 내가 변화를 꿈꾸지 않으면 남은 내 삶은 꿈쩍도 하지 않을 것이라는 확신이 들었다. 더 나이 들기 전에, 시간에 구애받지 않고 언제든 자유롭게 할 수 있는 일이 필요했다. 그 무엇보다, 나를 흔드는 것들이 내 정신까지 침범해

좀먹지 않게 하기 위해서는 몸과 마음을 맑고 깨끗한 상태를 유지하고 싶었다. '책 속에 길이 있다'는 말처럼 나는 책을 손에서 놓지 않으며 심신의 안정을 찾았다. 그리고 그 시간이 새벽에 있다고 생각했다. 성공한 사람들이 선택한 시간이었기에, 반드시 나에게도 그 해답을 알려줄 것이라는 확신이 나를 새벽에 일어나 움직이게 했다. 나는 지금도 그 확신은 유효하다. 매일 새벽, 나의 운명을 찾아 전진 또 전진한다. 새벽은 후퇴를 모르게 한다. 잠시 휴식은 있을지언정, 뒤로 물러서는 법은 없다. 오직 앞을 보며 전진할 뿐이며 그때마다 성장의 나이테는 더욱 선명해진다. 내가 원하는 삶, 기대했던 삶을 현실로 불러올 수 있었던 것은 단 하나 새벽에 나를 깨운 것뿐이다. 그리고 나는 오늘도 그 끝을 바라보며 묵묵히 전진한다.

내가 원하는 삶은 어떤 모습인가? 나는 어떤 사람으로 기억되고 싶은가? 이 질문에 대한 답을 찾았다면 당신은 이미 축복받았다. 이제 남은 것은 그것을 이루기 위해 행동으로 옮기는 일이다. 어디로 가야 할지 모른 채 백날, 천날 새벽에 일어나 본들 그것은 알맹이 없는 쭉정이나 다름없다. 배가 산으로 가는지 바다로 가는지도 모른 채 새벽 기상에만 머문다면 결국 헛도는 시간일 뿐이다. 중요한 것은 새벽에 일어나는 것이 아니라, 그 시간을 어떻게 쓰느냐이다. 새벽은 남들보다 먼저 시작하는 귀한 아침이다. 이 시간을 나를 위해 온전히 쓰기 위해서는 내가 무엇을 해야 할지 깊이 고민해야 한다. 내가 하는 일이 곧 미래를 비추는 거울이기 때문이다. 예를 들어, 글을 쓰는 작가가 되고 싶은 사람이 새벽마다 운동만 한다고 생각해 보자. 체력은 좋아질지 모르지만 글쓰기 실력은 늘 그대로일 것이다. 글을 쓰고 싶다면 책을 가까이해야 하고, 매일 글을 쓰는 일에 매진해야 한다. 새벽은 몰입하기 좋은 시간이고 어느 시간대보다 공들인 시간 대비 가시적인 효과가 빠르게 나타난다. 나를 통해 나의 존재를 증명한다. 내가 이루고자 하는 열망이 간절할수록 추진력은 더욱 강해진다. 그러므로 새벽 시간에는 반드시 내가 전진할 수밖에 없는 이유를 만들어야 한다. 그리고 그 목표가 매일 아침 나를 설레게 해야 한다. 당신은 '그것'을 반드시 찾아내야 한다. '그것'이야말로 당신이 새벽을 맞이해야 하는 이유다.

　나는 매일 새벽 시간에 일어나 '글 쓰는 간호사'의 삶을 향해 움직인다. 새벽에 눈을 뜨게 하는 것은 습관이라 단정 지을 수 없다. 내가 반드시 해야 할 일이 있었기 때문에 새벽은 나를 깨웠다. 그 순간 앞으로 나아갈 힘을 얻는다. '의지'는 새벽에 눈을 뜨는 것만으로도 불끈 솟는다. 반드시 해야 한다는 생각이 나를 한 걸음도 뒤로 물러서지 않게 만든다. 글쓰기의 정체기를 겪은 적은 있어도 단 한 번도 글쓰기를 멈춘 적이 없었다. 처음 새벽 기상을 결심했을 때도 변화를 간절히 원했기에 잠과 사투를 벌이면서도 새벽 시간을 지켜냈다. '새벽 시간을 잃으면 내 남은 삶은 여기서 끝이다.'라는 이 생각 하나가 나를 기를 쓰고 새벽에 일어나게 했다. 새벽은 나 자신과의 약속이 자 삶의 변화를 가져다 줄 기회로 보였다. 기를 쓰고 일어났던 그 간 절함이 원하는 삶의 문턱을 어렵지 않게 넘을 수 있도록 만들어 주었 다.

　나는 쉬는 날이면 글쓰기에 더욱 매진한다. 새벽부터 시작한 글쓰 기가 제대로 꽂힌 날에는 아이들이 하교하는 시간대까지 몰입해서 글을 쓰곤 한다. 배고픔도 잊은 채 노트북을 응시하며 손을 움직이고 있다. 바흐의 음악이 흐르고 있지만, 어느 순간은 음악이 나오고 있 다는 사실조차 인식하지 못하다가 뒤늦게 알아차리기도 한다. 그렇 게 깊이 몰입한 글쓰기는 주변의 소리를 차단해 버린다. 한참을 글을 쓰다가 마무리하고 보니 어느덧 시간이 오후 5시가 넘어있었다. 가 만히 생각하니, 딸아이들이 집에 왔다가 학원을 갔어야 하는 데 집에 오지 않았다는 걸 깨달았다. '얘네들 학원 갈 시간인데 왜 집에 안 오 지? 친구들과 놀고 있나? 이상하네.' 고개를 갸웃거리던 나는 이상 한 점을 발견했다. 학원에서도 전화가 없는 것이다. 평소라면 제시간 에 도착하지 않으면 바로 연락이 오는데 아무런 소식이 없는 것을 보 니 밖에서 놀다가 학원에 바로 갔겠거니 생각했다. 저녁 늦게서야 두 딸이 나란히 집에 들어왔다. 보자마자 나는 다급하게 물었다. "너희

들 오늘 학원은 갔어? 왜 집에 들어오지 않은 거야?" 내 말이 끝나기가 무섭게 딸이 뜻밖에 대답을 내놓았다. "엄마! 엄마가 글쓰기에 너무 열중하고 있어서 내가 방문을 열어도 전혀 모르던데. 그래서 방해될까 봐 조용히 문을 닫았지. 밥도 알아서 챙겨 먹고 나갔는데 뭔 소리야!" 그 말을 하며 은근히 그런 엄마의 모습이 대단하다는 듯이 바라보고 있었다. 우리 가족들은 이제 내가 있는 공간을 보며 '우리 엄마는 글을 쓰는 사람이구나.'라고 자연스럽게 받아들이기 시작했다. 아이들은 학교에서 돌아와서도 내가 글을 쓰고 있으면 그 공간을 쉽게 넘어오지 않는다. 오히려 내가 글을 쓸 수 있도록 배려해준다. 지금 당신의 주위를 둘러보라. 당신의 공간은 당신이 어떤 사람인지 말해주고 있는가? 그렇지 않다면, 지금 당장 원하는 삶과 가까운 환경으로 바꿔보길 바란다. 공간이 주는 힘은 생각보다 강하다. 굳이 말하지 않아도, 공간은 스스로 그 사람의 정체성을 드러내기 마련이다.

새벽 시간은 혼자 머물 공간이 필요하다. 새벽에 일어나도 나만의 공간이 없다면 새벽이 주는 고요함을 완벽하게 누릴 수 없다. 그래서 안방이 내 서재가 되었다. 남편은 기꺼이 나를 위해 양보했다. 거실 생활이 익숙한 남편이었지만, 내가 새벽에 글을 쓴다는 걸 알기에 방해가 되길 자처하지 않는다. 방 안에는 책이 한 권 두 권씩 늘어갔다. 글을 쓰기 전에는 '이 책을 다 읽을 수 있어?'라며 의아해하던 남편도 이제는 '작가 마누라'를 둔 현실을 받아들이고 책에 호의적이다.

덕분에 나는 새벽이 주는 모든 혜택을 온전히 누리고 있다. 원하는 곳으로 가기 위해서는 지금의 나를 그곳에 먼저 두어야 한다. 내가 하는 행동, 생각, 머무는 공간까지도 최대한 꿈꾸는 삶에 가까워지도록 환경을 만들어야 한다. 매일 새벽, 내가 의도적으로 조성한 이 환경은 내 잠재의식 깊숙이 파고들어 나를 자극한다. 그리고 그 자극은 어제보다 오늘 더 강하게 잠재능력을 끌어올린다. 더 나아가 공간은 내가 하고자 하는 일에 대해 구구절절 설명하지 않아도 그 자체로 가족들에게 나를 인정받게 만든다. 새벽이든 낮이든 내가 글을 쓰는 공간은 존중받는 공간이 되었다. 방해받지 않는다는 확신이 내가 하는 일에 날개를 달아준다.

나는 지금, 간호사라는 직업을 내려놓아도 개의치 않는 날을 꿈꾼다. 언젠가 임상을 떠나야 할 순간이 올 것이고 나는 그날을 준비하고 있다. 딸아이들이 내 품을 떠나고 남편과 나만 덩그러니 남겨질 때, 외로움과 쓸쓸함을 뒤로 하고 글을 쓰며 노후를 아름답게 즐기고 싶다. 봄기운이 가득 찬 눈부신 햇살 아래 앉아 책을 읽으며, 남편과 함께 따스한 오후를 보내는 삶을 꿈꾼다. 나이 들어 힘없이 집 안에 머물며 여기저기 아픈 곳을 호소하며 자녀들에게 걱정을 끼치고 싶지 않다. 대신 꾸준히 글을 쓰고 책을 출간하여 당당한 엄마로서 그들이 마음을 한결 놓이게 하고 싶다. 미래의 손주들이 "우리 할머니 작가예요!"라며 자랑스럽게 말하고 다니는 상상을 해본다. 내가 원하는 삶에 닿기 위해 오늘도 기꺼이 새벽의 전사가 된다. 원하는 삶이 있다면 먼저 그곳을 꿈꿔라. 그리고 그곳에 가기 위한 시간과 공간을 선택하라. 그렇지 않으면 출구가 보이지 않는다. 나에게는 새벽이 원하는 삶으로 가는 등용문이었다. 그리고 나는 늘 그곳에 머물렀다. 해보면 알게 된다. 지금까지 내가 말한 것들이 어떤 의미를 가졌는지. 그리고 당신은 나보다 더 큰 깨달음으로 더 크게 성장할 것이라 믿는다. 당신과 나, 우리 모두의 꿈을 응원한다.

『새벽은 꿈을 향한 첫걸음이다. 아무도 없을 때, 아무도 보지 않을 때 우리는 진정한 자신을 만난다. 꿈은 결코 어둠을 지나지 않고는 이루어지지 않는다. 성취는 새벽의 고독 속에서 완성된다. 그 길을 선택한 당신, 새벽과 마주하라. 꿈은 이미 그곳에 있다.』

새벽 기상 후 남들과 달라지는 것을 경험한다

새벽에 일어나기 전에는 살아갈 이유에 대해 깊이 생각해 본 적이 없었다. 주어진 하루대로 살다 보니, '남들은 맞벌이하지 않아도 잘 만 사는 것 같은데, 나는 왜 이렇게 사는 게 힘든 걸까?'라며 볼멘소리하기 바빴던 것 같다. 내게 없는 것과 남들은 가진 것 사이에서 상대적 박탈감을 느낄 수밖에 없었다. 아무리 노력해도 채워지지 않는 결핍된 상태가 스스로를 불만과 짜증이 가득한 사람으로 내모는 것 같았다. 삶이 나를 코너로 몰고 가는 듯했다. 직장에서 마저 영혼의 에너지까지 탈탈 털려 고갈되는 것 같았다. 내가 하는 일이 실수로 이어지면 큰일이 난다는 책임감이 항상 나를 괴롭혔다. 병원을 찾는 사람들은 도움이 필요해서 오는 이들이기에 실수는 절대로 용납되지 않는다. 병원에 있을 때면 온 정신에 날을 세워 바짝 긴장하고 있는 편이었다. 이런 긴장이 쌓이다 보니 편두통이 자주 찾아와 나를 괴롭혔다. 집에 와서는 가족들에게 쏟을 에너지가 늘 부족했다. 바닥난 힘으로 가족을 챙기려니 짜증이 나기 일쑤였다. '이 집구석은 내가 없으면 밥 짓고 설거지할 인간이 하나도 없어? 내가 이 집 식모로 있는 거야?'라며 불만을 토로하기도 했다. 엄마로서, 아내로서 할 일에 신경을 곤두세우다 보니 날카로워져 있는 나의 눈에 아이들의 그림자가 잘못 걸려들면 잔소리 폭탄이 시작되곤 했다. 사람이 마음의 여유가 없고, 정신이 피폐해지는 순간 얼마나 비참한 삶을 살게 되는지 나를 보면서 알 것 같았다. '건강한 신체에 건전한 정신이 깃든다'라는 말은 너무나도 당연하게 느껴진다. 병원 일을 내 일처럼 했다. 누가 알아주지 않아도 스스로 월급 루팡이 되고 싶지 않았다. 하지만 지나침은 아무리 내가 정당한 길을 가고 있더라도 문제가 될 수 있음을 깨닫기 시작했다. 직장 일도 중요하지만 나 자신과 삶을 먼저 챙겼어야 했다.

삶을 돌아보면 나름대로 열심히 살아왔다. 정직하게 그리고 성실하게 한 단계 한 단계 잔꾀 부리지 않고 올라왔다. 하지만 사회는 차갑고 냉정했다. 공든 탑도 타인에 의해 쉽게 무너질 수 있다는 것을 깨달았다. 그동안의 노고가 무색해질 정도로 칼같이 내 존재를 묵살하는 상사의 모습에서 인간의 이중성을 보았다. 자신의 자리가 위태로워질까 봐 얄팍한 꼼수로 사람을 마녀사냥 하듯 코너로 몰고 가는 것을 보며 회의를 느꼈다. 리더라면 아랫사람이 힘든 부분을 이야기했을 때 어떻게 해야 할까? 이해와 공감으로 품어주고, 다시 일어설 용기와 믿음을 줘야 한다고 생각한다. Y 여성병원에 일할 당시, K 부장은 그렇지 않았다. "내가 어떻게 이 자리에 올라왔는데."라는 말을 연거푸 반복하며 리더다운 면모를 보여주지 못했다. 한때 존경했던 사람을 일대일로 대면해 보니, 자기 자리 지키기 급급한 똥줄 타는 사람에 불과했다. 어떻게 하면 이 상황을 내 탓이 아니라 남 탓으로 돌릴 수 있을지 눈치 보고 있는 듯했다. 나는 더 이상 그곳에 있을 필요가 없다는 생각에 미련 없이 돌아섰다. 병원이 세워질 때 오픈 멤버로 열과 성을 다했다. 한 점 부끄럼 없이 내가 할 수 있는 일은 도맡아 했다. 힘들어도 오픈 멤버이기에 책임감으로 일했다. 혼신의 힘으로 일했던 병원은 더는 내가 성장할 곳이 아니었다. 모든 것을 내려놓고 잠시 휴식기에 들어가고 싶었다.

쉴 수 있는 팔자는 따로 있나 보다. 어쩌다 보니, 먼저 이직한 후배와 연락이 닿아 기존 병원에서 얼마 떨어지지 않은 같은 업종의 병원으로 옮겨 가게 되었다. 가족 같은 분위기였고, 나를 인정해 주는 사람들이 있어서 즐겁게 일했다. 하지만 그것도 잠시 병원경영이 힘들다는 사실을 알게 되기까지 오래 걸리지 않았다. 안타까웠다. 경영난으로 몸살을 앓고 있는 것을 알고 나니 걱정보다는 작은 힘이라도 보탬이 되고 싶었다. 하지만 내 마음과는 달리 부하직원들은 하루하루 지날수록 병원에 대한 불신과 불안으로 일에 집중하지 못했다. "수샘, 병원 괜찮아요? 진짜 문 닫는 거 아니죠?"라며 묻곤 했다. 어수선한 분위기에서 일하자니 마음이 늘 불안했다. 나쁜 소문들은 급물살을 타고 불붙듯 옮겨갔다. 어디서 나온 말들인지 내가 알고 있는 진실과는 거리가 먼 소문들이 무성했다. 나는 이런 분위가 싫었다. 어떤 환경에 놓여 있든 나만의 새로운 출구를 만들어야 했다. 남들이 뭐라 하든 책을 읽으며 마음의 양식을 쌓아가는 일에 집중하려고 노력했다. 어떤 상황에서도 나 하나쯤은 거뜬히 지키며 하루를 살겠노라 다짐하며 새벽과 함께 건강한 하루를 시작했다. 몸과 마음이 바닥으로 꼬꾸라지려 할 때 새벽은 꽃받침이 꽃을 받치고 있듯이 나를 안전하게 받쳐주고 있었다.

남들과 다른 하루를 살고 있다는 자부심이 은근히 사람의 마음을 뜰 뜨게 했다. 새벽의 맑은 기운 탓인지 느슨해진 삶의 나사도 서서히 조여지기 시작했다. 새벽에 일어났을 뿐인데 몸과 마음, 내 주변 상황들이 바뀌기 시작했다. 얼어붙었던 대지가 녹고 그 위에 새 생명이 돋아나듯 나 자신과 삶도 새로운 출발을 맞이하고 있었다. 나는 깨달았다. 아무리 삶이 고되더라도 나를 돌보며 살아야 하는 것이 얼마나 중요한가를. 이어서 내가 새벽 기상을 하면서 느낀 변화들을 열

거해보고자 한다. 당신의 마음을 움직이는 도화선이 되길 바란다.

첫째, 새벽 기상의 작은 성공이 기분 좋은 하루를 시작하게 한다.

시간이 한정적이듯 인간의 에너지 역시 마찬가지이다. 낮 동안에 누적된 피곤으로 저녁이 되면 파김치 상태가 된다. 원기 회복을 위해 우리는 반드시 잠을 자게 되는데, 충분한 수면을 통해 하루 동안 쓸 에너지와 열정을 재충전할 수 있다. 이런 상태로 새벽에 일어나기 때문에 걱정과는 달리 몸 상태는 최상이었다. 나와의 약속을 지켰다는 쾌감과 성취감이 의욕을 충만하게 만들었다. 무슨 일이든 적극적으로 해낼 수 있을 것 같은 자신감이 덩달아 생겨났다. 출근하는 길이 즐거워졌고, 매일 걷던 길이 새롭게 느껴졌다. 이 세상의 모든 것들이 나를 위해 존재하고 있는 것 같은 기분이 발걸음을 가볍게 만들었다. 나조차 신기했다. 새벽에 일어났을 뿐인데 이렇게 종이 한 장 차이로 그날의 분위기가 바뀔 수 바뀔 수 있다니! 역시 사람은 자신의 삶에 적극적인 개입이 어느 정도는 필요하다는 것을 체감하게 되었다.

둘째, 새벽 기상의 긍정적인 에너지가 감사를 부른다.

일찍 일어나니 열등감에 절어 있던 나에게서 벗어날 수 있었다. 우선 나에 대한 감정 자체가 호의적으로 변한다. 나에 대한 감사가 가득 채워질수록 당연하다고 느꼈던 것들이 다르게 보이기 시작했다. 나를 둘러싼 모든 것들에 감사한 마음이 저절로 생겨났다. 내가 살아갈 하루와 내가 살아 있다는 사실에 감사했다. 내 곁에 건강한 가족이 있어서 감사하고, 몇 시간 뒤에 일하러 갈 직장이 있어서 감사했다. 나는 가진 것이 많은 사람이 되어있었다. 감사하는 마음으로 하루를 시작하니 직장에서도 전혀 우울하다거나 불안하지 않았다. 아직 일어나지 않은 일로 걱정하고 불안해한다고 해서 달라질 것은 없었다. 지금 당장 직장을 뛰쳐나올 생각이 없으니 현재를 내게 유리한 쪽으로 끌어당기자고 결론을 내렸다. 일어날 일은 일어나게 되어있다. 내가 거부한다고 해서 운명의 소용돌이를 벗어날 수는 없다. '지금 이 순간'에 행복해지기로 마음먹었다. 긍정적인 에너지는 감사를 부르고 나를 행복한 삶으로 이끄는 징검다리가 되어 주었다.

셋째, 질 높은 새벽 독서는 삶을 유연하게 만들었다.

새벽에 책을 읽으면 그 어느 때보다 질 높은 독서시간을 만나게 된다. 산만해지지 않고 오직 책에 집중할 수 있었다. 그러다 보니 작가의 생각이나 문장의 의미가 남다르게 다가오곤 했다. 내 생각과 마음을 자극하는 불씨가 되어 내 글쓰기를 자극하였다. 책을 읽다 보면 마음에 꽂히는 책 속의 한 줄이 가슴을 먹먹하게 하곤 했다. 그 한 줄이 던져 주는 강한 메시지가 하루를 살아낼 힘을 주었다. 어느 날은 책 속의 그 한 줄을 만나기 위해 읽고 또 읽었다. 책 속의 한 줄이 내겐 삶을 바꿔줄 희망처럼 느껴졌기 때문이다. '독서는 새벽에 해야 하는 거였구나!'라며 스스로 감탄했다. 새벽 독서는 내면을 맑게 만들고 정신적 풍요를 채워줬다. 독서를 통해 심신이 부드러워졌다.

넷째, 새벽은 나를 시도하는 사람으로 만들어 주었다.

주어진 삶에 안주하려는 사람에게 변화는 더딘 법이다. 새벽에 일어나 독서로 자기계발을 하며 캄캄한 새벽을 채워갔다. 처음부터 루틴이 있었던 것도 아니다. 새벽에 일어나 책을 읽다 보니 새벽 시간의 가치를 발견하게 되었다. 어떻게 하면 그 시간을 나를 위해 특별하면서도 알차게 보낼 수 있을지 고민하게 되었다. 책을 읽으니 필사도 하고 싶고, 긍정 확언을 쓰니 감사하는 마음을 글로 남기고 싶어졌다. 소위 책 속의 성공한 사람들의 좋은 습관을 앵무새처럼 다 따라 하고 싶어졌다. 나를 더 나은 사람으로 거듭나게 하는 새벽을 놓치고 싶지 않았다. 아무리 좋은 습관도 체력이 뒷받침되어야 오래 지속할 수 있다는 생각에 절 운동도 시작하게 되었다. 나도 모르는 사이 새로운 것에 도전하는 것을 즐기는 사람이 되어있었다. 내가 좋아하는 일들로 채워가는 새벽 시간이 가슴을 뛰게 했다. 작은 시도가 쌓여 두려움을 이기고 스스로를 해내는 사람으로 재인식하는 계기가 되었다. 젊은 나이가 아니기에 청춘에서만 느낄 수 있는 열정은 내 안에서 사라진 줄 알았다. 하지만 그건 나만의 착각이었던 것을 깨닫고 나의 일그러진 자화상을 수정하는 작업을 시작할 수 있었다.

새벽은 '자기 기적'을 만들어가는 시간이다. 삶을 변하게 해 달라고 요구하는 대신 내가 삶의 주인공으로 우뚝 서는 일부터 시작해야 한다. 삶의 주인공으로 살게 되면 자존감이 높아지고 내 삶에 대한 소중함을 알게 된다. 나는 새벽을 통해 삶의 기적을 만날 기회를 얻었다. 새벽에 하는 일들이 나비효과를 일으켜 책을 쓰는 작가로 만들어 주리라는 확신은 그 어디에도 없었다. 새벽은 미래를 꿈꾸게 했다. 꿈이 없는 사람은 원하는 미래도 없다. 새벽은 사막 같던 내 삶에 마르지 않는 오아시스를 만나게 해주었다. 내 인생을 그냥 사막 위에 던져 놓지 않았다. 새벽은 허우적거려서라도 엉망진창으로 널브러져 있던 삶을 되찾아오라고 재촉했다. 내게 늦은 때는 없었다. 내 삶을 재정비하는 데 도움이 될만한 일들을 통해 시도하고 포기하지 않는 법을 몸소 체험하고 깨닫게 했다. 매일 새벽을 만나면서 삶이 풍요로워졌다. 긴장과 불안 속에 살던 내가 새벽에 일어나기 시작한 후로 나를 먼저 챙기는 삶을 살아가고 있다. 새벽은 불순물을 걸러내는 자정작용을 하고 있었다. 나쁜 것들을 걸러내고 시작하는 매일의 날씨는 맑음이었다.

"새벽의 가장 큰 변화는 바로 나 자신이다."

제4장
새벽을 내 삶으로 가져오는 비법

새벽의 가치를 온몸으로 느껴라

　　사람은 의도하지 않은 뜻밖의 상황을 만나면 비로소 특별한 삶을 꿈꾸게 된다. 뜻하지 않은 막다른 길에 들어선 것만 같은 막막함이 들 때 서야 다른 삶을 상상하게 된다. 달라지고 싶었다. 그저 그런 날 속에서 벗어나고 싶었다. 안주하는 삶 속에 있을 때는 그러한 갈망이 무뎌져 있다가 정작 중요한 것을 잃고 나서야 삶에 다른 대안이 없다는 사실과 마주하게 되었다. 벼랑 끝에 선 기분이 딱 이렇겠구나 싶었다. '이대로도 좋다' '이 정도면 충분해' 이런 사탕발림 같은 말들에 속아 더는 앞으로 나아갈 수 없는 식물인간이 되어있었다. 내 마음 편하자고 했던 말들이 불화살이 되어 속을 새까맣게 태웠다. 이렇게 살다가는 이도 저도 안 되겠다는 내면의 경고를 감지한 뒤로 내 삶의 네비게이션은 조용히 새로운 경로를 재탐색하기 시작했다. 그렇게 나는, 나 자신과 삶의 새로운 출발지는 '새벽'이라는 사실에 이르렀다. 평소에 자기계발도서를 꾸준히 읽은 덕을 톡톡히 봤다. 성공자들의 삶 속에는 언제나 새벽이라는 시간이 있었다. 삶의 깊은 고민 끝, 그 찰나의 순간 새벽이 수면 위로 드러났다. 책 속에서 반복적으로 만났던 새벽이라는 두 글자가 어쩌면 잠재의식 속에 주홍글씨처럼 새겨져 있었던 모양이다. 간절한 마음이 내면 깊숙이 닿아 '새벽'이란 단어가 반짝하고 떠올랐다. 직접 체험해 본 새벽은 내가 기대했던 것 그 이상의 가치를 지니고 있었다. 죽기 전에 새벽을 만날 수 있었다는 건 나에게 축복이자 기회였다. 새벽은 양의 기운으로 만물이 깨어나는 시간대라고 한다. 달이 지고 해가 떠오를 준비를 하는 새벽의 특별한 기운 때문인지 독서와 필사, 운동이나 명상을 이 시간에 하면 몸과 마음이 정화되고 생기를 되찾는 기분이 든다. 새벽은 하루 중에서 양의 기운이 막 상승하기 시작하는 시간대로 시들했던 생명력과 의욕도 함께 깨어나는 것만 같다. 또한, 외부 자극이 적어 내면의 에너지를 뜨겁게 달군다. 나는 이 느낌이 참 좋다. 새벽은 나를 서서히 길들여 새벽 시간에 적응하도록 했다. 나를 특별한 사람으로 만들어 주었고, 내가 하는 일이 탁월해질 수 있도록 조력자가 되어 주었다. '새벽은 삶의 황금 시간대다'라고 부르짖던 성공자들의 문장이 이제는 내 일화가 되었다.

하루를 통제하는 힘은 새벽이 주는 행복감으로부터 나온다. 나 자신에게 오롯이 집중하고 있다는 만족감과 깨어서 무언가를 하고 있다는 자부심 그리고 남들보다 내가 먼저 하루를 시작했다는 성취감이 스스로 행복하다고 느끼게 한다. 새벽을 경험한 사람만이 느낄 수 있는 단단한 기쁨이다. 우울해질 일도 툭툭 털어내고 지금에 살게 한다. 새벽은 정수기처럼 마음을 맑게 해준다. 고요한 어둠 속 혼자인 나는 외롭다기보다 오히려 안정감을 느낀다. 우울했던 감정도 새벽 공기와 함께 서서히 가라앉는 기분이다. 새벽을 만나고 나서야 깨달은 것이 있다. '그럴 수 있지'라는 말이 '괜찮다'는 말보다 더 깊은 위로의 말이라는 것을. 왠지 그 말에는 있는 그대로의 나에 대한 인정과 존중이 느껴진다. 나를 끌어내리지 않는 말이라 좋고, 한없이 안아주는 말이라 힘이 난다. 나는 어느 순간부터 '그럴 수 있다'고 속으로 말하는 버릇이 생겼다. 자꾸 되뇌다 보니 마음에 여유가 깃들고, 내가 아닌 누군가를 품어 줄 넓은 아량도 생겼다. 예전의 나는 자그마한 실수에도 안절부절못했었다. 내 잘못이 아니어도 나로 인해 벌어진 일 같아 마음이 불편했다. 작은 일에 너무 신경 쓴 나머지 혼자서 가슴앓이하는 일도 많았다. 아파도 말하지 못하는 꿀 먹은 벙어리가 되어 끙끙 앓았었다. 이 불편함이 싫어서 되도록 맞춰가는 편이었다. 내가 조금 불편해지는 것을 감수하면서까지 남들에게 맞춰가기 위해 애썼다. 나 혼자만 힘들면 된다는 어리석은 생각이 심신을 고달프게 하고 있다는 것을 모르고 있었다. 새벽에서 느낀 그 날의 행복감은 나 자신을 향해 '그럴 수 있지.'라고 말하는 듯했다. 내게 어떤 일이 있어도 내 잘못이 아니라 실수였을 뿐이라고 위로해주는 것 같았다. 이해되지 않을 것만 같던 일도 이 말 한마디로 용서하게 된다. 가정에서나, 직장에서 행복감을 가지고 상황을 바라보면 이해하지 못할 일도 없다. 등교할 시간이 가까워져도 침대에서 꿈쩍하지 않는 딸아이를 보면 깊은 한숨이 절로 뱉어진다. 그 순간 잠시 고민한다. 아침부터 윽박질러서 서로의 기분을 망칠 것인지 아니면 다른 선택을 할 것인지. 이때도 나는 '그럴 수 있지.'라며 마음속으로 말한다. 그리고 딸아이에게 다가가 "원아, 일어나. 아침이야. 학교 가야지. 어제 많이 피곤했나 보네."라며 좋게 말하고 방을 나왔다. 이런 나 무진장 칭찬한다. 당신의 하루를 망치고 싶지 않다면 가슴에 행복감을 채워라. 당신에게 천사 같은 마음이 생겨나 이해와 사랑으로 하루를 살게 될 것이다.

새벽은 마음과 머리를 차분하게 하는 안정제 역할을 한다. 개인적으로 나는 시끄러운 것을 좋아하는 편이 아니다. 소란스럽고 산만한 곳에서는 자신의 한계를 뛰어넘는 생각이 반짝일 리 만무하다. 막 잠에서 깨어난 뇌는 알파파 상태에 있다고 한다. 이완 상태에서 나오는 이 뇌파는 긴장을 풀어주고 창의력은 높여준다. 새벽에 하는 생각이 더 유연하고 감성도 살아있을 수밖에 없다. 의식과 잠재의식의 경계가 얇아지는 시간이라 평소에 자신도 몰랐던 생각이나 감정이 스르륵 흘러나오기 마련이다. 뇌가 알파파에 머물러 있는 새벽에 글을 쓰면 영감도 더 잘 떠오르고 복잡한 문제도 신기하게 잘 풀리곤 한다. 스마트한 생각과 직관적인 영감은 새벽만이 가지고 있는 고요한 압도력에서 나온다. 새벽의 고요는 침묵이 아니라 영감과 통찰이 태어나는 공간이다. 책을 읽어도 책 속의 글이 내면 깊숙이 알알이 박혀 더 큰 영감으로 다가와 글쓰기의 자영분이 된다. 새벽은 세상의 소리로부터 물들기 전의 순수한 나로 깨어 있게 한다. 그래서일까? 새벽에 하는 생각들은 맑은 샘물같이 반짝였다. 생각이 맑으니 탁한 마음도 없었다. 오직 곱고 깨끗한 미음이 긍정적인 생각을 하게 하고 진취적으로 자기계발을 할 수 있는 분위기를 만들어 주었다. 새벽에 내가 하는 모든 움직임은 정제된 행동들이었다. 커피 한잔을 마셔도 일하며 급하게 태워 마신 커피 한잔과는 또 달랐다. 커피 향이 방안을 은은하게 감싸며 내가 머무는 공간이 한순간 작은 카페가 된다. 이때는 커피 한 잔만으로도 행복하다. 마음이 먼저 웃고, 행복을 부르는 말과 행동이 따라온다. 작은 것들이 주는 심적 안정감과 유연함이 행복감을 느끼게 한다. 새벽이 주는 분위기에 매료당하면 하루 시작이 행복하다.

새벽은 누구에게나 열려 있다. 그러나 실제 누릴 수 있는 건 부지런한 자의 특권과 같다. 게으른 사람에게 새벽은 잠으로 허비된 시간이다. 게으름은 새벽과 거리가 먼 삶을 살게 하고 부지런함은 새벽과 친구가 된 삶을 살게 한다. 새벽이 만들어 내는 기적은 꾸준히 새벽에 일어나야 경험할 수 있다. 기분 내키는 대로 이랬다저랬다 하면 새벽의 기운을 느끼기도 전에 미리 속단하고 포기하고 말 것이다. 꾸준함이 없고 게으른 사람에게 새벽은 비밀을 알려주지 않는다. 뭐든 완전한 내 것이 되는 데는 시간이 필요하다. 사계절의 새벽 중, 나는 여름의 이른 새벽이 좋다. 해가 일찍 뜨기 때문에 이른 시간에 산책을 시작할 수 있다. 뜨거운 햇볕이 아파트 곳곳을 삼켜 버리기 전에 홀로 걸으며 사색하는 시간이 좋다. 겨울의 밤은 길기에 어둠이 가시지 않은 새벽길을 걷기에는 무섭고 두렵다. 새벽에 조용히 현관문을 열고 나가 아파트 주변을 한 바퀴 돌아 본다. 무심히 지나치던 길이 매일 새롭게 느껴진다. 같은 곳을 걸어가도 그날그날 보고, 느끼고, 생각하는 것들이 다르다. 햇살보다 먼저 깨어난 새벽 공기, 어제의 식지 않은 열기 위로 가라앉은 고요함이 나를 반긴다. 가장 뜨거운 계절이 반기는 아침 인사다. 어느 계절보다 더 짧은 어둠, 더 이른 빛으로 하루를 열게 한다. 지금 나의 새벽은 봄의 문턱을 지나고 있다. 벚나무에 꽃이 필 준비를 하고 있다. 연분홍빛의 벚꽃들이 앞다투어 필 것을 생각하니 내가 원하는 삶도 벚꽃처럼 제때 꽃을 피웠으면 하는 바람이 든다. 이슬이 내려앉은 풀잎을 보는 것만으로도 어릴 적 맡았던 풀 냄새가 코끝을 스쳐 가는 것만 같다. 차가운 돌 틈 사이로 민들레 꽃이 피어나고 있었다. 좁은 틈을 비집고 제 모양새를 갖춘 노란 민들레 꽃이 대견스럽다. 식물이든 사람이든 한 번 얻은 생을 지켜내고자 애쓰는 처절함과 노력은 동등해 보였다. 저마다 피고 지는 자기만의 때가 있을 뿐이다.

새벽에 일어나 커튼을 젖히고 창문을 열고 밖을 바라본다. 아파트와 아파트 틈 사이로 보이는 도로를 비추는 가로등이 어둠을 밝히고 있다. 새벽하늘에 걸린 보름달을 벗 삼아 외로움을 덜어낸다. 아파트마다 불이 많이 켜져 있는 집들이 유독 많은 날은 학생들의 시험 기간임을 알아차린다. 새벽은 이렇듯 주변을 돌아볼 여유를 준다. 주변을 살피는 일이 곧 나의 마음을 살뜰히 돌보는 일이란 것을 알아간다. 낮에는 할 일들이 많다. 출근하기 바쁘고, 퇴근 후 집으로 돌아오기 바쁘다. 낮에 같은 풍경을 본다 해도 새벽에 일어나 보는 것과는 차원이 다르다. 어슴푸레 어둠이 내려앉은 새벽길이 주는 몽환적인 분위기가 영화 속 한 장면 같다. 작은 풀꽃에도 마음이 말랑해진다. 마음의 먼지를 싹 닦아낸 기분이랄까? 이렇게 주변을 돌아보며 느리게 걷는 법을 배운다. 그리고 조금 느리게 가도 문제없다고 말한다. 제대로 길을 가고 있다면 빨리 가든 느리게 가든 원하는 목적지에 이를 것이다. 빨리 가면 그만큼 놓치는 것이 많을 테고, 느리게 가면 그

만큼 품을 것이 많을 것이다. 돌 틈 사이를 비집고 생을 피워 낸 민들레처럼 나만의 속도로 성장하면 된다. 내가 있어야 할 자리에서 제대로 생의 꽃을 활짝 피우면 되는 일이다.

　새벽은 나에게 특수렌즈를 끼워준 듯하다. 그 렌즈는 복잡한 세상에서 벗어나 오직 나에게만 초점이 맞춰진 것만 같다. 평소에는 보이지 않던 내 생각과 감정 그리고 가능성이 선명해지기 시작했다. 작은 것을 보고 크게 생각하는 힘을 준 새벽이 있었기에 나는 작가라는 특별한 삶도 끌어당길 수 있었다. 삶이 고통의 바다를 건너가고 있을 때 당신 삶의 한 조각을 새벽에 놓아두길 바란다. 새벽에 놓아둔 삶의 한 조각이 고통의 바다가 안고 있는 온갖 시름을 걷어 줄 비상약이 되어 줄 것이다. 나는 새벽 예찬론자다. 내가 경험했던 새벽의 모습이 허상이 아니라 진실임을 알기에 좋은 것을 나눠주고 싶어 이 글을 쓰고 있다. 비록 내가 유명작가는 아니지만 적어도 내 삶을 기적으로 만든 장본임에는 틀림이 없다. 나 자신으로 증명할 뿐이다. 새벽은 내가 더 좋은 곳에 쓰이도록 자신이 줄 수 있는 모든 것을 주었다. 이제 당신이 받을 차례였음 좋겠다.

『내가 경험하지 않은 세계를 설명할 수 없듯이 새벽에 일어나지 않은 사람은 그 시간의 특별함을 죽을 때까지 알지 못하고 최후를 맞이한다.』

피곤한 저녁 시간은 내 삶에서 반납하자

하루를 시작하는 당신의 시곗바늘은 몇 시를 향하고 있는가? 어쩌면 하루 시작 전 두세 시간이 당신의 삶을 바꿀 수 있는 마지막 기회일 수 있다. 새벽 3시 반부터 울리는 알람 소리에 나의 뇌는 즉각적으로 반응한다. 나에겐 이 시간이 그 어느 때보다 소중한 시간이라는 것을 알기에 망설일 여지 없이 침대 위에서 스트레칭을 시작한다. 올빼미족으로 살던 내가 새벽에 일어나기 위해 일찍 취침 시간에 들어간다. 이 시스템이 삶에 장착되면 습관이 되는 것은 시간문제이다. 새벽은 질적으로 매우 특별한 시간이다. 눈을 뜬 후 2~3시간, 질 높은 알짜배기 시간이 있었기에 글 쓰는 삶을 숙명처럼 받아들일 수 있었다. 여명이 밝아 오기까지 깜깜한 새벽달을 벗 삼아 지켜낸 덕분에 '새벽형 인간'으로 거듭났다. 새벽에 일어나 스스로 만든 임무를 완수해나가는 즐거움이 쌓여갈수록 내게 가장 중요한 일이 무엇인지 명확하게 볼 수 있었다. 새벽 시간에 할 수 있는 최고의 투자는 바로 '나 자신'이다. 스스로 나태해질 수 있는 틈을 줄이면 나를 위해 투자할 수 있는 시간도 그만큼 늘어난다. 남들보다 먼저 아침을 깨우기 위한 새벽종의 볼륨을 높여라. 새벽종을 울리기 위한 반복된 시도는 시간을 내 편으로 만드는 일이다. 가만히 있으면 시간은 속절없이 흘러간다. 행동하며 흐르는 시간은 반드시 그 행동에 대한 정직한 결과물을 만들어 낸다. 새벽형 인간이 된 지금, 밤늦게 잠들었더라도 몸이 알아서 새벽에 일어나는 것을 보면 습관이 된 것이 분명하다. 애를 써서 하는 것이 아니라 '내가 원해서' 새벽에 일어난다. 가끔 새벽을 모르고 산 시간이 있었다는 사실조차 망각하곤 한다. 동트기 전 일어나 삶의 이유를 찾고, 성장에 필요한 아이디어를 얻으며, 스스로를 단련하는 것으로 시작하면 그날 하루도 반드시 이와 닮아있다. 변화를 꿈꾸는가? 먼저, 당신의 시곗바늘을 새벽 시간으로 재조정해보라. 인생의 마법은 새벽에서 시작된다.

오늘 내가 침대에서 일어난 시간이 일생을 좌우한다. 당신이 보낸 하루의 합이 '평생'을 완성한다. 하루를 시작하기 전의 시간을 어떻게 쓰느냐에 따라 인생의 성패가 갈린다. 이것은 내 평생의 모습을 예측하게 한다. 하루 24시간, 누구에게나 평등하게 주어진 이 시간을 어떻게 시작하고, 무엇을 하며 보냈는지에 따라 내일이 달라진다. 나는 하루를 쫓기듯 아등바등 살아왔다. 숨 가쁘게 보낸 하루 끝에 밀려드는 공허와 후회가 늦은 밤까지 나를 붙잡았다. 집에선 엄마로, 직장에선 간호사로 시공간을 오가며 일과를 정신없이 소화해내고 있는 나에게 혼자 있는 시간은 간절했다. 그나마 내게 허락된 시간이 가족들이 잠든 늦은 밤시간이었다. 피곤함을 무릅쓰고 어둠을 필사적으로 사수하며 책을 읽으려고 노력했다. 딱히 그 시간에 할 수 있는 다른 일이 생각나지 않았지만, 나에겐 독서가 제일 만만했다. 책을 읽다 보면 새벽 한두 시는 눈 깜짝할 사이에 지나있다. 시간을 의식한 순간, 얼마 못 자고 일어나야 한다는 부담감이 엄습해오는 것을 느낄 때쯤이면 억지로 침대에 몸을 눕힌다. 보통 밤 12시 이전에 잠들어야 하는데 그 시간을 놓치고 나면 몇 시간 후 맞이할 아침이 눈을 감기 전부터 불안하다. 잠잘 시간을 자칫 놓치면 밤새 뜬눈으로 지새워야 하는 경우도 종종 발생한다. 어둠 속에서 눈을 질끈 감고 있어도 윗집에서 물 내리는 소리, 밖에서 들려오는 환풍기 돌아가는 소리, 술 취한 이의 고래고래 고함치는 소리 등등 모든 소리에 귀가 활짝 열려 괴롭기만 하다. 이런 날은 꿈도 다양하게 꾸게 된다. 심지어 가위에 눌리기도 한다. 꿈인지 생시인지 자면서도 자는 것 같지 않은 시간이 흘러간다. 알람이 울리면 눈을 뜨지만, 육체는 밤새 노동에 시달린 것처럼 묵직하고 정신은 몽롱하고 혼탁하다. 하지만 직장에 나가야 한다. 아이들도 깨워야 한다. 다시 분주한 아침이 시작된다. 효율적이고 생산적인 하루는 내게 찾아볼 수 없었다. 당신의 하루는 어떻게 사라져가고 있는가?

　혼자 남게 된 늦은 밤, 나를 위해 책이라도 읽지 않으면 하루가 허무하게 느껴졌다. 나 자신이 사라지고 있는듯한 불안감을 막연히 감지하고 있었던 것은 아닐까. 시간이 흐를수록 삶이 즐겁지 않았다. 어둠 속에서 홀로 책을 읽으며 책 속의 한 구절에 위로를 받고 헛헛함을 견뎌냈다. 내일은 더 좋은 일들이 펼쳐질 거란 막연한 희망으로 푸념 섞인 일기를 썼다. 밤이 되면 감정이 예민해진다. 낮 동안 바쁘게 몸을 움직이느라 돌보지 못했던 미음의 수도꼭지가 제멋대로 돌아가 한없이 우울해지기에 십상이었다. 제멋대로 써 내려간 일기는 그저 내 우울하고 화난 감정들을 받아낸 쓰레기통 같았다. 깊어 가는 밤의 독서와 일기 쓰기는 내게 유일한 안식처이자 힐링의 시간이었다. 그러나 새벽에 하는 일들은 뭔가 달랐다. 시간대만 달라졌을 뿐인데 하는 일들의 몰입과 집중 그리고 마음가짐이 달랐다. 새벽에 하는 일들이 나를 즐겁게 했다. 활기가 느껴지고, 삶에 대한 열정이 다시 샘솟는 듯했다. 나는 그때 깨달았다. 남다른 하루의 시작이 남들과 다른 시간을 살게 한다는 것을. 일어나는 시간만 바꿨을 뿐인데 평범했던 하루가 특별한 하루가 되어있었다. 이제 더는 피곤에 찌든 저녁 시간을 사수하기 위해 애쓰지 않아도 된다는 안도감이 오히려 깊은 잠으로 빠져들게 했다.

우리는 밤 동안 잠을 자며 비축한 에너지 대부분을 낮시간에 쏟아 낸다. 나 역시 낮시간에 근무하며 사람과 일에 집중하느라 파김치가 된 몸을 이끌고 집으로 돌아오자마자 소파에 드러눕기 일쑤였다. 퉁퉁 부은 다리를 일으켜 세우기까지 마음의 갈등은 요동을 친다. '이대로 잠들 것인가. 아니면 일어나서 집안일을 시작할 것인가.' 집에 와도 편히 쉴 수 없는 현실이 가끔은 나를 우울하게 만들었다. 엄마이기에 해야 할 일들이 눈에 보이는 이상 오랫동안 소파에 누워 있을 수 없다. 힘들게 몸을 세우고 꾸역꾸역 집안일을 한다. 집안일을 하는 틈틈이 책을 읽고, 글을 쓰지만 온전히 집중할 수 없다. 흐름이 중간중간 끊어진다. 세탁 종료 알람음이 울리면 빨래를 널어야 하고, 음식을 하더라도 중간중간 진행 상황을 점검해야 한다. 게다가 아이들이 하교하면 방해꾼은 하나 더 느는 셈이다. 밥도 챙겨주고 설거지하다 보면 잠시 스쳐 갔던 좋은 아이디어도 사라지고 없다. 다시 생각해내려 해도 도무지 떠오르지 않아 답답하기만 하다. 이런 상황이 반복될 때면 슬슬 짜증이 올라온다. 초집중을 필요로 하는 작업은 가능하면 퇴근 후 하지 않는다. 자투리 시간에 읽는 책은 내용이 무겁지 않고 부담 없이 쉽게 읽을 수 있는 에세이나 시집, 산문집들을 주로 읽게 되었다. 모든 것이 정리된 후 늦은 저녁 시간, 나는 간단히 감사일기를 적고, 새벽에 일어나서 해야 할 일을 점검한다. 하루를 잘 마무리하는 것도 내일을 맞이하는 현명한 자세다. 자기 전 새벽에 할 일을 미리 점검하는 것은 새벽 시간을 더 효율적으로 활용할 수 있도록 하는 데 도움을 준다. 감사일기를 쓰고 오늘의 감사를 느끼며 잠이 들 때 내일을 미리 감사하게 되었다. 저녁 시간은 하루를 돌아보고 반성하는 시간이어도 충분하다는 사실을 새벽을 통해 받아들였다.

　퇴근 후 시간은 쌓인 피로만큼 열정이 식어버린 상태다. 피곤과 짜증이 밀려와 손끝 하나 꿈쩍할 힘도 없다. 아무리 시간을 잘 활용하려고 해도 새벽 시간과 같은 생산성과 효율성을 기대하기는 어려웠다. 나는 새벽 시간이 주는 긍정적인 면을 알기에 지금은 굳이 밤늦은 시간까지 버티기를 하지 않는다. 나에게 믿는 구석, 즉 새벽이 있기에 부담 없이 저녁 시간을 알뜰하게 사용한 후 잠을 청하는 것을 선택한다. 시간 대비 최고의 효과를 얻을 수 있는 시간, 새벽이 있는 사람에겐 걱정이 없다. 오히려 새벽을 위해 깊은 숙면을 선택하는 또 다른 선택지가 있을 뿐이다. 나를 위한 투자시간은 새벽 시간에 집중되어 있다. 누구보다 아침을 일찍 시작하고, 새벽이 주는 특별한 힘이 시너지를 만들어 그 어느 때보다 알차고 성공적인 하루를 살게 한다.

새벽 기상을 결심하기 전, 먼저 자신의 하루가 어떻게 흘러가고 있는지 돌아보길 바란다. 내가 보낸 시간의 흔적을 되돌아보지 않는다면 무엇이 잘못되어 있는지 파악하기 어렵다. 나 역시 새벽 기상을 결심한 후 하루의 흐름을 곱씹어 보았다. 하나씩 적어보며 분명 바쁘게 살아가고 있는데 변화가 없다는 사실에 적잖이 놀라지 않을 수 없었다. 그 누구보다 최선을 다해 살았다고 자부했지만, 변화 없는 오늘이 내일 또 반복될 것이라는 두려움과 불안함이 소름 끼치게 싫었다. 말로만 변화를 원한다고 하지 말고 손발 걷어붙이고 행동으로 옮겨야 한다. 모든 변화는 입에서 시작하는 것이 아니라 몸으로 보여주는 것이다. 피곤한 저녁 시간을 온전히 잠에게 양보할 수 없지만, 적절히 내일 새벽을 위해 타협할 필요가 있다. 하루 종일 사람과 일에 시달리며 온몸으로 스트레스를 받아내느라 지쳐있을 나에게 휴식 같은 시간이 되어주는 것만으로도 저녁 시간은 제 할 일을 다 했다고 생각한다. 굳이 집에까지 일을 가져와 몸을 괴롭힌다던가, 잠을 잘 시간에 휴대폰에 정신이 팔려 휴식마저 빼앗긴 소모적인 삶의 패턴은 자제해야 한다. 건강한 삶은 시간을 건설적으로 사용하는 사람에게 허락된다. 저녁 시간을 느슨하게 활용하기 시작한 후 저녁은 나에게 휴식 같은 친구가 되었다. 무턱대고 시간을 쏟아부을 것이 아니라, 제대로 정리하고 쉬는 것이야말로 새벽을 건강하게 맞이할 수 있는 방법이다.

『내가 새벽에 일어나는 이유는 지금처럼 사는 것이 싫어서,

나로 살고 싶어서, 내 시간을 가지고 싶어서였다. 이 모든 이유

를 합하면 결국 나는 나 자신과의 시간이 필요했던 것이다.』

새벽 기상, 성공의 최고 비법은 잠을 줄이지 않는 것

나는 S 아동병원 나이트 전담간호사로 일하고 있다. 밤 근무를 전담으로 하게 되면 새벽 기상도, 글쓰기도 힘들어질 줄 알았다. 하지만 그동안 지켜온 새벽 습관이 어떠한 상황에서도 휘청이지 않을 컨트롤 타워가 되어주었다. 밤에 일하더라도 흔들리지 않고 새벽 시간을 알차게 보낼 수 있는 노하우를 스스로 찾아 정착해나가고 있다. 새벽 기상, 어렵게 생각하지 마라. 새벽에 일어나는 것에 부담을 줄이고 어떻게 하면 새벽 시간을 내 것으로 만들어갈 수 있을지만 생각하자. 새벽은 나태함을 허락하지 않는다. 적당한 수면은 보약이지만 지나친 잠은 독약이다. 많이 잔다고 피곤이 풀리는 것도 아니었다. 오히려 많이 자고 일어난 아침이 더 허리가 아프고 몸이 더 찌뿌

둥했다. 머리도 잠에서 덜 깨난 사람처럼 몽롱한 상태였던 적도 있었다. 새벽 기상을 하려고 마음먹었다면 자신의 수면 패턴을 잘 파악하는 것도 중요하다. 수면 시간보다 더 중요한 것은 수면의 질이었다. 매일 8시간씩 자던 사람이 하루아침에 30분을 앞당기는 일은 무리다. 루틴의 변화를 뇌가 먼저 감지하고 거부반응을 일으키기 때문이다. 몸에 익숙한 리듬을 깬다는 것으로부터 우리의 뇌는 불안을 느끼고 원래의 방식대로 되돌아가기를 원한다. '더 자고 싶다'라는 유혹을 물리친다는 것은 안락함을 포기하는 일이며, 잠에서 깨는 일은 의지를 먼저 끌어내는 일이다. 자기 의지로 앞당겨 일어난 시간이 인생에 새로운 흐름을 만들어 낸다. 내가 덜 잔 시간 스스로를 다잡는 시간이자 세상보다 먼저 나와 살아내는 시간이다. 새벽 기상은 꾸준히 습관화시키는 것이 중요하다. 몸이 저절로 반응해서 일어나기까지 새벽 기상을 반복하는 것이 중요하다. 그렇지 않으면 작심삼일로 끝나기 쉽다. 나는 3년이 흘러서야 알람 없이도 몸이 기억하는 시간에 일어나기 시작했다. 어쩌다 알람이 꺼져 있어도 몸이 알아서 새벽 4시면 눈을 뜨게 한다. 진짜 피곤했던 날에도 내 의지와 상관없이 새벽 5시면 무의식이 몸을 깨웠다. 새벽 기상도 몸으로 체화되는 시간이 필요하다.

시어머니께서는 우리 가족에게 근면 성실한 모습으로 본보기가

되어 주신다. 새벽 3시면 일어나 몸을 움직이기 시작한다. 시어머니
께서 새벽에 일어나시는 주목적은 건강유지에 있다. 더 나이 들어,
혹여나 자식들에게 짐이 될까 염려하신다. 한 살이라도 젊을 때 건강
을 챙기려는 어머님의 마음이 새벽에 일어나 운동을 하게 만들었다.
나는 시어머니의 새벽 기상 덕분에 명절이 되어도 뜻밖의 호사를 누
린다. 아침 일찍 서둘러 시댁에 도착하면 이미 모든 음식이 마무리되
어 있다. "아이고, 뭘 이렇게 일찍 왔어. 일하느라 피곤할 텐데 좀 더
자다가 오지. 엄마, 새벽 3시부터 일어나서 다 끝냈다."라며 자랑스
럽게 말씀하신다. 시어머니는 정성이 담긴 따뜻한 명절 음식을 기쁜
마음으로 한 상 차려 주신다. 제사도 지내기 전에 육전과 배추전, 고
구마전, 동태전 등등 한 상 푸짐하게 차려 아침도 못 먹고 왔을 자식
들을 먼저 챙기신다. 나는 그런 시어머니께 죄송하면서도 감사한 마
음으로 맛있게 먹는다. 시어머니의 부지런함은 내가 시댁에 도착하
기까지 기다릴 틈을 주지 않는다. 시어머니는 내가 시집온 후 단 한
번도 늦잠을 주무시는 것을 본 적이 없다. 늘 집안은 청결 그 자체였
고, 자기 관리의 끝판왕이었다. 그래서인지 연세보다 젊다는 소리를
들으신다. 함께 등산을 가도 날다람쥐처럼 정상에 먼저 올라서 있다.
헉헉거리며 겨우 오르는 나와는 달리 새벽에 일어나 운동을 꾸준히
해 온 결과 몸이 가볍다. 시어머니의 새벽 기상의 비밀은 일찍 주무
시는 것에 있었다. 늘 비슷한 시간에 주무신다. 내가 시집온 지 20년

이 지나도 새벽에 일어나는 것은 한결같다. 나의 새벽 기상은 시어머니 앞에서는 신생아다. 오랫동안 시어머니께서 새벽 기상을 하실 수 있었던 것은 일정한 취침 시간과 기상 시간을 지켰기 때문이다. 나는 그것을 잘 알기에 처음부터 수면 시간을 줄이거나 너무 많이 당기지 않았다. 오히려 새벽에 일어나면서 저절로 취침 시간이 당겨지기 시작했다. 하루를 일찍 시작하면 하루가 길게 느껴져 자연스럽게 저녁이 되면 몸이 침대를 찾았기 때문이다. 무리해서 새벽 기상 계획을 잡지 말라고 전하고 싶다. 새벽 기상은 단거리 경주가 아닌 장거리 경주란 것을 명심하자. 장거리 경주에서 포기하지 않으려면 처음부터 전속력으로 달리는 일은 없어야 한다. 자신만의 속도 조절이 필요하다.

자신의 하루 패턴을 유심히 관찰해보자. 평소 몇 시에 잠들고 몇 시에 일어나는지 분석해 보고, 의식적으로 새벽 기상에 초점을 맞추어 보자. 몇 시에 일어나야겠다는 강한 의지가 새벽 기상의 성공을 이끈다. 나는 '몇 시에 잠을 자야지.' 보다 '몇 시에 일어나야지.'에 무게를 두었다. 그리고 그 시간에 일어나기 위해 나의 의식을 집중했다. 새벽 기상에 대한 간절함이 무의식에 장착되면서 새벽에 일어나는 것이 더 이상 걱정되거나 두렵지 않았다. 의식이 내가 원하는 시간에 일어나도록 이끌었고, 그 시간에 일어나기 위해 일찍 잠들기 시작했다. 시어머니 역시 건강을 유지하기 위해 새벽 시간을 선택했고,

그 시간을 지키기 위해 일찍 잠이 드는 자연스운 과정을 몸으로 그 해법을 찾아낸 것이다. 새벽 기상을 하는 나 자신이나, 시어머니는 남들보다 일찍 일어나 활동을 해도 자신에게 적합한 수면을 취했기에 무리없이 하루를 활기차게 이어가고 있는 것이다.

현재 나이트 전담간호사로 일하기 때문에 밤을 뜬눈으로 지새울 수밖에 없는 날이 30일 중 14일이다. 나머지 16일은 새벽형 인간의 삶을 여전히 고수하며 글을 쓰고 있다. 나는 밤 근무를 이틀하고 나면 이틀을 기본적으로 쉰다. 밤 근무를 하고 집으로 돌아오면 오전 8시쯤 된다. 작은 딸아이가 등굣길에 나선다. 딸아이와의 짧은 아침 인사를 뒤로하고 거실 한복판에 절 방석을 편다. 집 안에 아무도 없으니 눈치 볼 것도 없다. 108배 절 운동을 한 후 곧장 욕실로 들어가 씻는다. 밤새 쌓인 피곤이 따스한 물과 함께 씻겨 내려가 개운하다. 옷가지들을 세탁기에 돌리고, 집 안 청소를 한다. 기본적인 집안일들을 하고 나면 기분이 한결 가벼워진다. 이제부터 나를 위해 쓸 낮시간을 생각하면 은근히 기분이 좋다. 나는 퇴근 후 잠들어버리는 이 시간조차도 아깝다. 거실 창문을 가리고 있는 화이트의 우드 블라인드를 비스듬히 세운다. 그 틈으로 아침 햇살이 스며들어와 나란히 줄지어 있는 초록빛 금전수 잎을 반짝이게 한다. 부드러운 피아노 음악을 틀어놓고, 아이스 아메리카노 한잔을 준비한다. 그리고 노트북을 연다. 필사할 책을 책꽂이에 세워놓고 타이핑 필사를 시작한다. 밤새워 일하고 온 뒤지만, 졸린다는 생각도 잊은 채 한 꼭지 필사를 마무리하고 나면 오전 11시쯤 된다. 그제야 졸리기 시작한다. 나는 잠들기 싫어서 운동화를 신고 밖으로 나간다. 아파트를 감싸고 있는 각양각색의 꽃들이 앞다투어 활짝 피어나고 있었다. 앙상했던 나뭇가지에 파릇파릇 돋아난 연녹색의 잎들은 무리 지어 핀 꽃처럼 싱그러웠다. 하늘은 바다처럼 푸르고 흰 구름은 한 조각 돛단배의 모습을 하고 있었다. 모든 것이 평화로웠다. 아이들은 학교로, 직장인들은 일터로 가고 없는 한가한 낮시간이 조용히 내 주변에 머물고 있었다. 내 얼굴 위로 따스하게 내리 앉는 아침 햇살의 살가움이 절로 미소짓게 만든다. 나는 혼자 걸으며 사색하는 이 짧은 시간이 좋다. 느리게 걷는 걸음에서 느껴지는 여유로움이 '늘 오늘만 같아라.' 속삭이며 소박한 마음을 가지게 한다.

남들은 밤에 일했으면 빨리 잠이나 자지 왜 이렇게 자신의 몸을 혹사하냐고 말할지도 모르겠다. 하지만 나는 나름의 시간을 즐기고 있을 뿐이다. 그것도 나에게 가장 적합한 방식으로. 밤 근무를 하고 쉬는 날은 자칫하면 하루를 잠에 반납할 수도 있다. 잠에게 시간을 빼앗긴다는 생각을 하면 괜히 억울하기까지 하다. 아차 하는 순간, 낮잠을 너무 많이 자버려서 생활 패턴이 꼬이기 쉽다. 한 번 어긋나면 밤이 되어도 정해진 시간에 잠을 잘 수가 없다. 그렇게 되면 다음 날 새벽 일정에 차질이 생길 가능성이 농후하다. 퇴근 후 바로 잠들지 않고 충분히 활동하다가 3시간 정도 잠을 잔다. 오후 5시쯤 알람이 울리면 일어나 다시 몸을 움직인다. 서평 할 책을 읽는다. 글을 쓰기에는 정신이 맑지 않아 이러한 날은 웬만하면 새벽으로 글쓰기를 미루는 편이다. 저녁 시간이 가까워질수록 아이들이 집으로 돌아온다. 저녁 식사시간이 지나면 잠이 슬슬 쏟아진다. 오후 10시쯤 일찍 잠자리에 들고 다음 날 찾아올 새벽을 건강하게 맞이한다. 나는 가능하면 밤 근무를 하고 쉬는 날이어도 낮에 몸을 많이 움직이려고 노력한다. 낮에 잠을 충분히 자뒀음에도 불구하고 늦은 밤까지 책을 읽어도 몽롱하기만 했다. 밤 근무의 후유증이 가시지 않아 몸 상태가 깨어있지 않기 때문이다. 새벽처럼 맑고 개운한 정신이 아니다. 나는 어떠한 상황에서도 잠자는 시간을 지키려고 노력한다. 들쭉날쭉 거리는 수면 시간은 다가올 하루를 망치는 지름길이다. 내가 흔들리지 않고 새벽 기상을 이어갈 수 있는 것은 일정 시간에 자고, 일정 시간에 일어나는 기본에 충실했기 때문이다.

무슨 일이든 시작이 어렵다. 내가 글을 쓰기로 했을 때, 새 직장으로 옮겨 가기로 했을 때, 새벽 기상을 하기로 했을 때 등 모든 결심에 시작이 있었다. 내가 잘 해낼 수 있을까의 문제는 시작하고 난 이후의 문제이다. 시작이 있었기에 과정이 있고 결과가 있는 법이다. 그

만큼 시작이 중요하다. 마음으로만, 말로만 할거라고 다짐하지 말고 행동으로 보여줘야 몸과 정신이 반응하기 시작한다. 어떻게든 내 편에 서서 좋은 결과를 가져오기 위해 최선을 다한다. 새벽 기상은 잠을 줄여가면서 억지로 한다고 해서 삶에 물들여지지 않는다. 의식적으로 새벽 기상을 생각하라. 그리고 취침 시간과 기상 시간을 지혜롭게 활용해라. 늘 자던 시간에 자고, 늘 일어나던 시간에 일어나려고 한다면 새벽 시간은 영영 당신의 삶에 없을 것이다. 새벽, 이 귀한 시간을 만나기 위해서는 잠과 기상의 간격을 조금씩 줄어나가는 연습이 필요하다. 나는 이 과정을 통해 잠을 8시간 자지 않아도 충분히 활력있는 하루를 살아갈 수 있음을 알게 되었다. 수면의 질이 하루의 질을 결정한다는 것을 몸으로 터득할 수 있었다.

『아침은 매일 일정한 시간에 떠오르는 태양이 있기 때문이다. 매일 일정 시간에 일어나는 일이 힘들어도 계속해서 꾸준하게 열정적으로 반복해야 한다.』

새벽에 할 일을 미리 정해라

　새벽 기상은 시간이란 귀한 자산을 선불한다. 새벽 시간에 무엇을 하느냐는 인생의 판도를 바꿀 만큼 강력한 힘이 있다. 새벽 기상 후 출근 전까지 하는 일들은 내 삶을 더욱 역동적으로 만들었다. 다른 이들이 보기에, 단순하고도 별거 아닌 것 같은 일이 삶의 생동감을 넘치게 한다. 새벽에 하는 일은 간단하면서도 실현 가능성이 커야 한다. 남들이 좋다고 하는 일을 무작정 따라 하는 것은 자제해야 한다. 새벽에 일어나 그 일을 해야만 하는 목적을 명확히 하고, 그 목적에 부합되는 일을 꾸준히 해야 한다. 꾸준함은 새로운 인생 항로를 개척하려는 시도와 도전의식을 불러일으킨다. 무리하게 세운 계획은 새벽 기상을 힘들게 하고 빨리 지치게 만들어 오랫동안 지속할 힘을 상

실하게 한다. 새벽이 선물이 아니라 부담이 되는 건 한순간이다. 제
풀에 지쳐 낙오자의 반열에 동참하게 된다. 새벽 기상에 성공하려면
어떻게 해야 할까? 새벽에 하는 일은 자신을 즐겁게 만들고, 그 일을
완수하고 난 후 자신을 '엄지척'해 줄 수 있는 일이면 된다. 내가 해야
할 일이 어렵고 힘든 과제라면 일어날 때마다 지옥에서 눈을 뜨는 기
분을 매일 맞봐야 할 것이다. 새벽 시간은 내 의지로 선택한 특별한
시간이다. 유일하게 공평하게 주어지지 않은 비밀스러운 시간이 바
로 새벽이다. 그런 시간을 단순히 일어나는 것에 의미를 둔다면 잠이
나 더 자라고 말하고 싶다. 내가 의도한 바대로 잘 짜인 각본 하나가
획기적인 인생 드라마를 연출한다. 잠들기 전, 새벽에 해야 할 일을
미리 계획하라. 그 일에 자신의 의도가 분명하게 드러나도록 간결하
고도 명료하게 정리하라.

친구 J는 어린 시절부터 서로의 성장 과정을 지켜본 죽마고우다.
'어린 시절의 나'도 '지금의 나'도 모두 껴안아 주는 참다운 친구다.
다소 늦었지만, 작가의 길을 가고 있는 나를 자기 일처럼 진심으로
응원하며 감동하는 친구이다. 나의 오랜 벗은 평범한 이야기도 맛깔
나게 잘 풀어내는 재주가 있어서 함께할 때면 늘 즐거움을 안겨준다.
어느 날 친구와 전화 통화를 하게 되었다. 친구는 내가 글을 어떻게
쓰게 되었는지 궁금해했다. 나는 망설임 없이 글쓰기의 시작은 새벽

기상에 있었다고 말했다. 새벽에 일어나 내가 했던 루틴이 글을 쓰고 싶게 만들었다고 말할 수 있는 당당함에 스스로도 흠칫 놀랐다. 새벽 기상을 시작하던 당시만 해도 꿈에도 생각하지 못했던 일이다. 지금과 같은 미래가 준비되어 있을 것이라고 상상조차 못 했다. 친구 J가 나를 보며 긍정적인 영향을 받는 듯해 뿌듯하기만 하다.

　친구 J는 문득 '열정'에 대해 곰곰이 생각해봤다고 말을 꺼냈다. 마흔 중반의 나이에 새로운 꿈을 향해 도전한다는 것이 친구에겐 신선한 자극제가 된 모양이다. 친구는 살면서 자신에게도 나와 비슷한 열정을 느낀 순간이 있었는지 생각해보게 되었단다. 인생을 통틀어 자신이 열정을 다한 순간이 네 번이 있었다며 친구는 목에 힘을 주어 말했다. 간호사 면허를 취득하기 위해 국가고시 공부하던 시기가 그녀의 첫 번째 열정이었다고 밝힌다. 하긴 이건 나 역시 마찬가지나. 성인이 된 나를 먹여 살릴 일이었기에 악착같이 자신과 씨름하며 견뎌낸 시간이라는 걸 서로가 잘 알고 있다. 두 번째는 실버타운이 지금처럼 활성화되기 전의 일이다. 제대로 정립되지 않은 메뉴얼을 기반으로 의료인의 업무를 개척해나가며 힘든지 모르고 일했던 시절이었다고 했다. 세 번째 열정은 간호사로 살다가 농부의 삶으로 전환해 딸기 농사에 전념했던 시간이었다. 농부로 바뀐 삶이 호락호락할 리는 없었기에 그동안 얼마나 딸기 농사에 피와 땀, 눈물을 쏟아부었을지 감히 상상조차 할 수 없지만, 친구는 그 시간을 살아낸 산증

인이다. 초보 딸기 농사꾼이 이제는 딸기 박사도 울고 갈 정도다. 친구는 "지금은 그렇게 하라고 해도 못해여~."하며 너스레를 떤다. 마지막, 네 번째 열정은 마흔 중반에 시작한 인스타그램이다. 내가 처음 인스타그램을 접하며 새벽 기상을 인증하던 때가 생각난다. 분명나 역시 보지 못했던 새로운 세상이 열리는 문고리를 잡아당긴 기분이었으니까. 친구는 인스타그램에 직접 만든 디저트를 올리고, 남편과 나누는 소소한 일상을 공유한다. 글 쓰는 나로서 해줄 수 있는 조언은 단 하나였다. 사진만 덩그러니 올리지 말고 짧은 글이라도 함께 써보라는 당부가 전부다. 친구는 그 말을 참고해 요즘은 정성스레 만든 디저트와 글이 함께 게시물로 올라온다. 내심 흐뭇하다. 친구는 덧붙여 말한다.

"현주야, 당시에는 열정이 있었기에 힘든 줄도, 피곤한 줄도 모르고 다 했지. 그러나 지금, 다시 그 일을 하라고 해도 그때만큼의 '간절함'이 없기 때문에 엄두도 못 낸다. 그런 점에서 네가 열정을 가지고 책을 쓰게 된 것은 정말 대단한 일이야."

나는 친구 J의 말에 깊이 공감했다. 열정은 몰입이다. 진짜 열정은 불타는 감정이 아닌 그 하나의 일에 미쳐 있는 상태와 같다. 친구는 그때의 일들을 열정이라 말하고 있었지만 내게 있어 열정은 곧 몰입이었다. 나 역시 친구처럼 간호사 국가고시 자격증 시험준비를 할 때, 이른 아침 도서관에 도착해서 자정이 될 때까지 엉덩이에 땀띠가 나도록 공부하면서도 지칠 줄 몰랐다. 모든 열정과 간절함이 오직 '국가고시 합격'이라는 하나에 집중되어 공부에 몰입할 수밖에 없는 환경을 만들었다. 직장생활을 하면서도 늦은 새벽 시간에 병원에서 콜이 와도 내 일처럼 뛰어가 처리해야 마음이 편했다. 피곤하다는 생각보다 그 일을 내가 할 수 있는 사람이라서 행복했었다. 자신이 좋아서 하는 일은 무언가에 홀린 듯 지칠 줄 모르는 강한 힘이 작용한다. 새벽 기상을 하기 전의 나는 열정과 간절함이 식어버린 좀비 같은 삶을 살았었다. 그러나 지금은 다르다. 그 어느 때보다 젊은 날의 열정이 가득한 지금이다. 새벽에 할 수 있는 일은 내 몸이 조금 귀찮아도 스스로 해낼 수 있는 열정을 불러일으키는 일이면 충분했다. 거창하게 생각할 필요도 없다. 스스로 그 일을 떠올렸을 때 흥이 나고, 그 일을 했을 때 피곤해도 아픈 줄 모르고 그 하나에 집중할 수 있는 루틴들로 이어가면 그만이다. 친구와 내가 경험했던 열정은 '가슴이 원하고, 스스로 좋아서' 선택한 일이었다. 그래서 시간과 장소를 불문하고 그 일에 몰두할 수 있었다. 우리는 그것을 열정이라 부르며 살아온 것이다. 새벽은 바로 그런 일을 하는 시간이다. 나를 힘 나게 하고 나를 응원하는 일 말이다. 새벽에 하는 일들이 나의 열정에 새롭게 불을 지폈다. 그 일에 빠져 열정을 다하다 보니, 글을 쓰고 싶다는 욕망이 이글거리기 시작했다. 열정이 가득 담긴 일은 저절로 몰입을 부른다. 누가 이렇게 해라 저렇게 해라 말하지 않아도 몸이 반응하고 생각이 하나로 모이게 된다. 글을 쓰고 싶은 간절함을 불러일으키는 열정이 새벽 시간을 뜨겁게 달구었다. 나는 새벽에 일어나 내가 해왔던 일들의 큰 그림이 바로 책 쓰기였다는 것을 지금에서야 깨닫는다. 잠을 물리치고 일어나 새벽에 하는 일들의 시곗바늘은 매일 글 쓰는 삶을 가리키며 꿈을 키우고 한 방향으로 움직이고 있었다. 새벽 기상 후, 해야 할 일이 중요한 이유가 바로 여기에 있다. 새벽이 데려다줄 큰 미래를 생각한다면, 잠들기 전 새벽에 해야 할 일을 미리 정하고, 그 일은 어떤 핑계에도 절대 양보하지 말고 실천으로 옮겨야 한다.

처음부터 새벽 시간은 완벽하지 않았다. 독서와 마음 근육 강화가 일차 목표였기 때문에 새벽 기상 후 읽을 책과 필사할 노트만 있으면 충분했다. 나 자신과 약속한 시간에 눈을 떴다는 것, 내가 읽고 싶었던 책을 읽고 마음의 별처럼 새겨질 문장을 필사했다는 그 사실 하나만으로도 충분히 성취감을 느낄 수 있었다. 자신에게 한 약속을 지켜냈다는 사실에 감격스러워 기쁜 마음으로 책을 읽고 필사하며, 하루를 어떻게 보내야 할지 다짐했다. 새벽 기상에 성공하는 날들이 지속되면서 어떻게 하면 새벽 시간을 더 알차게 보낼지 고민하게 되었다. 책을 읽고 필사하고도 아침 출근 전까지 시간이 넉넉하다고 느껴졌다. 마음의 여유가 생겼다. 새벽 시간을 1분이라도 허투루 쓰고 싶지 않았다. 잠들기 전, 다음 날이면 찾아올 새벽을 위해 해야 할 일들을 적어 내려갔다. 새벽에 일어나면 긍정 확언을 적고, 미리 보내고 싶은 하루에 대한 감사일기를 적는다. 그리고 책을 읽고 필사한다. 책상 위에는 해야 할 일의 순서대로 필요한 것을 가지런히 정리해 놓는다. 또한, 아침에 기본적으로 해야 할 출근 준비도 함께 했다. 입고 갈 옷과 가방 정리까지 마무리한 후 잠들었다. 잠들기 전부터 뭔가 꽉 찬 느낌이 들었다. 우왕좌왕하지 않고, 지루하지 않은 새로운 삶이 찾아온 것만 같았다. 소풍 가는 아이처럼 내일을 품고 잠들었다.

알람 소리가 새벽 3시 반에 정확히 울렸다. 나는 눈을 번쩍 뜨고 기지개를 켠 후 재빨리 침대를 탈출했다. 잠의 유혹을 부르는 침대를 벗어나야 다음 할 일을 찾아 몸이 움직인다. 나는 욕실로 가서 세수와 양치를 한다. 그리고 책상에 앉아 긍정 확언 노트를 꺼낸다. 루이스헤이의 긍정 확언을 적다 보면 나 자신도 긍정의 기운을 듬뿍 받은 기분이 든다. 그리고 바라는 오늘을 떠올리며 감사해야 할 일들을 3가지 적는다. 이어서 책을 펼친 후 조용히 독서를 시작한다. 그 날 읽은 내용 중 기억하고 싶은 글을 정성스럽게 붓 펜으로 노트에 적는다. 내가 생각하고 의도한 바대로 막힘없이 해나가는 자신이 자랑스러워진다.

잠시라도 눈을 뜨면 해야 할 일을 머릿속으로 천천히 그려보고 정리해보는 시간은 대단히 중요하다. 새벽 시간에 있을 자신의 모습을 미리 상상해 보는 것은 무대 위에 오르기 전, 리허설하는 것과 같다. 미리 새벽에 해야 할 일을 순서대로 정해놓으면, 하나의 일이 막힘없이 마무리되고 자연스럽게 다음에 해야 할 일로 이어진다. '다음에 뭐하지?'라는 생각조차 나지 않는다. 준비된 아침 시간은 물 흐르듯이 술술 진행되기 때문에 전혀 조급하지 않다. 또한, 내가 좋아서 선택하고, 하고 싶어서 선택된 일들이기에 하면서도 신이 난다. 신명 나서 하는 일들의 성취감이 매일 찾아오니 날마다 도파민이 채워져 행복한 하루를 시작하게 된다. 성공적인 새벽 시간은 더 많은 도파민을 원했다. 이러한 감정들에 중독된 것처럼 좋은 감정을 매일 누리고 싶어졌다. 시간을 쪼개서 더 많은 일을 하고 싶은 욕구도 솟구쳤다. 어디까지 해낼 수 있을지 나의 한계에 도전하고 싶었다.

새벽 기상이 습관이 되면 못할 일은 없다. 처음부터 무리하게 여러 가지 일을 하려고 하기보다 하나씩 늘려가는 지혜가 필요하다. 나는 새벽 시간이 주는 긍정적이고 진취적인 기운을 매일 만끽하고 싶어 새벽을 밝혔다. 새벽에 일어나는 날들이 쌓여갈수록 하고 싶은 일들도 하나둘 늘어갔다. 나는 동기부여 동영상을 시청하며 필사했고, 나태해지려 할 때마다 풀어진 신발 끈을 고쳐 묶듯이 나의 초심을 바로 세우는 데 집중했다. 정신력이 육체를 지배하는 듯했다. 가끔은 이렇게 한다고 해서 내 삶이 변할까 하는 의문을 품기도 했다. 하지만 나를 약하게 만드는 생각은 접어두고 지금 하는 일에 온 마음을 다해 보자고 나를 다독였다. 필사적으로 새벽 시간을 지켜냈다. 이렇게라도 내 몸을 움직이게 하지 않으면 직장에 대한 불안감, 다가올 미래에 대한 두려움이 삶을 다시 힘들게 할 것만 같았다. 남들은 나를 보며 편히 살아도 되는데 굳이 사서 고생하냐고 할 것이다. 하지만 나로 살아가는 삶에 제동이 걸렸다는 사실은, 내가 만족스러운 삶을 살지 못하고 있다는 걸 말하는 것만 같았다. 삶에 대한 애착이 강한 사람이 바로 나다. 내 삶의 모든 순간을 헛되이 보내고 싶지 않았다. 새벽은 가장 심적으로 힘든 시기에 찾아온 동아줄 같은 시간이다. 그런 시간을 목숨처럼 아끼며 루틴을 만들어갔다. 새벽, 거창하게 설계하지 말고 내가 그동안 바쁘다는 핑계로 미뤄야 했던 일 중 가장 나를 즐겁게 해주는 일을 하면 된다. 내가 좋아했던 일, 하고 싶었던 일들은 항상 아이들과 직장일 다음으로 밀려나기 일쑤였다. 녹초가 된 몸을 이끌고 겨우 버텨야만 찾아오는 늦은 저녁 시간은, 내가 하고 싶었던 일을 하기엔 다음 날 출근이 걱정되어 온전히 활용하기에 부담이 되는 시간이었다. 나는 안다. 나를 가장 기쁘게 하고 즐겁게 하는 일이 새벽 시간에서만큼은 1순위가 되었다는 것을. 특별한 시간에 내 마음의 1순위 일을 하는데 당연히 성과는 좋을 수밖에 없다.

『준비된 새벽이 당신을 원하는 세상으로 데려갈 것이다.』

나는 새벽 기상 후 108배 절 운동을 했다

　새로운 도전은 체력과의 싸움이다. 새벽 기상을 꾸준히 실천하면서 많은 사람이 왜 기초체력을 키우는 데 관심이 많은지 알 것 같았다. 마음 체력뿐만 아니라 몸의 체력도 길러야 쉽게 꼬꾸라지지 않는다. 일이든, 공부든, 운동이든 장기적으로 보면 결국 체력전이다. 아무리 좋은 일도 몸이 아프거나 극심한 스트레스 상황에서는 걸림돌이 되기 마련이다. 매일 일정한 시간에 기상하는 것은 매일 허들 하나를 넘어가는 일과 같다. 새벽 기상이 완전히 내 몸에 물들 때까지는 잠의 유혹과 매일 싸워야 했다. 또한, 새벽 시간을 오래 즐기려면 몸과 마음의 근력을 함께 키워야 한다. 인스타그램에 매일 새벽 기상과 필사인증을 올리며 인친들의 새벽 시간을 엿보게 되었다. 어떤 이는 매일 새벽 줄넘기를 했고, 어떤 이는 요가를, 또 어떤 이는 달리기를 했다. 저마다 아름다운 몸매와 건강을 지키기 위한 '그들만의 리그'를 매일 치르고 있었다. 하지만 나는 운동과는 거리가 먼 삶을 살아왔다, 게다가 딱히 내가 할 수 있는 운동이 생각이 나지 않았다. 요가를 따라 해봤지만 어린아이보다 못한 유연성에 좌절하고 말았다. 계절을 가리지 않고 달리기와 줄넘기는 계속할 자신이 없었다. 이미 마음속에서 그어버린 한계가 시작할 용기조차 꺾어 버렸다. 운동을 좋아하는 사람들이 그저 부럽기만 하다. 체력을 키우기 위해선 20분 정도 실내에서 할 수 있고, 끝까지 해낼 수 있는 운동이 뭘까 고민했다. 역시, 새벽 시간에 문제를 해결하려는 시도는 좋은 해답을 찾게 된다. 내가 새벽 시간에 할 수 있는 운동이 있다는 사실을 새벽의 똑똑한 뇌가 기억해냈다.

지인을 따라 절에 간 적이 있다. 지금도 가끔 스님의 법문을 유튜브를 통해 듣고 있다. Y 절을 다니며 주지 스님으로부터 새벽기도의 중요성을 전해 들었다. 당시 사춘기의 절정에 달하던 큰 딸아이와 실랑이를 벌이느라 심신이 고달팠던 시기였기에 새벽기도라는 네 단어가 귀에 바로 꽂혔다. 100일간 새벽 3시에서 3시 반에 일어나 정성껏 기도를 올리면 가피를 받는다고 했다. 그래서 나는 무조건 새벽기도를 해야 한다고 생각했다. 엄마의 마음은 멈출 줄 모르는 불도

저와 같았다. 자식을 위해서라면 이 정도는 콩나물에 물주는 일보다 더 쉽다고 생각했다. 재고 따질 것 없이 이 기도는 반드시 해내야 하는 필수과업처럼 느껴졌다. 소원을 이루는 가장 쉬운 방법이 새벽 3시와 새벽 5시 30분 사이에 일어나 지장경 기도를 성심성의껏 하는 것이라 했다. 이 시간대가 기도의 효험이 가장 빛을 발하는 시간이라고 했다. '새벽에 하는 기도가 그렇게 효험이 좋다고? 일단 해보자!'라며 100일 새벽기도를 시작하기로 했다. 자식이 잘 되길 바라는 부모의 마음을 담아 소원 목록을 하나씩 적어 내려갔다. 스님은 가능한 많은 소원을 적으라고 하셨다. 막상 적으려니 쉽게 떠오르지 않았지만, 마음을 정돈하고 노란 소원지에 이루고 싶은 소망을 하나씩 채워갔다. 빼곡히 채워진 한 장의 소원지를 다른 한 장에 그대로 옮겨 적은 후, 나는 소원지 2장 중 한 장은 부처님 전에 바쳤고. 나머지 한 장은 내가 보관했다. 매일 새벽 3시에 일어나 절을 올리고 소원지를 읊고, 경전도 매일 일독하며 간절한 마음으로 기도했다. 절을 올리고 경전을 읽고 나면 1시간 30분 정도의 시간이 흐른다. 기도에 집중하다 보면 마음이 절로 경건해진다. 나는 이 새벽기도를 100일 동안 했었다. 그리고 내가 100일간 읊어대던 소원지를 부처님 전에 회향했다.

지금에 와서 생각해보니, 그때가 나의 첫 새벽 기상이었다. 그래서일까? 새벽 3시에 기도하며 눈을 떴던 경험 덕분에 새벽 기상에 대한 두려움이 크지 않았던 것 같다. 새벽 3시에 일어났던 경험이 무의식적으로 작동해 기상 목표 시간을 새벽 3시 반에서 4시로 설정할 때도 망설임 없었던 이유가 여기에 있었다. 잊고 있었지만, 역시 경험은 중요하다. 잊고 지내는 동안에도 무의식은 어떤 식으로든 제 역할을 하고 있다. 몸으로 익힌 것은 잠시 잊힐 뿐 결코 지워지지 않는다는 것을 몸소 느낀다.

문득, 100일 동안 새벽기도를 하며 부처님께 올린 절이 생각이 났다. 옳거니! 108배 절 운동을 해보는 건 어떨까? 유튜브를 검색해봤다. 실제 절 운동을 하며 마음 수양과 체력단련을 하는 분이 있었다. 와! 절도 운동이 되다니! 나는 번뇌를 지우는 108배를 하기로 정했다. 절을 하다 보면 마음이 차분해진다. 몸을 엎드렸다 다시 일어서기를 반복하는 절은 나를 낮추고 겸손하게 한다. 망설일 필요도 없었다. 다음 날 새로운 새벽 루틴이 하나 더 추가되었다. 발아래에는 무릎이 아프지 않게 커다란 절 방석을 깔아 놓았다. 손에는 108개의 염주 알을 엮어 목걸이처럼 길게 늘어진 염주를 쥐고 깊게 심호흡을 한 후 첫 번째 절을 시작했다. 절을 한 번 할 때마다 염주 알 하나를 엄지로 돌리는 것과 동시에 '도와주세요' '감사합니다' '덕분입니다'를 들릴 듯 말 듯 토해내며 엎드렸다 일어섰다를 반복했다. 몸이 점점 무거워지고 달아오르는 것을 느꼈다. 절을 할수록 무념무상으로 빠져

들었다. 다리에 힘이 들어가고 얼굴에는 땀이 송골송골 맺히기 시작하더니 숨이 찼다. 108배에 가까워질수록 땀이 등줄기를 타고 흘러내렸다. 그사이 하얀 티셔츠는 땀으로 얼룩졌다. 얼마나 운동에 소홀했었는지 몸이 알아차리고 있었다. 108번째 절을 천천히 마무리한 후, 지그시 잠시 눈을 감고 호흡을 고른다. 그리고 욕실로 들어가 샤워를 했다. 절 운동이 생각했던 것 이상의 전신운동이 되었다. 몸이 개운했고, 마음과 머리까지 깨끗하게 맑아진 것만 같았다. 몸이 깃털처럼 가벼워지고 상쾌하기까지 했다.

　다음 날 새벽 시간에도 절 운동은 계속되었다. 하루가 지나니 등산을 하고 온 사람처럼 허벅지와 종아리 근육이 욱신거리고 걸음걸이도 부자연스러웠다. 둘째 날 새벽 절 운동은 더 힘들게 느껴졌다. 물을 흠뻑 먹은 솜뭉치처럼 내 몸이 내 몸 같지 않았다. 절을 할 때마다 절로 앓는 소리가 나왔다. 고통을 참아내며 포기하지 않고 108배 절 운동 임무를 완수했다. 108배를 하고 나면 어느 날은 속이 다 시원해지는 듯한 기분이 들었다. 마음에서 박하 향이 나는 듯했다. 마음의 짐을 절을 하는 동안 덜어낸 덕분인지 새벽에 혼자 하는 절 운동의 매력에 조금씩 중독되어가고 있었다. 일주일 정도 흐르니 절 운동이 20분 안에 끝나고 더는 다리의 근육통도 없었다. 발목에 묶어두었던 모래주머니를 홀가분하게 떼어낸 기분이랄까? 비 오듯 하던 땀도 시간이 흐를수록 줄어들고 기분 좋은 열감이 온몸을 따스하게 데

위주고 있었다. 서서히 내 몸이 적응하고 있다는 좋은 신호인듯했다. 새벽 루틴에 운동하는 시간 20분이면 충분히 건강도 지키고 체력도 단련시킬 수 있다. 절을 하며 숨이 천천히 차오르고 심장의 펌프질이 가슴을 뚫고 나와 터질 것 같은 순간 108배는 마무리가 된다. 헉헉거리며 마지막 절을 하고 일어나 합장으로 마무리할 때 '오늘 나에게 최고의 하루를 주셔서 감사합니다'라고 말하며 손을 내린다. 나를 낮추는 자세가 경건하고 겸손한 하루를 시작할 수 있게 했다. 몸을 낮추고 마음을 내려놓으니 절하는 시간만큼은 모든 것에 감사를 느끼게 된다. 108배 절을 한 후 가만히 눈을 감고 거칠어진 호흡을 가다듬으며 심호흡을 한다. 호흡이 부드럽게 안정을 되찾으면 눈을 살며시 뜬다. 창밖의 새벽달은 하루하루가 새롭고 반갑기만 하다. 아기 손톱만 했다가 어느 날은 달이 차올라 보름달이 되어 방긋 웃는다.

　운동은 죽어도 싫지만 절 운동은 나에게 최적화된 운동이 되었다. 심장이 터질 듯 달리지 않아도 적당히 호흡을 조절하며 심신 단련에 안성맞춤이다. 이왕 하게 된 운동, 나는 부처님께 공들여 절한다는 마음으로 한 번의 절을 올릴 때마다 염주 한 알을 돌려가며 20분간의 절 운동을 이어갔다. 절 운동은 추운 겨울에도 거르지 않고 할 수 있어서 좋다. 겨울에는 찬바람을 맞으며 뜀박질을 하기에는 서글프기도 하고 추위에 맞서 뛸 생각만 해도 몸이 절로 움츠러든다. 사계

절을 의식하지 않고 매일 달리기를 하며 몸과 마음을 단련해나가는 이들을 보면 존경스럽다. 개개인의 특성이 다르기에 자신에게 맞는 운동을 선택하는 것이 중요하다. 그래야 어떤 환경에서도 개의치 않고 꾸준히 지속할 수 있다.

나이 마흔 중반에 들어서니 갱년기 증상이 나타나기 시작했다. 매달 있던 월경이 몇 달씩 없다가 시작하기를 반복한다. 때로는 심부에서부터 차오르는 열감이 얼굴을 화끈거리게 하면서 달아올랐다가 식기를 반복했다. 중년의 변화를 예고 없이 맞이하며 나의 감정도 널뛰듯 했다. 꽃다운 중년에 찾아온 불청객을 잘 이겨내고 싶었다. 신체적, 심리적, 정신적인 변화를 인정하고 일상을 뜨겁게 사는 것이 오히려 도움이 되는듯했다. 매일 새벽에 눈을 뜨고, 책을 읽으며 글도 쓰고, 108배 절 운동을 하면서 하나에 집중하는 시간이 자칫 유리처럼 나약해지기 쉬운 마음을 단단하게 만들었다. 쉽게 말하면, 딴생각이 끼어들 틈조차 허락하지 않는 훈련을 통해 나를 단련하고 성장시키는 과정이었다. 그렇게 몸을 움직이다 보면 피곤함을 느낄 새도, 잡생각이 머리에 똬리를 틀 일도 없게 된다. 오직 내가 하는 행동에 몰입하게 된다. 나는 새벽이 주는 힘을 몸으로 체험하며 새벽 루틴이 버릴 것 하나 없는 우수한 종자 씨앗들로 가득 찬 밭과 같이 느껴졌다.

『새벽 운동은 몸과 영혼의 지구력을 높인다. 건강한 육체가 건강한 정신을 만든다. 운동은 죽어도 싫은 사람이라면 일어나는 것 자체가 운동이다. 일단 일어나라!』

그래도 뭐니 뭐니 해도 새벽에는 읽고 쓰기이다

새벽은 글쓰기를 꾸준하게 할 수 있는 최적의 환경을 갖추고 있다. 외부로부터 방해받지 않고 하는 일에 집중할 수 있다. 혼자 글쓰기의 내공을 기르기에 최적화된 시간이 새벽이다. 책을 읽으며 성공자들 대다수가 책을 출간한 작가라는 사실을 발견했다. 단지 그들이 성공했기 때문에 책을 썼을까? 아니다. 그들이 작가라는 명칭을 얻을 수 있었던 것은 스스로 글을 쓸 수밖에 없는 환경에 놓여 있었기 때문이다. 나 역시 새벽에 일어나지 않았다면 과연 글쓰기에 관한 열정을 알아차릴 수 있었을까? 내 경험상 새벽에 일어나면 뭐든 쓰게 되어 있다. 낮에는 책을 읽든, 글쓰기를 하든 생각지도 못한 변수가 많다. 전화는 얼마나 많이 걸려 오는가. 하물며 보험 상담부터 광고 전화까지 신경 쓰고 싶지 않은 전화가 온다. 새벽에 일어나서 가장 좋은 점이 외부 요인들로부터의 해방이었다. 가족과 외부 세상에서 나를 찾는 일은 거의 없었다. 세상 만물이 곤히 잠든 새벽, 홀로 깨어있는 새벽 시간이 그렇게 아까울 수가 없다. 작은 일을 하나 하더라도 나에게는 의미가 있었고, 나날이 그 성취감은 깨어있는 하루를 시작할 수 있는 발판이 되어주었다. 새벽에 하는 일 중에서 뭐니 뭐니 해도 책을 읽고, 쓰는 일만큼 들인 시간 대비 가장 최고의 효과를 낼 수 있는 일도 드물다. 새벽에 일어나는 시간을 1분이라도 앞당기고 싶은 이유가 바로 단 1분이라도 책과 친해지기 위함이다. 새벽 시간의 특별함과 즐거움을 깨닫고 난 후, 나는 새로 태어난 기분이었다. 뭐랄까. 특별한 시간대를 살아가는 이들 중 한 명이라는 생각만으로도 충분히 가슴이 벅찼다. 새벽에 일어나야 할 이유를 찾았다는 것만으로도 행운이란 생각이 들었다. 새벽에 읽는 책은 새로운 미래를 꿈꾸게 했으며, 새벽 글쓰기는 그 미래로 가는 문을 열게 했다. 그렇다면 새벽에 책과 가까워지면 어떤 즐거움이 있을까?

첫째, 책 읽는 재미에 푹 빠져 독서의 즐거움을 온전히 알게 된다.

매일 새벽에 일어나 책을 읽다 보니, 책장 넘기는 소리가 점점 좋아지기 시작했다. 고요하고 적막한 새벽, 종이와 종이가 맞닿아 스치며 사각대는 소리는 조용히 침묵을 깨뜨렸다. 게다가 책 읽기에 몰두하다 보면 어느새 책장이 오른쪽에서 왼쪽으로 많이 몰려 있었다. 읽어야 할 페이지 수가 줄어들수록 신이 나면서도 아쉬운 마음이 들 정도였다. '내가 이렇게 책 읽는 속도가 빨랐었나?' 문득 이런 생각이 들었다. '이런 속도라면 일 년에 100권은 무난히 읽어낼 수 있겠는걸?' 스스로 대견하면서도, 일 년 동안 읽을 책의 권수를 정해 목표를 세우고 싶어졌다. 완독한 책의 권수가 늘어갈수록 읽고 싶은 책도 점점 많아졌다. 책에 대한 욕심이 생기기 시작했다. 예전에도 책을 좋아했지만, 속도가 나질 않아 답답했던 적이 많았다. 왜냐하면, 책에만 오롯이 집중할 시간이 없었다. 책을 읽다가도 소소한 일들에 방해받아 흐름이 끊어지곤 했다. 자고 일어나면 읽고 싶은 신간은 매일같이 출간되었고, 읽지 못한 책이 쌓여만 갔다. 사고 싶은 책을 장바구니에 담아 놓고 살까 말까를 망설이던 때도 많았다. 하지만 책 읽는 속도가 빨라지고, 읽은 책의 권수가 쌓여갈수록 독서의 흥미는 배가되었다. 게다가 그다음에 읽을 책을 찾아보는 재미까지 더해졌다.

둘째, 새벽 독서의 꿀맛은 읽고 베껴 쓰기다.

책을 읽으니 자연스럽게 마음을 흔드는 문장이 생긴다. 그 문장을 기억하고 싶은 마음이 필사하게 하고, 나도 그와 같은 문장을 쓰고 싶어 저절로 끄적이게 된다. 책 속의 좋은 문장들을 베껴 쓰다 보면 책을 읽을 때 글눈이 밝아진다. 수많은 활자의 배열 속에 가려진

주옥같은 문장들을 쉽게 찾아낸다. 한마디로 글에 대한 안목이 생긴다. 작가의 글을 따라 쓰다 보면 자신도 모르게 글 쓰는 감이라는 것이 길러진다. 새벽 시간, 읽는 것에 그치지 말고 반드시 한 문장이라도 써보자. 남의 글이든 내 글이든 일단 써 보자. 새벽 한 문장이면 누구든 글 쓸 수 있다. 한 줄 쓰는 습관이 글쓰기를 시작하게 한다. 쓰는 힘은 인생 첫 책을 쓰기로 연결된다. 나에게 새벽은 글 쓰는 힘을 응축하는 시간이었다. 마음에만 근육이 붙은 게 아니라 글을 읽고 쓰는 근육도 두꺼워졌다. 꾸준하게 쓰면 쓸수록 글쓰기는 성장한다. 매일 단 한 줄이라도 읽고 따라 쓰면 어느 순간 나도 글이 쓰고 싶어진다. 새벽은 무엇이든 가능한 시간이다. 남의 글부터 필사하며 몸과 마음이 쓰기에 적응할 수 있는 시간을 가져보자.

셋째, 책을 읽고 따라 쓰면 내 글도 쓰게 된다.

새벽 독서의 양과 질을 따라잡을 수 있는 시간대는 없다. 고요하고 방해받지 않는 시간이다 보니 책 읽는 속도에 가속도가 붙는다. 읽기에 몰두하다 보면 낮과 밤보다 더 많은 분량의 글을 읽게 된다. 물론 독서법에는 개인차가 있겠지만, 내 경험으로 비춰보면 꾸준한 읽기가 책 읽는 속도를 단축해 주었다. 한동안 책을 손에서 놓았다가 다시 잡으면 좀처럼 속도가 나지 않는다. 하지만 새벽은 매일 찾아오고 독서 시간도 매일 주어진다. 하루도 빠짐없이 읽고 따라 쓰다 보니 어느 순간 내 생각이 담긴 짧은 글도 남기게 되었다. 글쓰기의 비법은 특별한 게 아니었다. 무조건 많이 읽고 무조건 많이 써보는 것. 그것이 곧 글을 쓰는 힘이 된다. 책을 읽다 보니 자연스럽게 아는 게 많아지고, 아는 만큼 생각도 깊어졌다. 새로운 지식이 들어오면, 새벽의 스마트한 두뇌는 그 정보를 어떻게든 나만의 방식으로 재해석하고 창조해내려 최선을 다한다. 독서 후 필사는 내 글을 쓰게 하는 강력한 동기부여가 되었다.

독서는 삶의 문제를 해결하는 돌파구가 되어 준다. 혼자 조용히 책을 읽는 시간을 통해 책 속에서 인생의 지혜를 얻는다. 내가 새벽에 주로 읽는 책은 자기계발 분야이다. 책을 통해 만난 작가들의 글은 나에게 정신적 지주였다. 그들의 삶에서 얻은 지식과 생각들을 글을 통해 경험할 절호의 기회다. 나보다 먼저 깨달음을 얻고 적어간 글들은 인생의 나침반과 같은 역할을 했다. 결국은 나로부터 빚어진 문제였음을 알아차릴 수 있었다. 그 시간은 보이지 않는 마음과 생각의 그릇을 깊고 넓게 빚어 주었다. 질서 없이 엉킨 실타래처럼 괴롭히던 문제들이 애쓰지 않아도 해결되는 느낌이 들 때, 한결 가벼워진 마음으로 하루를 시작할 수 있었다. 문제의 난이도와는 상관이 없었다. 어차피 일어난 일이기에 맞닥뜨릴 수밖에 없으며 풀어나갈 사람도 나뿐이라는 것을 깨달았다. 이미 벌어진 일을 어떻게 해석하느냐에 따라 골치 아픈 문제가 될 수도 있고 반면 새로운 도전과제가 되기도 한다. 크게 생각하는 사고의 유연함이 해결책도 쉽게 찾아낼 수 있게 했다. 책을 통해 문제의 실마리를 찾아냈을 때의 그 짜릿함이 때로는 나를 흥분하게 만들었다. 사람에게서 답을 찾으려 하지 말자. 짧은 만남이 잠시 위로가 되어줄지 모르나 어차피 문제의 해결책은 처음부터 자신의 손안에 쥐고 있다. 푸른 새벽빛이 가득 찬 시간 홀로 책을 읽으며 마음의 거울에 비친 문제를 바로 볼 줄 아는 힘을 기르자. 삶의 문제는 나로부터 만들어지고 내가 지닌 힘으로 무너뜨릴 수 있다.

새벽에 얻은 깨달음은 의도하지 않아도 글로 남겨진다. 새벽은 일어나는 것에서 멈추지 않아야 한다. 깨어있기에 할 수 있는 일들을 하나씩 몸으로 익히고, 나의 것으로 물들이는 과정이어야 한다. 새벽 독서의 가장 큰 기적은 바로 나를 '쓰는 사람'으로 만들었다는 사실이다. 무엇이든 쓰는 습관이 체화되는 시간이 새벽이었다. 시간에 쫓기지 않고 생각을 정리하며 읽는 독서가 쓰는 재미까지 선물했다. 새벽 시간에 하는 루틴이 소중하고 특별했기에 나는 계속해서 펜을 들고 기록하게 되었다. 어떤 식으로든 나의 자취를 남기고 싶어졌다. 나는 삶의 방향이 의심스러울 때 새벽에 일어나 독서를 할 것을 권한다. 삶의 정답은 없지만 적어도 내가 걷고 있는 이 길이 어긋나 있지 않은지 점검하는 시간은 필요하다.

새벽 독서와 글쓰기는 삶의 방향을 명확하게 설정할 수 있도록 돕는다. 막막하기만 했던 인생이 단번에 반짝이지는 않겠지만, 새벽에 있는 시간이 쌓여갈수록 원하는 인생에 조금씩 가까워지고 있다는 것을 알게 된다. 새벽 시간, 스스로 선택해서 일어나 몸을 쓰는 시간이기에, 행동하여 얻게 되는 모든 결과물은 꿈을 이루는 질 좋은 재료가 된다. 무지개가 특별한 이유는 보고 싶다고 해서 언제든, 어디서나 흔하게 볼 수 없기 때문이다. 무지개를 만들어 낼 수 있는 모든 조건이 갖춰질 때 아름다운 무지개를 볼 수 있다. 새벽은 나답게 빛날 수 있는 조건들을 만들어가는 시간이다. 나만의 빛이 보름달처럼 꽉 차올랐을 때 감추고 싶어도 감출 수 없는 아우라가 퍼져나간다. 애초에 새벽 기상의 목적은 마음의 안정과 독서에 있었지만, 새벽에 익숙해져 갈수록 나는 '쓰는 사람'이 되어 가고 있었다. 글과 함께 하는 모든 것은 체화되어 책 쓰는 작가의 삶으로 인도했다. 나를 사랑하게 만든 시간, 나를 특별한 사람으로 만들어 준 새벽 시간에, 내가 한 일은 '읽고 쓰기'였다. 밥을 먹어도 모래알을 씹는 것 같은 의욕 없는 삶을 살고 있다면 새벽에 일어나 보자. 일단 일어나면 하고 싶은 일이 생기고, 그 일이 당신의 꿈을 찾아갈 것이다. 마흔 중반에 들어서니 새벽에 뿌려 놓은 씨앗들이 하나둘 제 모습을 드러내기 시작했다. 알찬 수확의 계절을 맞이하고 싶다면 더 늦기 전에 새벽과 함께 하루를 시작해보는 것은 어떨까? 책은 맛보고 씹어서 삼켜야 제맛이

다. 이 모든 것이 가능한 시간이 새벽이다. 읽고 베끼고 쓰는 새벽이

있었기에 작가의 삶을 살아간다. 나에게 새벽은 성장이 보장된 완벽

한 시간이었다.

『새벽에 쓰는 습관은 하루를 시작하는 방식을 바꾼다.

남들과 다른 시작이 남다른 인생을 살게 한다.』

기회가 된다면 새벽 기상 챌린지에 동참하라

새벽 기상이 습관이 되려면 어떻게 해야 할까? 인간의 의지에도 유효기간이 있다면 작심삼일이 아닐까? 그만큼 어떤 한 가지 일을 오랫동안 지속하는 것이 쉽지 않음을 뜻한다. 그러나 새벽을 훔치고 싶다면 일단 일어나야 한다. 설령 일어난다고 해도 혼자서 새벽 기상을 꾸준히 실천하기란 웬만한 강단이 없으면 쉽지 않다. 호기롭게 시작했지만, 처참히 무너지는 게 작심삼일 짜리 의지이다. 새벽 기상을 하다 보면 초심을 흔드는 순간이 매일 찾아온다. 새벽 3시 30분이면 울리는 알람 소리에 몸과 마음이 팽팽하게 갈등했다. '일어나야 해.' '피곤한데 오늘은 그냥 더 잘까?'라며 잠의 유혹에서 벗어나기 위해 안간힘을 썼다. 특히 추운 겨울, 서슬 퍼런 새벽 공기 속에서 침대 밖으로 나서기란 더더욱 힘든 일이었다. 새벽 찬 공기, 나에게는 매번 넘어야 할 커다란 산과 같았다. 가끔은 '스스로를 힘들게 하면서까지 새벽에 왜 일어나야 하지?'라며 푸념하기도 했다. 하지만 나의 고집스러움이 끝내 포기를 모르게 했다. 포기할 수 없다면 오래 지속할 수 있는 동기를 스스로 만드는 방법밖에 없었다.

새벽 시간은 마음이 원한다고 거저 주어지는 것이 아니다. 반드시 강한 의지와 행동이 뒤따라야 한다. 행동으로 옮기지 않은 머릿속 생각은 망상일 뿐이다. 어떤 식으로든 생각을 현실로 가져와야 한다. 굳은 각오와 그것을 해내고야 말겠다는 단호한 의지만 있다면 현실이 되는 것은 시간문제이다. 혼자 새벽에 일어나는 일은 누가 등 떠민 일도 아니었기에 하다가 지치면 그만둬도 아무 티가 나지 않는다. 오늘 내가 새벽 기상에 성공했는지 실패했는지 자신만 알뿐 어느 누구도 나 자신만큼 그 일에 관심이 없다. 그야말로 고독한 전쟁을 혼자서 매일 치르고, 그 전쟁에서 승리하면 그 자체로 만족스러운 하루가 시작이다. '이대로 괜찮을까? 새벽 기상은 미션이 아니잖아.' 문득 이런 생각이 들었다. 인스타그램 앱을 열고 '새벽 기상'을 검색해보았다. 그동안 나는 우물 안 개구리처럼 나만의 작은 세상 속에서만 살았던 것 같다. 많은 사람들이 자신만의 콘텐츠로 매일 새벽 기상을 인증하고 있었다. 눈이 커지고, 입은 하마처럼 쩍 벌어졌다. 신선한 충격이었다. 알고리즘의 영향인지, 새벽 기상을 하는 이들을 팔로우하고 그들이 올린 게시물에 '좋아요'를 누르다 보니 새벽 시간을 함께하는 인친들이 하나둘 늘어나기 시작했다. 그때 결심했다. '나도 새벽 기상을 인스타그램에 꾸준히 인증해보자!' 혼자 하는 것보다 내가 새벽을 지켜내고 있다는 사실을 많은 이들에게 오픈하는 것이다. 개인 생활이 드러나는 것이 꺼림칙해서 외면했었지만, 이번에는 용기를 내보기로 했다. 새벽 기상을 멈추고 싶은 유혹이 말을 걸어올 때마다 발뺌할 수 없는 이유를 스스로 만들어 낸 셈이다.

다음 날부터 '타임스탬프'라는 앱을 다운받아 일어난 시간을 인증하기 시작했다. 인친들이 일어난 시간을 찍어 게시물로 올리는 모습을 보고 나도 그렇게 하면 긍정적인 동기부여가 될 것 같았다. 역시, 이 방법은 효과가 있었다. 매일 내가 일어난 시간을 기록하며 일정 시간에 눈뜨는 훈련을 했다. 기상 시간이 일정해지니 새벽 루틴도 자리를 잡았다. 반복된 습관이 안정적으로 연결되며, 새벽 시간의 흐름이 막힘없이 이어졌다. 매일 비슷한 새벽을 몸으로 겪으며 하나의 일에 걸리는 시간이 얼마 정도인지 자연스럽게 인식하게 되었다. 루틴 순서도 조정하며 더 효율적으로 새벽 시간을 활용하기 위해 노력했다. 적극적으로 새벽 기상에 참여하게 되면서 매일의 새벽이 기다려지기 시작했다. 새벽 기상을 혼자서 습관화하기 어렵다면 함께 하는 것을 권장한다. 백지장도 맞들면 낫다고 하지 않던가. 혼자 성공하려다 금방 지쳐 고꾸라지지 말고 같은 목적을 가진 이들과 인증을 주고받으며 함께 성공한다면 더 좋지 않을까. 실패하더라도 다시 일으켜줄 사람들이 있고, 성공 여부와 상관없이 나를 응원해주는 이들이 있으니 실패해도 다시 시도할 용기가 생긴다. 새벽을 지키는 사람들을 보며 나에게 맞는 루틴을 최적화하는 법을 스스로 터득하게 된다. 혼자서 새벽 기상을 꾸준히 실천하는 일은 웬만한 의지력이 없이는 쉽지 않다. 다양한 분야의 사람들이 공존하는 온라인 커뮤니티를 이용해 나의 새벽 기상을 공표하는 일은 나를 향한 다짐이자 선언이다. 매일 인증을 하다 보면 나를 응원하는 이들이 하나둘 늘어난다. 응원의 '좋아요'를 받고, 나의 꾸준함을 인정해주는 이들의 말 한마디에 힘이 난다. 그럴수록 자존감도 은근히 올라간다. 혼자서 하기 어려운 일도 함께하는 이들이 있다면 포기하고 싶은 마음도 덜해진다. '저 사람들도 하는데 나라고 못 할 게 뭐 있어?' 하는 생각이 들면서 그들의 새벽 시간을 질투하는 마음도 잠시, 악착같이 그들과 같은 새벽을 살고 싶어지는 것이다.

코로나 19로 많은 이들이 자신의 의지와 상관없이 외부와 단절될 수밖에 없었다. 집에 머물러 있는 시간이 길어지면서 자연스럽게 온라인 플랫폼을 통해 소통의 빗장을 열었다. 나의 새벽 기상도 그 무렵 본격화되기 시작했다고 해도 무리는 아니다. 인스타그램을 통해 인친들과 새벽 삶을 공유하는 것도 물론 좋았지만, 그 무렵 MKYU 대표인 김미경 작가가 리더가 되어 이끈 '514 챌린지'는 새벽을 더 뜨겁게 달구었다. 많은 사람들이 침울한 판데믹 상황 속에서도 용기와 희망을 품고 하루를 시작할 수 있도록 입지를 다져 주었다. 나 역시 '514 챌린지'를 시작한다는 소식을 접하고 챌린지 신청을 했다. 매일 새벽 5시가 되면 김미경 작가가 유튜브를 통해 1시간 동안 라이브 방송을 진행한다. 반응이 정말 뜨거웠다. 새벽 기상에 동참하는 이들이 이렇게나 많다는 사실에 흠칫 놀라기까지 했다. 잊지 못할 역사의 현장에 있는 것처럼 나도 모르게 가슴 깊은 곳에서부터 채워지는 묵직한 뜨끈함을 느낄 수 있었다.

'이 세상의 많은 이들이 혼자 있는 시간이 필요했구나. 나에게 집중하며 성장의 시간을 갖고 싶었구나. 나처럼 이들도 있는 그대로의 '나'를 인정받고 싶었구나.'

사회적 거리 두기가 무색할 만큼 온라인 커뮤니티에서는 친밀 그 자체였다. 겉으로는 움츠려있는 것 같았지만 동 시간대를 함께 공유하는 이들에겐 보이지 않는 끈끈함과 유대감이 쌓여가고 있었다. '514 챌린지'가 자칫 코로나 시국으로 더 멀어질 뻔한 개인과 개인을 이어주는 징검다리 역할을 해내고 있었다. 새벽 기상이라는 같은 목적이 개인과 개인을 하나로 묶어주고 활발한 소통을 통해 서로를 응원하며 성장을 독려했다.

나의 새벽 기상 알람음은 '짹짹이' 노래이다. 챌린지를 하는 당시, 무료로 다운받을 수 있게 일시적으로 파일을 열어주어서 사용 중이다. 새벽 3시 반, 어김없이 '이른 새벽~ 이불은 무겁지만~' 노래가 시작되면 귀가 활짝 열려 이불을 박차고 일어나게 된다. 일부러 이 노래가 끝날 때까지 틀어놓고 루틴을 무심히 이어간다. '열정 가득한 너를 응원해~'로 끝맺는 마지막 가사가 나를 향한 칭찬 같아서 뿌듯하다. 끝이 보이지 않는 사막 한가운데서 오아시스를 만난 것 같은 반가움이 바로 이 '짹짹이' 노래이다. 듣는 것만으로도 위로가 되고 힘이 나는 노래랄까? 기회가 된다면 꼭 한 번 들어보길 바란다. 새벽 기상을 하는 나에게 이 노래 만큼 안성맞춤 새벽 기상송도 없는 것 같다. 지금도 여전히 이 노래와 함께 나의 새벽을 연다. 귀가 열리고 눈을 뜨는 순간부터 기분 좋게 하루를 시작한다. 뭔가 좋은 일이 생길 것만 같은 기대와 설렘이 있어 행복한 새벽이다. 나에게 '514 챌린지'는 새벽공기를 활기차게 바꿔 놓는 역할을 톡톡히 했다. 함께 하는 이들이 많다는 사실만으로도 힘이 불끈 솟아나 새벽이 기다려졌다. 하루가 점점 더 길어지고 있었다. 나 자신도 모르게 새벽에 빠져들어 정신을 차리고 보니 이미 '새벽인'이 되어있었다. 혼자 하기 힘든 새벽 기상, 함께 하는 챌린지가 그 지름길이 되어 줄 수 있다.

새벽 기상이 습관이 되고 일상이 되니 더는 인증에 집착하지 않게 되었다. '오늘도 나는 새벽에 일어났어!' 이 사실 자체가 나에게 더 중요해졌고, 기상 인증은 그저 부차적인 것에 불과하다는 것을 느꼈다. 인증해야 한다는 의무감에서 벗어나 일어났다는 그 행동 자체가 중요하다는 것을 깨달았다. 스스로가 자신을 믿고 있다는 증거일 테지만 그래도 기록은 남기려 애쓴다.

가끔 새벽에 일어나 루틴에 집중하다 보면 기상 시간 인증을 잊은 채 아침을 맞이하기도 했다. 새벽 기상 후 한 시간이 훌쩍 넘어서야 '아차' 싶어 타임스탬프 앱을 열어 기상 시간을 남긴 적도 있다. 그러나 뒤늦게 찍은 기상 인증이 내가 일어난 시간이 아니란 생각에 죄책감이 들기도 했다. 나 스스로와의 약속을 지키지 못한 것 같은 찜찜함이 마음을 불편하게 했다. 이러한 마음도 시간이 지나면서 나 자신이 진심으로 새벽 시간을 사랑하고 있기에 생기는 감정이라는 것을 인정하게 되었다. 오히려 그 죄책감마저 시간이 지나면서 믿음이 되어 가고 있다. '굳이 증명하려고 애쓰지 말자!' 애초에 그 누군가에게 보여주기 위한 루틴이 아니었잖은가. 새벽 기상은 어느덧 나를 위한 하나의 삶의 방식이 되어있었다. 새벽 기상 인증보다 중요한 것은 내 몸과 마음에 새겨진 반복이다. 매일 자신을 믿고, 나를 이끌며 지켜 낸 선택의 반복이다. 처음엔 쥐어짜듯 의지로 새벽에 일어나야 했지만, 인증으로 동기부여를 받았다. 하지만 지금은 굳이 남에게 보여주지 않아도 몸이 알아서 움직이는 경지에 이르렀다.

지금은 밤 근무 전담을 하며 한 달의 절반은 뜬 눈으로 새벽을 맞이한다. 새벽 기상 인증이 의미가 있을까 싶지만 그래도 가능하면 일어난 시간을 남기려고 노력 중이다. 열심히 새벽 시간을 살아 낸 훈장 같아서 자부심이 들고 나 자신이 대견스럽기까지 하다. 기록은 어떤 방식으로든 꼭 남겨두길 바란다. 시간이 지나 이 시간을 되돌아보았을 때, 꾸준히 새벽을 지켜온 자신이 얼마나 기특한지 깨닫게 될 것이다. 기록보다 더 빛나는 건 그 시간을 살아낸 자기 자신이다. 새벽 기상을 습관으로 만들고 싶다면 온라인 플랫폼을 적극적으로 활용하길 바란다. 당신이 생각하는 것보다 훨씬 많은 이들이 새벽을 알차게 보내고 있다. 나 역시 새벽 기상을 하며, 자신만의 시간을 확보하기 위해 자신과의 치열한 사투를 매일 치르고 있는 이들의 강인한 정신에 감탄사가 절로 나왔다. 내가 잠들어 있던 시간에 그 누군가는 깨어 자기계발에 몰두하고 있었다는 사실을 깨닫는 순간, 마치 머리를 망치로 세게 얻어맞은 듯한 충격에 휩싸였다. 나도 저들처럼 하루를 길게 살고 싶어졌다. 새벽을 지켜내고 싶은 마음이 커질수록 내 눈에는 '새벽인'들의 삶만 들어왔다. 매일 같은 루틴을 인증하는 이들을 보며 나는 끈기와 실행력을 배운다. 습관이라는 것은 꾸준한 반복이 없다면 생기지 않는다. 새벽의 진짜 힘은 반복을 이어가는 마음에서 나온다.

새벽 습관은 자신의 의지로 만들어가는 것이다. 의지로 반복된 행동이 나를 바꾸고, 그 반복이 지금의 나를 만들었다. 새벽이 삶에 정착되면 어느 순간부터 새벽이 나를 만든다는 것을 깨닫게 된다. 새벽에 있는 시간이 점차 두꺼워질수록 그 시간의 주도권은 나에게로 옮겨 온다. 누구를 만나고 어떤 환경에 놓이느냐에 따라 사람이 변하듯 내가 어느 시간대에 무엇을 하고 있는가는 미래를 바꾸는 열쇠가 된다. 새벽 기상은 이 사실을 몸소 체험하는 좋은 본보기가 된다. 특정한 시간대에 하는 일이 한 사람의 인생에 얼마나 지대한 영향을 미칠 수 있는지 직접 경험하며 깨달았다. 변화를 직접 경험하기까지 꾸준히 지속할 자신 없다면 같은 목적을 가지고 서로를 응원하는 이들과 함께하길 권한다. 찾아보면 새벽 기상 챌린지와 모임을 적극적으로 알리는 이들이 많다. 마음으로만 '새벽 기상해야지.'라고 수백 번 외쳐봤자 행동으로 옮기지 않으면 아무것도 아니다. 우리는 살면서 이거 해야지 저거 해야지 하며 마음속 다짐을 수없이 하지만 지켜지지 않는 이유는 내가 그것을 간절히 원하지 않았기 때문이다. 내가 원하는 진실은 반드시 행동으로 드러난다. 원하면 방법을 찾게 되고 어떻게 하면 성공시킬지 그 하나에 몰두하게 된다. 당신은 간절히 원하는가? 그 간절함이 진실이라면 반드시 방법을 찾게 될 것이다. 새벽 시간을 온전히 누리고픈 강한 열망이 혼자만의 새벽을 세상 밖으로 오픈하게 했다. 당신이 무엇인가를 지키기 위해 노력하는 모습은 스스로를 기운 나게 한다. 새로운 도전과 실패는 경험이 되고, 경험은 결국 성장하는 삶을 이루는 토대가 된다. 혼자서 모든 것을 하려고 애쓰지 말자. 세상을 두려워 말고 당당히 문을 두드려보자. 지금보다 더 단단해질 일만 있을 뿐 아무것도 아닌 일은 없다. 모든 것의 경력은 끈기와 노력의 결과물이다. 뭐든 해도 괜찮은 시간이 바로 새벽이다.

『잠든 자에게 새벽은 영원히 꿈만 꾸는 시간이지만,

새벽에 깨어있는 자에게는 기회의 시간이다.』

제5장
새벽 시간 활용으로 특별한 삶을 살아라

새벽의 선택적 고독은 자신을 성장시킨다

이대로 살다가는 안 될 것 같아 새벽을 선택했다. 나도 남들처럼 시간의 주인으로 살고 싶었다. 새벽달이 어둠과 어둠 사이에서 당당히 홀로 빛날 수 있는 것은 스스로 어둠을 선택했기 때문이다. 적막한 새벽, 온전히 나 자신과 마주하는 시간이지만 그만큼 외로움도 소리 없이 스며든다. 어두운 방을 밝히는 조명 불빛 하나에 의지해 동이 터오는 아침까지 혼자 시간을 보내야 한다. 외로움을 견디는 동안, 생각은 깊어지고 자신에게 더 가까이 간다. 고요함 속에 홀로 빛나는 은은한 달빛은 차가우면서도 따스했다. 문득 고개를 들어 새벽달을 바라보고 있노라면 나의 외로움도 한결 부드러워졌다. 침묵 속의 위로, 그것은 혼자 있는 시간이 가진 힘이었다. 낮에 우리는 해야 할 일들을 처리하느라 눈코 뜰 새 없이 바삐 움직인다. 하루에도 나를 거쳐 가는 이들은 얼마나 많은가. 침묵을 지키고 싶어도 말을 해야 하고, 쉬고 싶어도 움직여야 하는 낮에는 소음에 노출되어 자신이 무엇을 원하는지조차 잊고 산다. 준비 없이 찾아오는 외부 자극에 우리의 몸과 정신은 고달프다. 나를 쉬어가게 할 수 있는 사람은 오직 자신뿐이다. 10분을 쉬더라도 외로움과 적막함이 공존하지만 절대 고독하지 않은 시간을 선택해야 한다. 혼자 있는 시간이 주는 평온함과 즐거움을 알고 나면 오히려 시끄럽고 나를 피곤하게 만드는 상황들로부터 안전한 시간을 고집하게 된다. 혼자 시간을 보내면서 나에게 집중할 수 있다는 것은 나를 알아가는 자아 성찰의 시간을 의미한다. 나를 돌아보지 않고 미래를 꿈꾸는 자는 열쇠 없는 자물쇠와 같다. 원하는 삶이 있는 미래를 꿈꾼다면 매일 자신을 돌아보고 자신을 다듬어가는 시간이 필요하다. 내가 하는 일을 통해서 자신이 어떤 사람이란 걸 발견하고 깨닫게 된다. 처리해야 할 일이 산더미처럼 쌓여 있는 낮과 퇴근 후의 시간은 생각만 해도 지친다. 잠을 통해 신체와 뇌가 충분한 휴식을 취한 후 깨어있는 새벽만큼 나를 반짝이게 하는 시간도 없다.

예전에는 쇼핑을 가든 밥을 먹으러 가든 혼자서 무엇인가를 한다는 것이 두려웠다. 혼자이기에 감당해야 할 타인들의 따가운 시선을 견뎌내야 할 생각을 하면 엄두가 나질 않았다. 하지만 요즘은 오히려 혼자가 편하다고 생각하는 이들이 많다. 나 역시 나이가 들수록 어디를 가더라도 혼자가 편하다. 누군가와 쇼핑을 함께 가면 내가 사야 할 물품에 시간을 충분히 할애하지 못한다. 사야 할 물건을 고르는 동안 기다려야 하는 이를 생각하면 은근히 눈치가 보인다. 물건 하나를 사는 일에도 나의 취향이 묻어난다. 소소하지만 이 또한 나를 알아가는 일의 일부이다. 나를 통해 일어나는 일 모두 내가 어떤 사람이고, 어떤 생각을 하고 있는지 간접적으로 드러내는 일임에도 불구하고 엉뚱한 곳에 신경 쓰다 보니 정작 신경 써야 할 자신은 안중에도 없게 된다. 혼자 쇼핑을 가면 심적 여유의 충만함이 바른 소비와 탁월한 선택을 하게 한다. 혼자라서 외로운 쇼핑이 아니라, 혼자가 편해서 선택한 나 홀로 쇼핑이기에 더 즐겁고 만족감도 크다. 선택적 고독은 즐거움을 낳는다.

　홀로 밥을 먹고, 혼자서 영화도 보고, 자기 혼자서 산책과 쇼핑을 하는 등 혼자 남겨진 시간은 스스로 자처해 고독을 즐기는 시간이다. 상대방의 속도에 맞추지 않고, 자기만의 속도로, 오롯이 자신을 위해 주도적으로 시간을 움직일 때 누리는 기쁨은 경험해 본 자만이 느낄 수 있다. 생각보다 혼자여도 괜찮다는 사실에 자신도 놀랄 것이다. 나는 가끔 이러한 시간을 의도적으로 선택한다. 그 선택의 연장선이 어쩌면 새벽인지도 모르겠다. 내가 의도하지 않은 고립 상태는 몸과 마음이 병들기 마련이지만, 나를 위해 선택한 고독의 시간은 오히려 자신을 건강한 성장으로 이끈다. 외로움의 또 다른 말은 두려움이다. 사람에게서 멀어질 자신이 없으니 혼자 있는 게 두려운 것이다. 하지만 가끔, 아주 가끔은 혼자 있는 시간을 통해 자신을 알아가는 과정이 필요하다. 나의 경우 결혼과 출산, 직장인의 삶 속에서 예전의 반짝이던 나만의 고유한 빛이 희미해져 가고 있음을 느꼈다. 이렇게 매일 흐려지다가 어느 날 갑자기 나란 사람이 영영 사라져 버리고 말 것 같은 두려움에 휩싸였다. '나 잘살고 있는 거 맞아?'라는 의심이 들 때 새벽이 찾아왔다. 스스로 선택한 고독은 삶에 대한 본질적인 물음에 답을 찾게 한다. 내 안으로 들어가는 시간의 문이 바로 새벽이다.

새벽의 3시간은 낮의 8시간과 같다고 한다. 그만큼 새벽은 몰입이 가능한 시간이기에 무슨 일을 하든 능률이 오를 수밖에 없다. 홀로 책을 읽고 쓰며 그동안의 낡은 생각은 조금씩 허물어지고, 진취적이고 능동적인 생각들이 함께한다. 새롭게 구축된 생각은 자신을 의욕적으로 움직이게 만든다. 기존의 나란 사람은 한 겹 두 겹 허물을 벗는다. 더 나은 나로 존재하기 위한 성장통을 겪는다. 비싼 돈을 들여 시작한 일도 아니다. 단지 스스로 새벽의 침묵을 선택했을 뿐인데 남과 다른 시간을 살게 되었다. 변화는 떠들썩하게 생색내며 오지 않았다. 혼자 있으므로 인해 감수해야 할 고독을 인정하고 그것을 기꺼이 즐길 줄 아는 자세와 그 시간에 쏟아부은 노력의 진정성이 조용히 나를 바꾸었다. 정신 차려 보니 이전과 다른 생각과 행동을 하는 새로운 내가 있었다. 변화는 소리 없이 스며들어 묵묵히 나와 함께 성장한다. 새벽은 느리게 성장하는 나를 끊임없이 격려하고 지지하는 시간이다. 지금 당장 눈에 띄는 변화를 찾아볼 수 없을지라도 어제보다 오늘 더 부단히 성장하고 있었다는 것을 인정하는 순간은 반드시 온다. 새벽은 고요함 속에서 내가 하고자 하는 일에 집중하도록 했고, 나 자신을 돌보며 사는 삶을 살게 했다. 새벽 시간에 하는 모든 경험은 삶을 풍성하게 만들어 주었다. 혼자이기에 가능한 일을 할 수 있는 무대가 새벽이다. 이유 있는 고독의 시간은 창조적 활동과 작은 성공을 즐길 줄 아는 사람으로 거듭나게 했다. 새벽은 자신의 잠재성을 발견하고 영혼이 함께 성장하는 시간과 시간 사이에 생겨난 아주 특별한 틈새였다. 밤과 아침 사이 숨죽여 잠자는 시간을 공략하라. 고독하지만 성장을 부르는 시간이 새벽이다. 나의 성장은 매일 찾아오는 새벽 3시 30분에 울리는 알람에 있었다.

오늘도 나는 새벽 3시 30분 '짹짹이' 알람을 들으며 몸을 일으켰다. 일부러 알람을 끄지 않은 채 반복되는 노래를 속으로 흥얼거리며 제 풀에 지쳐 멈출 때까지 즐긴다. 아무렇지 않게 욕실로 가서 세수하고 거울을 보며 양치를 한다. 그다음 주방으로 가서 따뜻한 커피 한 잔을 내린다. 미지근한 물을 마시려 노력 중이나 부드러운 클래식 음악에 커피 향이 주는 감미로움은 포기가 안 된다. 모두 잠든 새벽 자유롭게 공간을 이동하면서 누리는 편안함이 나는 좋다. 하나의 조명 불빛에 의지해 내가 선택한 새벽 시간을 채워간다. 책상 앞에 앉아 커피를 마신다. 목구멍을 타고 내려가는 뜨끈한 커피 한 모금이 새벽의 쓸쓸함을 따스하게 데운다. 읽고 쓰다 보면 날이 밝는다. 날이 밝아올수록 새들의 지저귐이 살갑다. 새벽 공기가 주는 상쾌함은 홀로 지켜낸 새벽 시간에 대한 보상 같다. 내가 선택한 새벽은 영혼까지 살찌우는 특별한 시간이었다. 새벽은 철저한 고독 속에서도 '뭐든 할 수 있는 나'로 채워가고 있었다. 나는 깨달았다. 외로움과 고독은 한 끗 차이구나. 막연한 외로움은 자신을 움츠리게 하지만, 스스로 선택한 고독은 내 안의 가능성을 보게 한다. 나는 새벽 시간에서 외로움을 느낀 것이 아니라 고독을 느꼈다. 내가 새벽 시간을 선택했듯이 고독 또한 나의 선택임을 깨달았다. 새벽의 비밀은 선택적 고독만이 줄 수 있는 자기에 대한 몰입이었다.

새벽 시간은 혼자 있기에 느낄 수 있는 즐거움이 있다. 새벽에 하는 나의 행위 전부가 고독을 즐기는 나만의 방식이 되었다. 새벽에 홀로 깨어있어도 외롭지 않은 이유는 내가 선택한 시간이기 때문이다. 선택된 시간에는 외로움이 아니라 선택된 고독만이 있을 뿐이다.

혼자 있기에 깊은 고독에 빠져 내가 하는 일에 몰두할 수 있었다. 시간이 어떻게 흐르는지 지루함조차 느낄 수 없을 만큼 지독하게 고독했다. 고독의 깊이만큼 하는 일에 빠져들면 할 수 없다고 생각했던 일도 전혀 불가능한 일이 아니었음을 경험하게 된다. 새벽은 고독과 함께하는 일을 즐기는 시간이다. 나 홀로 축제를 즐기고 감상하는 시간이다. 무슨 일이든 작정하고 즐기는 사람을 이기지 못한다. 손익계산 없이 빠져 들어있을 때 고독은 뜨거운 열정이 되어 멈출 줄 모르는 사람으로 거듭나게 한다. 고독은 비워지는 감정이 아니라 채워지는 감정이다. 혼자 있는 시간을 두려워하지 않고 즐긴 덕분에 새벽 기상을 습관으로 안착할 수 있었다. 남은 생을 새벽과 함께 멋진 동행을 할 생각을 하니 생각만으로도 든든하다. 새벽이 가져올 꾸준한 변화가 기대되기 때문이다. 새벽은 당신 스스로 선택할 수 있는 유일한 시간이다. 새벽의 고독은 자신의 의지 없이 어떤 식으로든 승화시킬 수 없다.

『새벽의 고독은 나를 강하게 만드는 힘이다. 외로움은 두려움을 낳지만, 고독은 자신감을 키운다. 굳이 고독을 멀리할 필요가 없다. 스스로 선택한 고독은 자신이 가진 에너지를 한 곳에 집중하게 한다.』

새벽 시간 활용으로 좋은 것들이 찾아온다

없던 시간이 생기면서 삶은 생기를 되찾았다. 새벽에 일어나는 일만큼 가장 확실한 인생 솔루션이 또 있을까? 새벽은 나를 꾸준히 단련시키고, 마음에 물들어 있던 칙칙한 얼룩들을 말끔하게 지워냈다. 아침에 일찍 일어나는 사람은 우울감이 낮다고 한다. 나 자신도 점차 우울감에서 벗어나는 것 같았다. 뭔가 모르게 활력이 넘치고 기분이 좋았다. 자고 일어났을 때, 안경을 쓰지 않아도 온 세상이 선명하게 보인다면 바로 이런 기분이 아닐까? 하루를 어떻게 시작하느냐에 따라 감정과 행동에 많은 영향을 미친다. 새벽에 일어나 스스로 하는 일은 아침을 준비하는 과정이며, 이것은 밀도 높은 하루를 보내기 위한 첫 출발이다. 어떻게 하면 이 시간을 알차게 사용할지 나는 매일 고민한다.

새벽 시간은 생각을 긍정적으로 바꾸는 회로와 같다. 그 전날 아무리 기분 나쁜 일이 있어도 새벽에 일어나 루틴을 이어가다 보면 스스로 긍정 회로를 만든다.

'뭐, 이미 일어난 일 어찌하리오. 그 일이 내게 일어난 건 분명 나 잘되라고 일어난 일이지 결코, 해방군은 아닐 거야. 더 좋은 일이 오고 있는 징조야. 좋게 생각해.'

별거 아닌 것 같지만 실제 이렇게 생각을 바꾸고 밖을 나서면 생각했던 것보다 일이 커져 있거나 꼬이지 않았다. 오히려 이상하리만치 쉽게 해결되어 넘어가곤 했다. 그럴 때면 오늘 새벽에 내가 한 일과 생각이 기특해진다.

현재 시각은 새벽 3시가 조금 넘은 시간이다. 근무하면서도 나는 글을 쓴다. 뜬눈으로 밤을 지새우며 조각난 시간을 이어붙인다. 나이트 루틴 업무 사이 사이에 조용한 틈을 타 글을 쓰거나 책을 읽는다. 쪼개진 시간을 알차게 보낼 수 있었던 것은 새벽 덕분이다. 1분 1초의 소중함이랄까? 일도 하면서 책도 읽고, 글까지 쓰니 일거양득이 따로 없다. 오늘은 입원환자 수가 적어서 다른 날보다 여유가 있다. 덕분에 시간이 날 때마다 글을 쓰다 보니 1꼭지 글이 완성되었다. 흩어진 시간을 모으는 작업을 계속하다 보면 오늘처럼 1꼭지 글이 완성되는 기적을 만난다. 오늘은 운이 참 좋은 날이다. 근무하지 않는 날의 새벽 3시 30분은 알람이 울리거나 알람 시간보다 먼저 몸이 반응해 깨어있는 시간일 것이다. 이제는 몸이 알아서 새벽 시간을 찾는다. 오후 9시가 조금 넘어 잠든 날은 새벽 3시면 일어난다. 더 늦게 잠든 날은 알람 소리에 눈이 떠진다. 새벽 기상한 지 3년이 넘어서니 새벽 기상도 흔한 일상이다. 시간이 흘러도 새벽은 지루하거나 피곤하지 않다. 매일 찾아오는 새벽이 오히려 반갑다. '오늘은 어떤 글을 읽게 될까?' '어떤 주제의 글을 쓰게 될까?' 기대감으로 책을 마주하고 노트북을 연다.

글을 쓰면 마음이 차분해진다. 방해하는 것들로부터 해방되니 짜증을 낼 일도 없다. 나에게 집중된 유일한 시간이기에 하는 일마다 기분 좋은 성취감이 느껴져 행복하다. 나 자신에게 떳떳할 수 있는 시간이기에 자신감도 넘친다. 이러한 감정을 매일, 자주 느낀다면 당신의 하루는 핑크빛 기류가 늘 함께할 것이다. 내가 해낸 일들이 자신을 사랑이 넘치는 사람으로 만든다. 새벽 시간의 글쓰기는 부족함을 채우고 스스로를 응원한다. 한 꼭지 필사든, 한 꼭지 글쓰기든 결국에는 해내는 자기 자신을 보며 자신감도 쑥쑥 자란다. 자기를 인정하고 존중하는 마음이 생기면 나 자신조차도 자신을 함부로 대할 수 없다. 자기를 먼저 챙기면 없던 여유도 생긴다. 하루를 만족스럽게 시작하면 특별히 기쁜 일이 없어도 다른 사람들 눈엔 뭔가 달라 보이기 시작한다. "오늘 기분 좋은 일 있나 봐요? 얼굴에 빛이 나네요." 라며 먼저 말을 걸어온다. 진짜 빛이 나나 싶어 거울을 슬쩍 훔쳐보게 된다. 딱히 달라진 것은 없는데 묘하게 분위기가 달라진 듯하다. 새벽의 좋은 기운 탓인가? 고개를 갸웃거리면서도 기분은 날아갈 것 같다. 새벽에 글을 읽고 쓰면 책도 출간하게 되고, 글이 주는 유익함이 가장 먼저 나에게 찾아온다. 글에 담긴 품격이 내 안에 스며들어 오늘 하루만이라도 글처럼 살려고 노력하게 된다. 내 마음이 문장이 되어 하루를 반짝이게 한다.

새벽 시간은 내가 하고 싶었던 일들을 가장 먼저 행동으로 옮길 수 있다. 나에게 중요한 일이지만 당장 하지 않아도 되는 일이기에 미뤄지기에 십상이다. 그러한 일을 우선으로 처리하다 보면 마음의 여유가 생기고 아침이 조급하지 않다. 자신에게 가장 중요한 일을 하고 난 뒤의 후련함이 느긋하게 아침을 준비하게 한다. 나에게 있어 아침마다 아이들을 깨우는 일은 생각보다 많은 에너지가 들었다. 출근과 등교 사이에서 아침부터 식은땀이 난다. '늦을까 봐' 조바심이 나고, 아침부터 쓴소리를 부르는 도화선이 된다. 사실, 내가 출근한 후 아이들이 그대로 잠들어버려서 학교 담임 선생님으로부터 전화가 온 적이 있었다. 오전 9시가 다 되어가는데 등교를 안 했다는 것이다. 집에 가볼 사람이 없어서 직장 동료에게 부탁하고 일을 하다 말고 10

분 거리에 있는 집으로 미친 듯이 달려가 겨우 깨어 학교를 보낸 적이 있다. 그날 이후로 지각에 대한 불안감이 커졌다. 아이들이 침대에서 쥐 죽은 듯이 움츠려있는 시간이 길어질수록 나의 목소리에 화가 잔뜩 묻어난다. 아침부터 잔소리하는 나, 그런 잔소리를 매일 듣는 아이들이나 서로에게 못 할 짓이다. 새벽 기상을 하니 아이들을 깨우기 전 이미 출근 준비나 아침에 해야 할 일을 마친 상태이기 때문에 아이들에게 윽박지르거나 짜증 내며 목청을 높이는 빈도가 줄어들기 시작했다. 이전에는 아침에 출근도 해야 하는데 조급하게 아이들을 깨우려다 보니 아침 시간이 전쟁이었다. 게다가 꼭 집 밖으로 나가려 하는 순간 학교에서 보낸 공문을 들이밀며 학부모 사인을 해달라 한다. 속이 부글부글 끓는다. 화난 감정을 애써 눌러 삼켜도 여전히 미워 죽겠다! 곁눈질로 째려보며 거친 손길로 마지못해 사인해준다. 하루를 일찍 시작하니 출근길을 발목 잡는 일들에서 조금씩 해방되기 시작했다.

여유 있는 아침은 가족들 모두 평온한 마음으로 바깥세상으로 나가게 한다. 안정감 있는 아침이 딸아이들의 학교생활을 원활하게 만들고, 남편도 한결 가벼운 마음으로 출근해 가장의 무게를 덜어낸다. 각자의 위치에서 모두가 살아내느라 힘이 든다. 가족이 버팀목이 되어줘야 하는데 내가 바쁘다는 이유로 아침마다 마음에도 없는 애먼 말을 쏟아내며 상처를 준 것 같아 미안하다. 딸아이들은 스스로 알아서 잘 일어나고 있다. 아이들이 일어나는 것은 나의 목소리를 높인다고 될 일이 아니었다. 아침 시간이 여유로우면 자연스럽게 해결되는 일이었다. 새벽 기상은 여유 있는 아침을 시작하게 한다. 시간에 쫓기지 않는 마음의 여유가 하루 시작을 원활하게 만든다. 그야말로 살 것 같다. 아침이 달라지니 가족 모두의 삶이 달라지기 시작했다.

돈부자가 되는 일보다 시간 부자로 사는 법을 배웠다. 삶의 가치관이 바뀌고, 무엇을 위해 살아야 하는지 알게 되었다. 새벽에 일어나기 시작한 후 시간의 소중함을 몸으로 익히며 하루를 살아도 풍성하게 사는 법을 알아간다. 남들보다 긴 하루를 지치지 않고 살아내는 나 자신이 기특하다. 주어진 삶을 탓하기 선에 나를 먼지 살펴보는 자세가 필요하다. 새벽이 완벽한 정답은 아니지만 적어도 삶이 힘들다고 느껴질 때 일찍 일어나 몸을 움직이는 것만으로도 꽃잎이 벌어지듯 자기애도 피어날 것이다. 새벽에 일어난다고 단숨에 시간을 거슬러 멋진 미래로 옮겨갈 수 없다. 그러나 결국은 믿음대로, 행동하는 대로 이루어져 있을 것이라는 자신만의 확신이 있는 새벽은 삶을 살아갈 힘을 보탠다. 나도 했으니, 당신도 충분히 가능하다. 새벽에 일어나 당신이 공들이는 일들에 당신의 숨은 노력과 들인 시간은 당신을 일으켜 세우는 초석이 될 것이다. 새벽 시간은 나를 더 크게 성장시키고 삶을 풍요롭게 하는 확장의 시간이다. 좋은 것은 더 좋은 것을 끌어당긴다. 새벽은 나를 삶의 주체로 거듭나게 했고, 능동적으로 행복을 찾는 사람이 되게 했다.

일상이 달라지기 시작하고 삶이 변하는 새벽 시간은 하루를 완성하는 출발점이자 도착점이다. 하나의 둥근 원을 하루라고 생각해보자. 그리고 팔을 뻗어 원을 그려보라. 출발점이 결국 도착점이라는 사실을 안다. 하루 24시간 중에 당신의 하루는 몇 시부터 시작하는가. 나의 하루 24시간의 첫 출발은 새벽 3시 30분을 향해 매일 쉼 없는 뜀박질을 하고 있다. 출발부터 남다른 하루이기에 특별한 인생도 살게 된다. 내 생에 작가란 명함이 생길 줄 그 누가 알았으랴! 당신도 할 수 있다. 당신이기에 더 잘 해낼 수 있다. 시간에 끌려다니지 말고 나에게 득이 되는 특별한 시간에 존재하라.

『남과 다르게 시작한 오늘이 있기에 남다른 인생을 산다. 새벽이 있는 자의 오늘은 더 좋은 일이 오는 축복의 통로지만, 없는 자의 오늘은 지금과 같은 삶의 연장선일 뿐이다.』

하루의 성공도 새벽에서부터 시작이다

　새벽 기상을 시작한 후 성공적인 하루를 살고 있다. 많은 사람이 성공에 대한 열망은 강하지만 정작 그 성공을 위해 시도와 도전은 망설인다. 힘들 것 같아서, 귀찮고 하찮은 일 같아서 돈으로 보상받지 못하는 일은 '굳이 왜?'라며 가볍게 여긴다. 새벽 기상은 나에게 삶을 바꾸고 싶은 처절한 몸부림이자 위대한 도전이었다. 달라지고 싶다는 일념 하나로 힘들어도 일어났고, 피곤해도 눈을 떴다. 새벽은 고요함 속에서 강인함을 키운다. 성공이란 돈의 개념만 이야기하는 것이 아니다. 흔히들 가진 재산 정도나 명예를 떠올리지만, 내가 말하고자 하는 성공은 자신이 하고자 하는 일에 대한 성취다. 원하는 것, 목적한 바를 이루어 내는 것을 말한다. 많은 사람이 성공을 꿈꾸지만 왜 성공한 삶을 누리지 못하고 있는 것일까? 그 이유는 자신이 지금까지 이룬 것보다 훨씬 더 많은 것을 해낼 수 있는 사람이라는 사실을 인지하지 못했기 때문이다. 익숙한 일상 속에서 자기 능력의 일부만을 사용하고 있는지도 모르고 일찍 포기한다. 한계는 그 사람이 가진 생각이 그어놓은 보이지 않는 선이다. 겉으로 드러나 있지 않기에 두렵고 불안하다. 잘못될까 봐, 아니면 실패할까 봐 성공을 돈과 연결하여 생각하다 보니 지금껏 내가 이뤄낸 일과 앞으로 해낼 일들에 낮은 평가를 하고 있었다는 사실을 미처 깨닫지 못했다. 밥 한 그릇에도 무수히 많은 작은 밥알들이 담겨 있다. 생각만 해도 군침이 돈다. 갓 지어낸 밥이 내는 맛을 알기 때문이다. 밥알 하나를 먹어보면 밥맛을 제대로 느끼기 힘들지만, 한 숟가락 깊게 떠서 먹으면 구수한 밥맛이 일품이다. 새벽은 작은 성공을 담는 그릇이다. 내가 경험한 작은 성공의 맛을 기억하기에 성공 한 스푼의 제맛은 본인만이 느끼고 표현할 수 있다. 새벽은 하나의 거창한 성공을 보고 달리는 시간이 아니라 작은 성공을 경험하는 시간이다. 이 작은 성공이 하루를 제대로 완주하게 한다.

눈을 뜨는 순간 하나의 작은 성공이 기다리고 있다. 스스로 정한 시간에 일어났다는 사실에 혼자서 축배를 들게 될 것이다. 전날 미리 계획한 새벽 루틴의 일들을 하나씩 해나갈 때 성공은 줄줄이 따라온다. 눈을 뜨고, 세수하고 양치를 하는 소소한 일들 모두 새벽을 이루는 성공이다. 새벽에 내가 하는 일들을 작게 세분화하면 좀 더 쉽게 성공의 기쁨을 느낄 수 있다. 누군가는 이게 무슨 성공이냐고 말할지 모르겠다. 하지만 내가 경험한 일들은 아주 특별한 시간에 자발적으로 짜임새 있게 해낸 일이기에 성공의 기쁨도 남부럽지 않을 만큼 크게 다가온다. 매일 성공의 기쁨을 안고 하루를 시작한다고 생각해보면 하루의 밀도는 이전과는 하늘과 땅 차이다. 많은 사람이 자기 삶의 모든 영역에서 자신만의 성공을 꿈꾸며 살아간다. 하지만 너무 큰 성공만을 좇다 보니 정작 내가 하는 일들에 대한 소소한 기쁨을 놓치고 산다. 새벽 기상을 시작한 후로 좋은 습관이 몸에 체화되어 가기 시작했다. 새벽에 일어나 한 일들의 가치는 돈으로 환산이 안 된다. 혼자 있는 이 시간이 빛날 수 있는 모든 수단과 방법을 가리지 않았다. 그만큼 새벽 시간에 집중했다. 나를 이롭게 하는 좋은 습관이 새벽 기상 하나로 자리를 잡아가고 있었다. '어떻게 하면 새벽 시간을 알차게 보낼 수 있을까?'에 온 마음이 힘을 보태고 있었다.

새벽에 일어났다는 그 사실 하나에 심취해 있지 않아야 한다. 아직 우리는 배울 것이 많고 누릴 기쁨이 많다는 사실을 늘 기억해야 한다. 나는 기상 후 아침이 될 때까지 중요하지만 바빠서 못했던 일들을 우선적으로 완성해 나간다. 책을 읽고 쓰는 일과 마인드의 확장을 목표로 새벽을 보낸다. 책 읽기와 글쓰기로 동기부여 받는 일은 지금 당장 하지 않아도 되는 일이지만 나에게 시급한 일임이 분명했다. 어떠한 외부 자극에도 흔들림이 적은 단단한 나를 완성해 가기 위한 유일한 방법이 바로 책이라 생각했다. 부족한 독서 시간을 늘리는 일이 시급했고, 나를 매일 일으켜 세워주는 강력한 동기부여가 필요했다. 남들이 잠든 특별한 새벽 시간에 일어나 꼭 하고 싶은 일을 한 나 자신을 응원할 수밖에 없었다. 자신을 격려하고, 스스로 약속을 지켜내는 이 시간이 나에게만큼은 완벽한 성공이다. 일어나기, 양치하기, 세수하기, 긍정 확언 적기, 감사 일기 적기, 책 읽기, 필사하기, 글(책)쓰기, 108배 절 운동하기, 샤워하기는 새벽을 완성하고 하루를 완성하는 필살기이다. 필살기가 습관이 되면 이미 반은 성공한 하루다. 그 나머지 반은 채워가는 것이다.

나의 필살기가 너무 많아 보이는가? 막상 해보면 쉽게 마무리된다. 양치와 세수하기 10분, 긍정 확언하기 10분, 감사 일기 쓰기 10분, 책 읽기 40분, 필사하기 30분, 절 운동 20분, 샤워하기 20분 총 140분이면 이 모든 일이 가능하다. 글(책)쓰기는 나머지 시간에 한다. 글쓰기는 시간을 제한할 수가 없다. 이 모든 루틴이 완성된 나머지 시간을 활용한다. 앞에서 밝힌 바와 같이 새벽에 시작한 글쓰기가 정오가 될 때까지 책상을 벗어나지 않고 쓰는 경우도 종종 있어 굳이 제한을 두지 않았다. 글쓰기는 제일 마지막으로 새벽 루틴에 들어온

항목이다. 작가에게 꾸준한 글쓰기와 책 쓰기는 일상이기 때문이다. 밤 근무 전담간호사로 일하는 지금은 책을 쓸 여유가 많다. 아침 출근 시간이 사라져 이전보다 더 여유로운 아침을 보내고 있다. 그래서 낮에도 책을 읽고 글을 쓸 시간이 늘어났다. 남들 출근 시간에 산책할 여유도 생겼다. 그래도 새벽에 하는 루틴만큼 매력적이지 않다.

　나의 출근 시간은 저녁 8시다. 다들 퇴근해서 집에서 휴식을 취할 시간에 나는 지하철을 타러 가기 위해 발길을 서두른다. 남들과 반대로 움직이는 하루다. 출근하지 않는 날은 하루를 통째로 써서 좋다. 내 입맛에 맞게 시간을 조절한다. 새벽 기상과 루틴이 없었다면 하루를 어떻게 보내고 있을까? 분명 피곤하다는 이유로 하루를 잠자는 일로 보낼 것 같다. 잠도 늘어지게 자기 시작하면 중독이 된다. 잠에 취한다고 표현하지 않던가. 나태해지고 게을러지는 지름길이자 시간을 갉아먹는 나쁜 습관이 되기 쉽다. 습관적으로 휴대폰을 만지작거리며 유튜브를 보고, 못 봤던 드라마를 정주행하며 하루를 보내고 있을지도 모른다. 나의 성공적인 하루의 완성은 새벽에서 시작된다. 새벽이 있기에 출근 시간이 바뀌었어도, 출근하지 않는 날에도 하루를 알차게 보낼 수 있었다. 하루를 나태하게 보내지 않기 위해 새벽이 하루의 중심을 잡아주고 있다. 잘 길들인 습관 덕분에 성공적인 하루가 유지되고 있다. 매일 완성해야 할 새벽 루틴은 새벽을 지탱하는 뿌리와 같다. 뿌리가 튼튼하게 자리를 잡으면 어떠한 상황에서도 뿌리째 뽑혀 나가지 않는다. 잘려 나가는 가지는 있어도 또 다른 가지를 뻗어 새로운 모습으로 그 자리를 지켜낸다. 새벽 시간이 그렇다. 상황이 바뀌었어도 새벽 시간을 지켜 낼 의지만 있다면 어떤 식으로든 완성 시킨다. 그뿐인가. 새벽이 흔들리지 않으니, 하루도 꿈쩍하지 않는다. 오히려 더 견고해지고 완성도가 높아진다. 습관이 무섭다. 당신에게도 남부럽지 않은 습관 하나가 필요하다면 새벽을 활용해 보라고 권한다.

매일 새벽에 일어나 작은 성취감을 느끼며 남다른 하루를 시작하는 기쁨을 누리길 바란다. 엄마로, 아내로 살면서 사라진 나를 바로 세우는 시간이 바로 새벽이었다. 그동안 하고 싶었던 일이 있었다면 새벽 시간에 시작해보라. 당신은, 당신이 생각하는 능력 그 이상을 실현할 가능성을 품고 있는 사람이다. 반드시 생각 그 이상의 결실을 보게 될 것이다. 조금씩 변화되는 나를 마주하며 감사하는 하루를 시작하게 된다. 완벽한 하루는 없지만, 성공적인 하루는 내가 만들어 갈 수 있다. 그 힘이 바로 새벽에 있다. 뭐랄까, 고성능 엔진을 장착하고 하루를 시작하는 기분이다. 나는 에너지가 넘치는 사람이 아니다. 지극히 내향형 인간이기에 밖에 나가서 에너지를 받아오는 것이 아니라 오히려 파김치가 되어 집에 오기 일쑤였다. 그런 내가 하루를 지치지 않고 살아갈 수 있는 것은 새벽에 일어나 새벽 루틴을 이어온 덕분이었다. 방전된 에너지를 매일 새벽 시간에 충전하고 하루를 시작한다. 한번 충전된 에너지는 잠들기 전까지 유지된다. 나의 성향을 보면 새벽이 찰떡궁합이다. 새벽을 길들이는 시간에 투자하라. 돈 들이지 않고 많은 수확을 거둬들이는 시간이 새벽이다. 새벽 기상에 실패했다고 포기하지 말고 계속 도전해 보자. 새벽은 실패와 도전이 반복되는 시간이다. 실패와 도전이 성장의 밑거름이 된다. 새벽의 작은 성공들이 빛나는 이유는 바로 실패가 있었기에 매겨지는 값어치 때문이다. 작은 성공은 스노우 볼과 같다. 작은 눈 뭉치를 굴리면 굴릴수록 커지듯 작은 성공은 반드시 더 큰 성공으로 보답할 것이다.

『지금 당장 박차고 일어나라! 이것은 당신이 새벽에 이룬 첫 번째 성공이 될 것이다. 성공은 거창하고 화려하게 오지 않는다. 지금 당신이 알고 있지만, 행할 수 없다고 믿었던 것을 해낼 때 성공은 가까이 있다. 인생의 진정한 성공자는 스스로 계획한 일을 눈치 보지 않고 꾸준히 해내는 사람이다.』

아이들도 엄마의 새벽을 느끼며 성장한다

엄마로 살아온 시간이 어느덧 19년이 흘렀다. 가끔 사춘기 딸아이들이 주는 상처들로 가슴에 바다를 닮은 푸른 멍이 들곤 한다. 나 역시 마음에도 없는 모진 말로 딸아이들의 가슴에 대못을 박은 것은 아닌지 후회할 때가 있다. 마음은 이게 아닌데 나도 모르게 말과 행동이 어긋난다. 내가 이렇게 딸아이들과 끝도 없는 언쟁을 벌이는 것을 보면, 아직 딸아이들을 내 품에서 놓아줄 준비가 안 된 모양이다. 엄마와 딸은 특별한 관계이다. 부모와 자식 관계임에도 불구하고 딸아이는 엄마를 질투한다. 몰래 나의 향수를 가져다 쓰고, 옷도 자기 옷처럼 입는다. 청소하다 보면 딸아이 방에 내 물건이 놓인 것을 보면 화가 난다. 학생은 학생답게! 라는 생각이 강해서 딸아이의 행동이 탐탁지 않다. 그렇게 또 언쟁이 시작된다. 나는 은근히 문구 덕후다. 대형 문구점에 가면 어김없이 스티커와 떡메모지, 볼펜과 같은 코너로 눈길이 간다. 아기자기한 문구들을 하나둘 사 모았다가 필사할 때 아껴서 쓴다. 딸아이는 귀신같이 숨겨놓은 볼펜이나 메모지를 찾아내서 허락도 없이 가져가 쓴다. 말도 없이 가져다 쓰냐고 볼멘소리하면 오히려 당당하기까지 하다. 기가 막히고 코가 막혀서 말문이 안 나온다. 나는 그런 딸아이의 심리가 궁금해 따져 물었다.

"원아, 너는 왜 허락도 없이 엄마 물건을 가져다 쓰는 거야? 도대체 이유나 알자."

"그냥, 엄마가 가지고 있는 물건들이 좋아 보여서. 실제로 사용해 보면 달라~"

천연덕스럽게 이야기하는 딸아이의 이마를 한 대 콕 쥐어박고 싶어도 분란을 만들기 싫어 돌아선다. 한편으론 이런 생각이 들었다.

'딸아이들이 나에게 관심이 없는 것이 아니었구나. 일거수일투족 숨어서 나를 관찰하고 있었구나.'

내가 꼭꼭 숨겨놔도 귀신같이 찾아내는 이유가 생각보다 엄마에 대해 알고 있는 게 많다는 것을 방증하고 있는 게 아닐까.

내가 필사하고 글을 쓴다고 했을 때도 반응이 좋을 리가 없었다. 자판을 두드리는 단순한 일을 왜 하는지 이해하지 못하던 아이들이 지금은 용돈벌이 필사를 하고 있으니 이 정도면 긍정 신호가 아닌 가. 나는 필사를 통해 딸아이들에 대한 작은 바람을 가지고 있다. 삶을 살아가는데 꼭 한번 도전해 보면 좋을 것 같은 일들을 말과 행동으로 보여줌으로써 자연스럽게 받아들였으면 한다. 밥도 억지로 먹이면 체하듯이 강제로 이거 해라 저거 해라 잔소리처럼 했다가 삐딱하게 행동할 것 같아 한발 물러선다. 그래도 딸아이들에게 새벽의 존재를 알렸으니 한발 다가선 기분이다. 모든 것은 타이밍이 중요하다. 필사도 마찬가지였다. 때가 되니 딸아이들도 필사할 기회가 생겼다. 매일 필사한답시고 자판을 두드리는 모습을 지켜보면서 은연중에 관심이 생겼을 것이라 짐작된다. 엄마가 꾸준하게 필사하니, 자신도 거뜬히 할 수 있을 것 같은 자신감에 무의식중에 자리 잡았을 것이다. 맞다, 내 글쓰기가 어려울 때 필사하면서 남의 글을 통해 글에 대한 자신감을 높여야 한다. 내가 만약 필사하다가 포기했다면 어떠했을까? 필사가 별거 아닌 일이고, 어려운 일이라 생각했을 것이다. 엄마가 포기하는 순간 자녀의 심리적 포기도 함께 동반된다. 내가 포기하지 않고 필사를 해오는 모습을 보며 딸아이도 필사를 만만하게 생각하지 않았을까? '도전해 볼 만해!'라는 생각을 가졌다는 것이 중요하다. 생각에 확신이 서면 행동으로 옮기는 것은 시간문제이다. 지금까지 필사를 꾸준히 해오는 딸아이가 기특하다. 용돈 벌이로 시작했지만, 노력과 시간을 투자해야 하는 일이라 내가 가르쳐 주지 않아도 깨닫고 배워가는 것이 많을 것이다.

엄마의 새벽 시간은 꿈이 자라는 시간이다. 딸아이들은 늦게 잠을 자는 편이다. 그렇다 보니 밤늦은 시간도 온전하게 사용할 수가 없다. 욕실 하나가 딸아이 방 바로 앞에 있는데도 굳이 안방 욕실을 사용한다. 놀부심보다. 내 공간을 침범당하고 있다는 생각에 기분이 좋을 리 없다. 냄새가 다르다나 뭐라나 말 같지도 않은 핑계로 기어코 안방 욕실에서 씻는다. 새벽 기상으로 일찍 잠드는 습관이 밴 이후로 어이없는 상황을 눈감고 볼 수 없어서 다행이다 싶다. 새벽 기상으로 딸아이들보다 빨리 잠자리에 들다 보니 아이들은 맨날 잠만 자는 사람처럼 생각하고 있었다. "엄마, 어디 아파? 왜 자꾸 잠만 자는 거야?" 피곤하기도 하고 내일 새벽맞이를 제대로 하려고 잠을 청했던 것뿐인데 갑자기 달라진 엄마가 걱정이 된 모양이었다. 나는 솔직하게 새벽에 일어나야 해서 그렇다고 말했다. 아이들은 '굳이 새벽에 왜 일어나야 하는데?' 도저히 이해할 수 없다는 표정을 하고 있다. '잠잘 시간에 왜 일어난다는 거지?' 의문의 고개를 갸웃거린다. 나는 새벽에 하는 일에 대해 하나씩 말해주기 시작했다. 아이들은 새벽 시간에 관심이 없다. '피곤하면 잠을 자야지, 왜 일어나서 몸을 괴롭혀?' 하는 반응이다. 아이들이 뜨뜻미지근한 반응에도 새벽에 일어나는 이유를 밝힌 연유는 아이들이 언젠가는 새벽 시간을 즐길 줄 아는 삶을 살길 바라서이다. 미처 깨닫지 못한 숨은 시간을 알려줄 의

무가 엄마인 나에게 있다고 생각했다.

　가끔 딸아이가 새벽에 깨어 화장실을 간다. 어두컴컴한 방안에 홀로 불을 밝히고 있는 모습을 보며 "엄마, 안 잤어?"라고 말한다. "아니, 이제 일어난 건데."라고 말하니 "아~"하며 지나친다. 이 짧은 대화가 생각할수록 웃긴다. 엄마의 새벽 시간을 직접 눈으로 본 소감을 묻고 싶어진다. 딸아이들이 생각하는 엄마의 모습은 어떠할까 궁금했다. 내가 꾸준히 글을 쓰고 새벽 기상을 하는 이유는 딸아이들에게 살아가는 방법을 보여주기 위함이다. 뭐든 포기부터 하지 말고 끝까지 해낼 용기를 심어주고 싶어서다. 내가 포기하는 순간, 내 아이들이 포기를 먼저 배우게 될 것만 같아 은근히 두렵다. 그래서 끝장을 보자고 스스로 다짐한다. 이 다짐에 의지하여 지금까지 왔는지도 모른다. 나는 어떤 엄마일까 궁금해서 기회를 엿보다 아이들이 간식을 먹는 타임을 이용해 넌지시 물어봤다.

　"원아, 은아, 엄마가 글도 쓰고 새벽에 일어서 책도 읽고 하잖아. 그런 엄마를 보면 무슨 생각이 들어?"

　"갑자기 그게 왜 궁금한데? 뭐 굳이 말하자면, 다른 엄마들하고 다른 것 같아. 내가 친구들한테 물어봤거든. 다른 엄마들도 새벽에 일어나서 글을 쓰는지. 그런데 아무도 그런 엄마가 없었어. 그래서 그때 생각했지. '우리 엄마가 정말 대단하구나.' 이제 됐어? 기분 좋아?

솔직히 기분 좋지? 응?" 딸아이의 말이 끝나자마자 한바탕 기분 좋게 웃었다.

딸아이들은 새벽에 일어나 책을 읽고 글을 쓰는 엄마를 자랑스럽게 생각하고 있었다. 엄마의 특별함을 인정해 주는 것만 같았다. 말은 안 해도 엄마의 시간을 조용히 지켜보고 있었다고 생각하니 가슴이 뭉클해져 온다. 명치 끝을 무언가가 자꾸만 누르는 것 같다. 딸아이들을 위해 부지런을 더 떨어야겠다. 엄마의 좋은 습관만 닮아가길 바라는 마음이 조금씩 커지고 있다. 아무리 내 물건을 가져가 사용해도 자식 앞에 무너지는 게 엄마의 마음이다. 나는 딸아이들이 자신의 삶을 주체적으로, 눈부시게 살아갔으면 한다. 내가 그렇게 못 살아서일까? 한 살이라도 젊은 나이에 하루라도 빨리 남들과 다른 참다운 인생을 살아보길 응원한다.

딸은 엄마를 닮는다고 한다. 나를 닮아서 좋은, 인생에 쓸모 있는 것 중 물려줄 수 있는 게 무엇일지 늘 생각한다. 아이들이 커갈수록 내가 물려줄 수 있는 가장 좋은 것을 닮아가길 바라는 마음이 든다. 엄마라는 존재를 잃고 난 뒤에도 씩씩하게 마지막 순간까지 잘 살아낼 힘을 길러주고 싶다. 아이들이 세상을 향해 겁도 없이 뚜벅뚜벅 내딛는 걸음이 가끔 두려울 때가 있다. 나의 품 안에서 벗어날 시간이 점점 다가오고 있기에 딸아이가 마주하게 될 사회의 냉혹함을 잘 이겨낼 수 있을지 생각만 해도 아찔하다. 내가 처음 마주한 사회는 차가웠고, 일어나는 모든 일에 대한 책임도 나의 몫이었다. 성인이 되니 힘들다고 부모님께 전화하기도 어려웠다. 괜히 걱정거리만 안겨주는 것 같아 홀로 힘겨운 시간을 버텨야 했다. 죽고 싶을 만큼 힘든 시간을 건너와 지금에 이르렀다. 딸아이에게도 비슷한 상황은 올 것이다. 안 겪으면 가장 좋은 시나리오지만 마음대로 흘러가지 않는 것이 인생이다. 좋은 것만 보고 가장 최고를 누리게 하고 싶은 게 부모의 마음인지라 나의 모습을 거울삼아 삶을 지탱하는 법을 배워가길 바란다. 진흙탕에 던져져도 진주는 진주다. 우아하고 아름다운 진주는 단시간에 만들어진 것이 아니다. 진주조개 몸속으로 파고든 이물질이 주는 고통을 감싸 안은 결과물이 진주다. 자신을 지켜내기 위해 한 행동이 고귀한 진주를 만들어 냈다. 엄마의 성장 과정을 본보기 삼아서 진주 같은 삶으로 거듭나길 바란다.

"딸아. 인생의 파도가 거세게 밀려올 때 스스로 파도 위로 올라타는 법을 알고 있다면 네 삶은 조금 더 수월하게 흘러갈 거야. 엄마는 너에게 지금 파도 타는 법을 알려 주고 싶은 거야. 엄마의 새벽 시간은 그래서 특별한 거야. 엄마 이야기 한번 읽어볼래?"

『새벽은 내게 와서 길을 만들고, 그 길은 나의 인생을 밝혀주는 빛이 되었다. 빛과 함께한 시간은 글이 되었고, 글은 내가 살아갈 이유를 깨닫게 했다. 자신이 경험했고 깨달은 것 중에서 가장 가치 있는 시간을 물려주는 것이 부모가 되어 자식에게 남겨 줄 최고의 선물이 아닐까.』

새벽, 알면 알수록 그 특별함에 감탄한다

새벽만큼 무언가를 시작하기 좋은 시간도 없다. 평소보다 조금만 더 일찍 눈을 뜨면 남들보다 특별한 하루를 시작할 수 있다. 그동안 해야 하지만 우선순위에서 밀어놨던 일을 하기에 가장 적합한 시간이 새벽이다. 최적의 시간이 최고의 결과를 낳는다. 나에게 새벽은 내 꿈이 성장하는 시간이자, 나란 사람이 새롭게 태어나는 시간이었다. 마음만으로 사람은 쉽게 변하지 않는다. 하지만 몸을 움직여 수고로움과 지루함을 기꺼이 반복할 때 사람도 상황도 서서히 달라진다. 새벽 기상, 이른 새벽에 하는 반복적인 행동이 때로는 지루하고 지치게 할 수도 있지만, 위기의 순간을 잘 이겨내면 자기 충족감은 배가 된다. 매일 하는 루틴은 스스로 세운 작은 목표이다. 매일 목표를 향한 자신의 노력과 가능성을 최대한 발휘하기 위해 몰입하는 자신의 열정에 감탄하게 된다. 무슨 일이든 되게 하려면 시간의 힘이 필요하다. 하나를 하더라도 제대로 하는 것이 중요하다. 남들에게 없는 시간이 당신을 부른 이유는 반드시 있다. 의도적으로 스스로 찾아간 시간은 앞으로 내가 머물게 될 미래를 사는 시간이다. 꿀맛 같은 잠을 포기하고 선택한 시간은 매일 아침을 여는 시간인 동시에 미래를 준비하는 성숙의 시간이다. 새로운 꿈을 발견하고 그 꿈을 위해 나를 수없이 담금질하는 시간이 새벽이다. 결국, 원하는 것을 이뤄가는 인고의 시간이 바로 새벽이다. 지금 이 순간에도 새벽의 특별함을 눈치챈 사람들은 새벽의 기적을 만들어가고 있을 것이다. 당신이 잠든 사이에 수많은 기적을 일으키는 이들이 있다.

지금은 친정집에 와서 머물고 있다. 밤 근무 전담간호사의 장점은 휴무가 연달아 있다는 것이다. 이틀 이상 쉬는 날이면 가능하면 친정에 와서 농사일을 돕는다. 포도 농사를 짓고 계신 부모님과 남동생은 매일 같이 포도를 키우는 일에 땀을 흘리고 있다. 매년 4월이 되면 포도 가지에 난 여린 순을 치는 작업이 한창이다. 잘라도 잘라도 새순은 가지 사이에 빼꼼히 눈을 내민다. 보드라운 새순이 귀엽지만 그렇다고 그냥 두었다간 가지들이 여기저기 엉켜 질서 없는 작은 숲을 만들어 갈 것이다. 포도알이 영그는 데 영양분이 집중되어야 하는데, 자칫하면 포도 가지와 잎으로 빼앗길 수도 있다. 뭐든 적당한 것이 가장 좋다. 넘쳐서도 안 되고 부족해서도 안 된다. 포도가 자라는 데 필요한 잎만 놔두고 새순도 제거하고 불필요한 가지는 잘라 버린다. 제멋대로 하늘 향해 뻗어 나간 가지를 잘라내기 위해 고개를 젖혀 온종일 위를 쳐다보았더니 목이 뻐근하고 어깨도 결린다. 앉았다 일어날 때마다 '아이고'하는 곡소리가 절로 나온다. 이런 일을 매일 하는 부모님과 남동생을 생각하니 짠하다. 하우스 일이 끝나면 좀 쉴 줄 알았더니 노지 밭의 캠벨포도 가지 순치는 작업이 남았단다. 끝이 없지만 나이든 노모가 앞장을 서 따라갈 수밖에 도리가 없다. 캠벨포도의 가지는 더 여리고 보드라웠다. 엄마는 작은 포도송이에 하나 더 달린 작은 송이를 가리키며, 이 육손을 제거 후 가지 사이에 난 새순을 제거하면 된다고 알려주신다. 순을 따낼 때마다 들리는 '톡톡' 소리가 작은 음악이 되어 일손을 재촉한다. 정신없이 순을 정리하다 보면 날이 저물어간다. 5월이 되니 날도 많이 길어졌다. 저녁 6시가 훌쩍 넘었는데 대낮처럼 밝다. 어머니는 말씀하신다.

"신기하기도 하지. 일이 적을 때는 일찍 쉬라고 날이 짧고, 할 일이 많은 농사철에는 날이 기니 기특도 하지."

그러고 보니 맞는 말이다. 자연의 섭리는 인간이 범접하기 힘든 부분임에 틀림이 없다. 날이 길어진 덕분에 일을 좀 더 할 수 있었다. 몸은 고되지만, 농사일에 조금은 보탬이 되었다는 생각에 마음만은 뿌듯하다. 따뜻한 물에 몸을 씻고 나니 노곤해진다. 힘든 노동 후의 숙면은 내일을 위한 준비다.

　새벽은 장소를 불문하고 만나는 친구이다. 몸이 천근만근이지만 눈이 절로 떠진다. 새벽 4시를 향해 시곗바늘이 다가서고 있었다. 시골의 밖은 짙은 어둠으로 가득하다. 마당에 설치해 놓은 CCTV 화면 속에는 강아지 '순둥이'가 몸을 동그랗게 말아 꼬리를 감싼 채 잠든 모습이 눈에 들어온다. 나는 따스한 물 한 모금을 마신 후 커피를 내린다. 그리고 방으로 들어와 노트북의 전원을 켠다. 음악도 잔잔하게 흐르게 하고 늘 하던 작업을 시작한다. 책을 읽고 간단하게 필사했다. 그리고 글을 쓴다. 새벽은 매일 찾아오는 반가운 친구이기에 내가 어디에 있든 새벽은 늘 함께한다. 이미 새벽에 할 일들을 위한 책들을 잔뜩 챙겨와서 마음마저 든든하다. 시골의 새벽은 아침과 같다. 부모님께서도 일어나 아버지는 안방에서 TV를 보시고, 어머니는 아침 식사 준비를 하신다. 밥 냄새가 구수하니 좋다. 집에 있을 때와 다른 새벽 풍경이 엄마 품처럼 따스하다. 어머니께서는 새벽부터 일어나 무언가를 한다고 책상 앞에 있는 나를 보며 한마디 거드신다.

　"아이고~ 이 아가씨가 잠도 안 자고 뭘 이렇게 하시나. 피곤할 텐데 글 쓴다고 일찍 일어나 있어?"

　그 말에 나는 웃음이 피식 새어난다. 어머니 눈엔 시집간 딸이 아가씨로 보이나 보다. 어머니는 걱정스러운 말을 담아내시지만, 얼굴에는 옅은 미소가 번진다. 글 쓰는 내가 자랑스러우신 것 같다. 글을 쓴다고 했을 때 "글 쓰면 좋지."라고 하시던 엄마다. 말로만 듣다가 직접 글 쓰는 모습을 보니 더 기분이 좋으신 모양이다. 일터로 가기 전, 시골의 새벽 시간은 일상을 유지하는 단단함이었다. 장소가 바뀌었다고 루틴을 하루 이틀 미루다 보면 다시 회복하기까지 서글프기 마련이다. 이미 편한 것을 몸이 맛을 봤기 때문이다. 나태함이 들어올 작은 빈틈을 허락하고 싶지 않아서 내 주거 공간을 벗어나서도 새벽에 일어난다. 새벽은 내 삶을 지탱하는 견고한 지지대 역할을 하기 때문이다.

　새벽은 나를 위한 가장 정직한 투자시간이다. 노력과 인내를 투자하는 시간이기에 힘이 든다. 내 힘을 들여서 무엇인가를 이뤄가는 시간이기에 가장 값싸지만 가장 확실한 투자다. 만나는 이마다 먹고 살기 힘들다고 한다. 물가는 계속 오르는데 월급은 제자리걸음이다. 사람들은 힘들다고 할 때 가장 나쁜 선택을 한다. 오히려 자신에게 하는 투자를 뒤로 미룬다. 특히 부모가 된 이들은 더더욱 그렇다. 자식 먼저 챙기느라 나에게 돌아올 여유는 사치라고 생각한다. 나 역시 고3 딸아이를 두니 생각보다 많은 돈이 들어간다. 그래서 내가 글을 쓰는 것이 맞는 것일지 고민하던 때가 있었다. 하지만 새벽에 일어나 루틴을 하면서 생각한 것은 지금이 아니면 나의 때는 놓치고 만다는 것이었다. 힘들수록 더더욱 나에게 투자하는 것이 남는 장사가 아닐지 생각했다. 시간을 되돌릴 수 있는 능력이 내겐 없으니, 힘들다고 나를 포기하는 어리석은 선택은 하고 싶지 않았다. 나를 데리고 끝까지 잘 살아내고 싶었다.

주식보다 더 확실하고 정직한 투자가 바로 나에게 투자하는 것이다. 소액의 주식 투자를 하고 있지만, 신바람 나는 결과는 없었다. 매일 주식 창을 보고 있으면 답답하기만 하다. 주식으로 돈을 잃은 사람은 봤어도 돈을 번 사람은 보기 힘들다더니 맞는 말인 듯하다. 내 주변만 봐도 그렇다. 어쩔 수 없이 주식을 팔지도 못하고 흑자전환 되기만을 기다리며 매일 주식 창을 열고 있다. 하지만 나에게 하는 투자는 공들이는 시간만큼 좋은 결과를 어떤 식으로든 보상받게 된다. 일확천금을 노리지 말고, 정직한 투자에 대한 확실한 보상을 꿈꿔라. 새벽 시간은 나란 사람이 할 수 있는 '최선'이라는 것을 하도록 만든다. 나에게 집중하기 때문에 나를 알아가며 내 힘으로 정직한 투자를 한다. 매일 일정한 시간대에 일어나 조바심내거나 흔들리지 않고 똑같은 일을 반복한다. 반복은 내가 하는 일을 최고로 만들 기회라 여긴다. 매일 새벽에 하는 작은 행동의 반복을 가볍게 보지 마라. 새벽은 내 안의 가능성을 찾아가는 가장 값싼 투자이자, 군더더기 없이 뿌린 대로 거두는 시간이다. 새벽은 가장 힘들 때 나에게 할 수 있는 현명한 투자이다. 돈 걱정 없이 나의 의지만 있다면 반드시 새벽 시간에서 일어설 기회를 찾아낼 것이다.

새벽은 알면 알수록 단점보다 장점이 많은 특별한 시간이다. 자신이 주도하는 대로 움직이는 유일한 시간이 바로 새벽이었다. 새벽은 미래에 투자하는 시간이다. 그 결과가 조금씩 현실로 드러나고 있는 것을 볼 때마다 가슴이 벅차다. 한 문장을 써도 나답게 쓰는 글 속에서 진짜 나를 본다. 내 글에는 나의 숨은 노력이 물들어 있기에 누가 뭐라 하든 당당하다. 새벽에 일어날 수 있는 내가 자랑스럽다. 언제 이렇게 성장했는지 모를 만큼 새벽 시간은 가랑비에 옷이 젖는 줄 모르고 빠져드는 시간이었다. 나란 사람을 도자기 빚듯 정교히 다듬어가는 데 필요한 인내와 노력이 녹아든 숙명의 시간이다. 어떠한 순간에도 마지막까지 포기하지 말아야 할 것이 있다면, 바로 나 자신이다. 아이들이 자라는데도 엄마의 밭이 튼실해야 흔들림이 적다. 아이들은 말할 것이다. '누가 나를 위해 살래? 엄마를 위해 살았어야지!' 라고. 내가 누구 때문에 이러고 사는 줄 알기나 하냐고 한탄하지 말고, 지금이라도 나를 위해 사는 법을 찾아라. 너무 많은 것을 내가 아닌 그 무엇에 양보하며 살지 않았는가? 아빠도, 엄마도 아이들처럼 성장의 시간이 필요하다. 인생은 나를 위해 잘 사는 것이다. 지혜로운 우리 아이들은 남은 인생을 엄마 자신을 위해 살길 간절히 바랄 것이다. 나에게 새벽은 나로, 엄마로 잘 살아낼 힘을 키워가는 특별한 시간이었다.

『어디에 있든지 자신의 본분을 잊지 않고, 늘 하던 대로 일상을 유지할 수 있느냐 없느냐는 의지의 문제다. 새벽은 존재하지 않는 시간이 아니라, 발견되지 않았을 뿐이다. 일어나라! 그리고 누려라! 스스로를 특별하게 만드는 경험이 있어야 삶이 특별해진다. 』

새벽 시간 절대 놓치지 마라

특별해서 성공하고 부족해서 실패하는 것이 아니다. 성공과 실패 이 둘의 갈림길은 목표에 있지 않을까? 진정한 성공의 본질은 능력에 있다기보다 방향성에 있다. 누구에게나 공평한 하루 24시간이지만, 정신없이 살아가느라 분주하기만 했던 나에게 목표는 없었다. 목표라기보다 막연한 바람에 불과했다. '무엇을 했으면 좋겠다.' '무엇이 되면 얼마나 좋을까?'라는 막연한 이상향을 좇으며 하루를 살아왔다. 그러하기에 늘 뭔가 허전하고 아쉬웠다. 밥을 먹어도 허기진 기분이랄까? 새벽 기상을 하면서 작은 목표들이 생기고, 뜻한 바를 하나둘씩 이뤄가다 보니 없던 밥맛도 도는 것 같다. 나는 그때 알았다. 목표가 있고, 그 목표를 이룰 시간이 있으니 내가 원하는 대로 삶의 시간도 흘러가게 된다는 것을. 목표가 있어도 하루를 살아내기 바쁜 현대인들에게 무언가를 지켜내는 일은 작심삼일의 반복이다. 다이어트해야지, 책을 읽어야지, 운동을 해야지 등등 나름의 목표를 세우지만 오래 가지 못한다. 나는 그 이유를 시간에서 찾았다. 바빠서 시간이 없다고 말하는 우리에게 목표를 이룰 시간이 없다고 말할 핑계를 없애버리면 되는 것이다. 24시간이란 프레임에서 벗어나 실체 없이 표류하는 시간을 스스로 만드는 것이다. 일어나 보기 전까지, 그 시간의 실체를 알 수 없었던 것이 바로 새벽이었다.

새벽은 마음만 먹으면 뭐든 해낼 수 있는 여지가 많은 시간이다. 새벽 2~3시간 가지고 무엇을 제대로 하겠냐고 생각하면 큰 오산이다. 새벽은 내가 가진 잠재력과 가능성을 총동원해 하고자 하는 일에 매진하게 한다. 몸과 마음이 하나가 되는 시간이 바로 새벽이기에 이 시간은 남들에게 알려주고 싶지 않은 금쪽같은 시간이다. 우리는 이 시간을 통해 자신이 어디로 가는지, 어떤 삶을 살고 싶은 건지 목표를 설정할 수 있다. 뚜렷한 목표를 가진 사람만이 넘어져도 오뚝이처럼 일어날 수 있고, 늦게 출발해도 끝내 도착하는 법을 찾아낸다. 우리가 지금 제자리를 맴도는 듯한 삶을 사는 것은 자기만의 명확한 목표가 없기 때문이다. 성공은 특별함의 결과라기보다 어느 한 사람의 열정값이다. 목표를 향해 뜨겁게 쏟아낸 열정의 농도가 성공과 실패를 가르는 차이가 아닐까.

새벽 시간은 책 읽는 습관을 길들이기 좋은 시간이다. 특히 그동안 사놓고 읽지 못한 책을 읽기에 더없이 좋다. 너무 두꺼워서 첫 장을 넘기는 것조차 부담이 된 책은 새벽 독서에 도전해 볼 만하다. 새벽 시간에 읽을 만큼의 쪽수를 정해놓고 읽다 보면 벽돌 책도 무난히 완독하는 기쁨을 느끼게 될 것이다. 나 역시 두꺼운 책을 읽을 엄두가 나지 않았다. 왜냐하면, 책을 아무리 좋아해도 책을 읽을 수 있는 일정 시간이 정해져 있지 않은 상태에서는 무리가 있었다. 글에도 흐름이 있다. 바쁘다는 이유로 하루 이틀 건너뛰고 읽게 되는 경우 쉰 만큼 이미 읽은 내용이 흐려져 이전과 같은 호흡으로 읽기 힘들었다. 그래서인지 이어 읽기를 포기해야 하는 경우도 종종 발생했다. 더는 책 내용이 와닿지 않고 지루하게 느껴져서이다. 하지만 새벽에 매일 책을 읽으니 진도도 쉽게 나가고 책 속으로 몰입할 수 있어서 단 30분, 1시간을 읽어도 그 만족감은 높았다. 이러한 감정은 중요한 듯하다. 매일 책을 읽고 싶은 감정의 끈을 놓지 않게 해준다. 벽돌책이 아니더라도 일주일에 한 권 읽다가 어떤 주는 2~3권도 읽을 때면 기쁨도 배가 되어 책 읽기의 즐거움은 다음에 읽을 책으로 향한다. 읽은 책이 쌓여 갈 때마다 흐뭇하기만 하다. 잘 살아낸 이력 같아 스스로를 격려하게 된다. 책 읽는 것이 쉽게 느껴지면 일 년 계획도 세우게 된다. '일 년에 100권을 읽어야지'라는 야심 찬 포부가 생긴다. 하루 목표가 한 달 목표가 되고, 한 달 목표가 일 년 목표가 된다. 책은 읽고 싶어도 지금 당장 하지 않아도 되는 일이기에 등한시되는 경우가 많다. 하지만 책을 읽을 시간이 없다고 하지 말고 새벽 기상으로 책 읽는 습관을 만들고, 책 읽는 삶을 살아보는 것은 어떤가. 읽는 즐거움 뒤에 반드시 쓰는 즐거움이 있다는 사실을 발견하게 될 것이다.

새벽에 책을 읽으면 생각하는 기쁨도 함께 누릴 수 있다. 낮에 책을 읽으면 주위에 신경 쓸 게 많아서 깊이 생각하는 시간이 없다. 생각하다가도 다른 곳으로 생각이 틀어질 때가 많았다. 하지만 새벽은 책을 읽다가도 여유를 가지고 깊이 생각할 수 있고 그 생각을 글로 적어볼 수 있어서 좋았다. 깊이 있는 독서가 가능하다고 해야 할까? 조급한 마음으로 읽는 것이 아니라 사유할 수 있는 독서여서 좋다. 나에게 특히 서평은 더 효과적이다. 완독 후 서평 쓰기를 목표로 하는 나에게 새벽 독서는 빛을 발한다. 책을 읽다가 생각을 메모하는 습관이 완독 후 서평 쓰기에 도움이 많이 된다. 새벽에 책을 읽다 보면 깊은 내면의 생각이 담긴 글이 써지기 때문에 내가 의도하지 않아도 쓰다 보면 정직하고 정교해진 글을 쓰게 된다. 이렇게 적은 메모들이 하나로 뭉쳐지면 생각보다 많은 분량의 글이 된다. 새벽 독서를 통해 서평 쓰기도 점점 쉬워지고 있다. 당신도 책 읽기, 글쓰기, 서평 쓰기에 관심이 있다면 새벽 시간을 이용해 보길 바란다. 느린 것 같아도 하나의 덩어리로 모아놓으니 큰 소득을 얻을 수 있는 시간이었다.

　새벽 시간은 잠으로부터 해방되어야 할 시간이다. 삶에서 절대 놓치지 말아야 할 시간이다. 새벽에 일어나면서 삶의 모든 부분이 긍정적이고 밝게 바뀌어 갔다. 새벽 루틴은 좋은 습관이 되었다. 자의적으로 하는 일들이 어느덧 좋은 습관으로 자리 잡아 나란 사람을 새롭게 프로그래밍했다. 새벽에 하는 주된 일들은 사람을 건전하고 건강하게 만든다. 독서를 통해 사고를 확장하고, 삶의 중심을 잡게 한다. 타인과의 비교에서 멀어져 세상의 중심이 나라고 말해주는 듯하다. 이건 어쩌면 새벽이 누구에게나 있지 않기 때문일 것이다. 밖으로 나가면 온통 비교 대상이다. 비교하지 않으려고 해도 눈앞에 보이고 듣게 되니 비교가 나쁘다는 것을 알면서도 어쩔 수 없이 비교하게 되거나 비교를 당한다. 특히 자녀에 대한 비교는 부모 마음마저 다 속상하다. 여동생의 딸아이는 공부를 꽤 잘한다. 잘하는 정도가 아니다. 목표로 하는 대학교의 수준까지 남다르다. 조카가 똑똑하니까 기뻐할 일이고 자랑거리지만, 같은 또래를 키우고 있는 엄마의 입장에서는 마냥 부럽고 주눅이 든다. 내 아이가 우리 가족 안에서만 놓고 보면 예쁘고 부족함 없이 느껴지다가도 밖으로 나오면 또래의 아이들과 비교를 당하게 된다. 아이의 성적이 엄마의 성적 같아서 불편하기만 하다. 내가 아이를 잘못 키운 것도 아닌데 성적 앞에 작아진다.

우리는 비교할 수밖에 없는 환경에 놓여 있다. 저마다 태어나고 자라 온 배경이 다르고 출발선 자체가 다르다. 비교는 숙명일지도 모른다. 별거 아닌 일로 속상하고 나 자신을 괴롭힌다. 남들보다 뒤에 가고 있다는 불안감이 삶의 만족도를 떨어뜨리고 있다. 비교는 새벽 기상을 하며 새벽 시간을 주체적으로 살아가는 사람의 큰 그릇에 담길 수 없다. 새벽에 사는 사람들은 남들보다 더 많은 시간을 살며 남들보다 더 많은 경험을 하고 있다. 생각하는 것과 느끼는 것도 많다. 각자에게 주어진 삶의 무게를 견뎌내는 힘이 새벽에 있다. 시끄러운 세상과 멀어져 있는 시간이 삶의 중심이 어디에 있어야 하는지를 매일 알려준다. 나 역시 세상과 멀어진 새벽에서 삶의 의미를 새롭게 찾았다 해도 과언이 아니다. 무엇이 나에게 중요하고, 무엇을 위해 살아야 하는지 삶의 가치관을 재정립하는 시간이 새벽이었다. 새벽은 단순히 기상에 그치면 안 되는 시간이다. 내 안에 좋은 영양분을 공급해 주는 시간이기에 삶을 바로 서게 한다. 새벽 시간을 놓치지 말아야 하는 진짜 이유가 여기에 있다. 나를 찾고 내 삶의 가치관을 새롭게 재정립하는 시간임을 잊지 말아야 한다.

새벽 시간을 통해 자신만의 속도로 성장하는 법을 배운다. 남들의 속도에 뒤처지는 것이 불안하고 조바심이 난다면 새벽 시간에 일어나 보라. 그리고 새벽을 함께 하는 사람들과의 모임에도 동참해 보

라. 책을 쓰려고 모인 사람들이 있는 〈책성원〉의 작가들 대부분이 새벽 기상을 하고 있다. 자신만의 속도에 맞춰 글을 쓰고 삶을 아름답게 가꿔가고 있다. 그래서일까? 늘 얼굴에 밝은 빛이 난다. 생기가 돈다. 시간에 이끌려가지 않고 시간을 통솔하는 자의 입장이 되니 삶이 더 견고해지고 주체적인 삶을 살아간다. 〈책성원〉의 작가들 중에 N 작가는 최근 들어 새벽 기상 도전에 박차를 가하고 있다. 아이 둘을 키우다 보니 글을 쓰는 데 집중할 시간도 필요할 것이다. 나는 N 작가의 새벽 기상 도전을 환영하고 있다. 글을 쓰는 것 그 이상으로 더 많은 삶의 깨달음을 얻을 수 있을 거라 믿기 때문이다. 새벽 시간은 삶을 어떻게 살아갈지에 대한 해답을 주는 시간이다. 작은 목표를 정해 새벽 시간에 살아보자. 목표도 이룰 수 있는 시간과 완벽한 합을 이룰 때 완성된다. 새벽 시간이 갖는 힘은 끝으로 갈수록 근사한 피날레를 보여줄 것이다. 기존의 삶이 궤도를 벗어나 또 다른 삶의 궤도를 만들어 내는 데는 주어진 삶의 무게만큼 충분한 시간이 필요하다. 삶을 바꾸는 시간, 새벽 시간은 하는 일이 무엇이든 진짜가 되는 시간이다. 새벽을 알고 나면 당신은, 새벽을 모르고 살아온 시간이 후회될 것이다. 하루라도 후회 없는 삶을 살아가길 기원하는 바이다.

『쭉정이는 버려지고 알맹이만 남는 시간, 새벽이다. 어떤 일을 하든 진실만이 남는다. 인생에서 다른 것은 버려도 새벽만큼은 놓치지 마라. 새벽을 잃는 것은 진정한 나를 잃고 사는 것과 같다.』

새벽을 통해 꿈을 이루고 특별한 삶을 살아라

새벽 시간은 꿈이 영글어가는 시간이다. 곡식이나 과일도 저마다의 알이 차오르고, 단단해지고, 익어가는 시간이 필요하다. 일생을 살면서 매 순간을 익어가는 삶으로 채워가고 싶었다. 생채기가 생기고, 썩는 줄 모르고 나란 사람은 늘 뒤로 물러나 있었다. 마음 안에는 뭔가 찾고자 하는 열망이 책을 읽을 때마다 불끈불끈 가슴을 뜨겁게 하고 있었는데 그것이 무엇인지 몰랐다. 새벽은 가슴을 뜨겁게 달구던 꿈을 발견하게 하고, 그 꿈을 향해 전진할 수 있는 용기를 준 시간이다. 용기는 내가 마음먹는다고 생기는 것이 아니었다. 꾸준히 반복하며 단련된 시간이 자신감을 가지게 했고, 기회가 왔을 때 도전할 힘을 주었다. 특별한 시간, 의도된 행위는 반드시 원하는 미래의 삶을 만들어 낸다. 처음은 미약할지 모르나 하다 보면 모든 것이 단단해지고 처음부터 자기 자리인 양 깊게 뿌리 내리고 열매를 맺을 준비를 하는 것이 새벽 시간의 힘이었다. 삶이 힘들다고 여길 때, 위기가 찾아왔을 때, 마음이 수만 번 무너져 내릴 때 나는 새벽에 있었다. 이런다고 뭐가 달라질까 싶은 마음이 굴뚝 같았다. 늘 나만 뒤처져 앞서가는 이들의 뒷모습만 바라는 보며 결승선 없는 달리기를 하는 것 같은 기분이 들 때 새벽에 눈을 떠보자. 누구에게나 힘들어도 힘들다고 말할 수 없는 어려움이 있다. 가족이기에 더 진실 되게 말해야 하는데도 쉽지 않다. 오랜 직장 생활 탓인지, 엄마이기에 가능한지 모르지만 웬만한 일은 혼자서도 감당이 된다. 하지만 정작 마음은 하루에도 수십 번 방어벽이 무너지는 고통을 겪이아 했고, 그것을 다시 쌓아 올리는 작업을 몰래 하고 있었다. 새벽은 가장 힘들 때 찾아와 나를 강하게 만들었고, 잠재된 꿈까지 찾아 준 위대한 시간이다.

새벽에 일어나면서 책을 읽고 쓰는 일이 숨 쉬듯 자연스러워졌다. 당연한 듯 책을 펼친다. 하루 중 가장 조용하고, 가장 깨끗한 시간대이기에 가장 먼저 손이 가는 게 책이고 글이다. 책과 글은 자기 내면을 돌보는 일이기에 세상의 번잡함으로부터 멀어져 오롯이 나에게 집중하게 된다. 책과 친밀해질수록 글을 읽는 삶에서 쓰는 삶으로 이어지는 강한 운명의 이끌림을 받게 된다. '오늘 하루 어떻게 하면 잘 살아낼 수 있을까?'라는 물음이 떠오르는 시간, 그 물음 앞에 책을 읽고 쓰는 행위는 당연한 선택처럼 여겨진다. 책으로 인생의 귀한 가르침을 받는 기회를 매일 만나다 보니 저절로 글쓰기에 마음이 이끌렸다. 책을 읽고 생각하고 쓰는 시간이 없다면 완독하더라도 '좋은 책이구나'에서 끝이 날 수 있다. 하지만 책을 읽고 생각하는 과정을 거친다면 반드시 쓰기로 귀결된다. 새벽은 영혼으로 통하는 문이 열리는 시간이기에 그 열린 문틈 사이로 지식과 영감이 스며든다. 뜻밖에 만난 문장, 즉 기발한 생각이 담긴 나의 글이 소중해지기 시작한다. 책을 읽고 반드시 단 한 문장이라도 써보길 권한다. 내가 쓴 문장하나가 인생의 나침반 같은 명언이 되어주기도 한다. 한 문장을 쓰기 위해 우리의 뇌는 최적의 문장을 만들기 위해 노력을 한다. 생각의 탄생은 쓰는 것에서 시작된다. 책을 읽기를 거부하는 사람들이 많아지고 있다. 책을 읽을 시간에 다른 것을 한다는 것이다. 정작 시간이 없다는 우리는 책을 읽을 시간을, 핸드폰을 보는 일에 정신이 팔려있지 않은 지 반성해 볼 필요가 있다. 손에 없으면 불안한 핸드폰이 삶을 더 삭막하고 무미건조하게 만들고 있는 것은 아닌지 생각하게 한다. 그래서 나는 가능하면 새벽 시간에는 핸드폰을 열지 않는다. 한번 핸드폰을 열고 인스타그램에 접속했다가 낭패를 본 일이 있었다. 인친들이 올려놓은 게시물과 릴스를 보고 '좋아요'를 누르다 보니 시간이 훌쩍 흘러 마음이 다급해진 적이 있다. 핸드폰에 빠져 있는 동안 귀한 새벽 시간을 도둑맞은 기분이 들었다. 동시에 죄책감도 생겨서 꼭 필요한 작업이 아니면 새벽 루틴에 집중한다.

 새벽이 삶으로 스며들면 특별한 인생을 살게 된다. 일찍 일어남으로써 삶의 태도가 달라지고, 남이 잠든 시간 나만의 세계를 경험한다는 것에서 이미 특별한 삶이 시작된 것과 다름없다. 성공자의 삶에는 있고 나에게 없던 새벽 삶, 더는 동경하지 않는다. 이미 나는 새벽에 있고 나만의 길을 찾았기 때문이다. 피곤해서 미칠 것 같아도 몸이 저절로 일어나 움직이는 새벽이다. 습관이 삶이 되고, 삶은 내가 된 순간이다. 생각 근육, 마음 근육, 글쓰기 근육, 신체 근육까지 커가는 시간이 새벽이다. 새벽은 나를 '결국 해내는 사람'으로 거듭나게 했다. 새벽 시간이 있었기에 하고자 하는 일을 더 질할 수 있었고 잘 해낼 수 있었다. 그 대표적인 것이 '책 쓰기'다. 순수하게 빠져들어 몰입할 수 있는 시간을 통해 책 읽기와 책 쓰기를 성공적으로 매일 해낼 수 있었다. 책을 통해 삶의 깨달음을 얻고 그 작은 깨달음이 삶으로 들어왔다. 책처럼 삶을 살아가려고 노력하다 보니 삶도 책과 닮아간다. 새벽에 책을 읽으면 그만큼 실행력도 커진다. 남몰래 새벽 독서를 하는 동안 수많은 저자로부터 얻은 삶의 지혜와 가르침이 내공이 되어 현실은 변화되기 시작한다. 새벽 시간과 책이 만나니 더 큰 동기부여를 받고 더 깊은 독서를 통해 삶의 변화를 위한 실행력을 높일 수 있었다. 이제 더는 누군가를 부러워할 필요 없이 내가 매일 새벽에 일어나서 읽고, 쓰고, 살아가는 그 자체가 내가 그토록 동경하는 모습이 되었다.

새벽 독서의 실행은 '쓰기'에 있다. 생각과 마음을 하나의 문장으로 담아내는 과정에서 자기 통찰이 생긴다. 짧은 글을 조금씩 쓰다 보니 긴 글이 쓰고 싶어졌다. 긴 글이 쓰고 싶다는 생각의 숨은 의도가 바로 책 쓰기에 있었다는 사실을 처음에는 알아차리지 못했다. 하지만 긴 글을 쓰기 위해 몸이 움직이기 시작했다. 지금 생각 보면 마음이 가는 대로 몸이 따라간 것뿐이다. 속일 수 없는 마음의 움직임은 반드시 행동으로 나타나게 된다. 책 쓰기 노하우를 배워야겠다는 집념이 결국은 방법을 찾아내게 했다. 삶에서 새벽을 만나게 된 것은 나를 가장 칭찬할 만한 일이다. 그리고 새벽 시간에 내가 가장 잘한 일이 바로 책 읽기다. 책을 읽는 시간만큼 잠재된 꿈이 기지개를 켜고 일어날 준비를 하기 시작했다. 책이란 것이 그렇다. 가볍게 시작한 책 읽기가 진화되어 더 많이 책을 읽고 쓰는 시간이 욕심이 나서 불필요한 일들을 줄여나간다. 책을 더 읽고 싶은데 어쩔 수 없이 책을 덮어야 할 때의 아쉬움이 나는 좋다. 책은 기울어진 삶의 무게 중심을 옮겨와 균형 있는 삶을 되찾도록 한다. 엄마의 아침은 늘 분주하다. 나를 챙기느라 분주한 것보다 아이들을 위해 챙겨야 할 것들이 더 많다. 또한, 직장인의 하루는 스트레스로 심신이 고달프다. 마음의 해방이 필요하다. 이럴 때일수록 책과 친해지고 쓰기를 가까이해야 한다. 하루 종일 남들의 시선을 신경 쓰느라 내 안의 욕구를 억누르고 살았으니 단 몇 시간 만이라도 나를 위해 살아야 한다. 힘들다고 책과 멀어져 있는 시간이 길어질수록 삶이 메말라가는 기분마저 들었던 순간이 있다. 그래서 책은 꼭 읽어야 한다는 것을 느끼게 되었다. 그래서 책을 읽기 위해 찾은 시간이 바로 새벽이다. 새벽은 나를 위해 사는 유일한 시간이었다. 글을 읽고, 생각을 정리하며 글을 쓰다 보니 뜻밖의 선물 같은 삶이 시작되었다.

필사로 시작된 글쓰기의 본격적인 행진은 새벽 시간에 이루어진다. 책 쓰기를 시작한 후로 새벽은 나에게 백지와 같았다. 매일 새벽이라는 백지 위에 "나는 글 쓰는 작가다!" 이 한 문장을 새긴다. 나는 이 한 문장에서 나의 의지와 철학 그리고 글에 대한 사랑까지 느끼게 된다. 이 순간만큼은 나에게 '글로 살아가는 사람'이라고 말해주는 것만 같다. 책 쓰기 흐름을 이어가는 나만의 방법은 새벽 루틴을 완성하는 데 있다. 나에게 책 읽기는 의식을 깨우는 도끼였으며, 책 쓰기는 쪼개진 생각들의 결정체였다. 그리고 그 중간을 잇는 필사는 내 안의 날을 연마하는 과정이었다. 생동적인 새벽 기운을 물씬 받으며 글쓰기를 시작하면 몰입은 물 흐르듯이 찾아온다. 새벽 시간의 몰입은 머리는 차갑고, 가슴은 뜨겁게 달군다. 글쓰기에 집중하다 보면 몸이 뜨끈해져 오는 것을 느끼곤 한다. 홀딱 빠져서 헤어 나오지 못하는 상태가 주는 충만함은 몰입만이 줄 수 있다. 몰입의 즐거움이 주는 쾌감은 피곤한 줄 모르고 글쓰기를 지속하게 한다. 새벽 시간은 책을 쓰기 위한 몰입에 완벽한 시간이다. 새벽이라는 특별한 시간을 통해 나 자신과 닿은 깊은 연결로 생각과 직관이 자연스럽게 글로 나오는 경험을 할 수 있었다. 나를 보며 누군가 말했다. "왜 그렇게 글을 써? 너무 단시간에 글을 쓰면 힘들지 않아?"라고. 하지만 나는 전혀 힘들지 않았다. 그 어느 때보다 삶의 만족감이 크고 행복했다. 내 안의 열정이 채워져 갈수록 삶도 덩달아 생기를 되찾게 된다. 나를 발견하는 기쁨이 쌓아 올린 삶의 충만함은 그늘을 만들 틈이 없는 듯했다.

시간도 선물이 된다면 사랑하는 자녀에게 새벽을 선물하고 싶다. 눈에 보이지 않는 시간이기에 나는 오늘도 새벽의 존재를 행동으로 보여주고 그 결과물을 꾸준히 남기려고 노력한다. 새벽은 나의 자녀에게 특별한 엄마를 선물했다. 새벽에 일어나 글을 쓰고 간호사의 삶도 꿋꿋하게 살아내는 강인한 엄마의 모습은 훗날 딸아이들에게 닥쳐올 인생의 쓴맛을 이겨내는 본보기가 되어 줄 것이라 믿는다. 새벽은 꿈을 꾸는 시간이 아니라 꿈을 찾고 그 꿈을 위해 열정을 쏟아붓는 시간이다. 단숨에 나의 미래가 바뀌길 바라기보다 실질적으로 꿈을 이루는 데 도움이 되는 시간을 찾길 바란다. 그리고 그 시간에 나를 올인(All in)할 용기를 내어 보자!

"나의 삶이여! 나의 미래여! 나의 모든 순간에 Bravo!"

『어둠을 삼킨 태양은 온종일 당신을 비출 것이다. 동틀 무렵의 해는 내 인생에 있을 절정의 순간과 같다. 지금 내가 한 일로, 만인 앞에 우뚝 설 날을 기대하며 새벽에 산다.』

이현주의 새벽
-시간은 창조된다

김지연 (저서 :《먹는 위로》,《걱정하지 마》외)

이현주 작가의 글은 따뜻하다. 그녀의 글을 읽다 보면 열심히 살고 싶어지고 의욕이 샘솟는다. 내 안에 잠든 고요한 긍정성을 새순처럼 의식의 표면으로 이끌어낸다. 자신의 역할에 소임을 다하면서 늘 긍정적으로 세상을 바라보는 시선이 마음 속의 향긋한 정동을 불러일으킨다.

시간이란 무엇인가. 인간이 자신의 역사를 쓰는 도화지다. 누구나 타자와 소통하며 일생을 보낸다. 하지만 재충전과 자기 도약을 하기 위해서는 스스로 몰입할 수 있는 혼자만의 시간이 필요하다. 그 시간을 바로 온전한 '주체의 시간'으로 명명할 수 있겠다. 자기 자신의 숨은 능력을 발견해내고 성장할 수 있는 특정한 시간. 이현주 작가는 그 시간을 '새벽'으로 제시한다. 새벽에 일군 그녀의 삶의 가치는 햇살처럼 밝게 빛난다. 그녀가 결핍을 느끼고 돌파구를 찾는 과정은 동시대 비슷한 고민을 안고 사는 독자들에게 좋은 롤모델이 되어주리라 믿는다.

문득 이러한 질문을 던지게 되었다. 시간은 자연적인 것인가. 인공적인 것인가. 시간은 기성적인 것인가. 불가항력적인 것이니, 인간은 주어진 시간 하에서 그저 수동적으로 살아가야 하는 것일까? 놀랍게도, 수동적으로 살아가고 있으면서도 사실 아무도 강요한 일이 없음을 환기해야 한다.

시간의 흐름을 거스를 수 없는 것이라고 체념하고 새벽에 눈 뜨는 일이 귀찮고 피곤하게 여겨진다면, 그것은 누구나 똑같이 부여된 시간 속에서 수동적으로 살아가는 것에 지나지 않는 것이 된다.

인생은 의미를 발견한 자와 그렇지 않은 자 사이에서 차이가 발생하는 것이다. 이 책은 인생의 의미를 밝히는 데 깊은 작용을 한다.

이현주 작가는 시간을 창조할 수 있다고 제시한다. 시간은 한정적이지만, 사용하는 사람에 따라 얼마든지 새로운 시간을 만들어낼 수 있다고 알려준다. 시간을 능동적으로 활용하고, 기성적으로 주어진 어떤 존재가 아닌, 인간이 창조하고 변형할 수 있음을 환기한다.

인생의 변화라는 것도 바로 이러한 창조성에서 비롯되는 것임을 깊이 깨닫게 하는 글이다. 늘 반복적인 맥락에서 변화없는 삶에 지쳐

간다면, 다른 시각에서 사유하고 자신만의 가치를 부여하여 새롭게 만들어내는 것이야말로 인생을 재창조하고 재구성할 수 있는 실마리가 되는 것이다. 인간의 잠재성과 가능성은 이렇게 발견되는 것이다.

한정적인 시간, 그저 흘려보내기에 너무 아까운, 그러니까 자기 성장의 토대로 활용을 가능케 하는 '새벽'이란 시간의 의미를 되새기게 하는 멋진 글이다.

이제 당신이 지금껏 방치한 새벽이라는 시간의 가치를 이제 조명할 타이밍이다. 당신은 지금껏 당신의 진짜 모습을, 정말 멋진 당신의 모습을 감추며 살아가고 있으니까.

새벽 시간은 특별합니다

초판 1쇄 발행 | 2025년 5월 23일

지은이 | 이현주
펴낸이 | 김지연
펴낸곳 | 생각의빛

출판등록 | 2018년 8월 6일 제 406-2018-000094호

ISBN | 979-11-6814-111-7(03190)

원고 투고 | sangkac@nate.com
블로그 | blog.naver.com/sangkac

* 값 18,900원